Jürgen Urig

111 GRÜNDE,
KÖLN
ZU LIEBEN

Eine Liebeserklärung
an die großartigste Stadt der Welt

SCHWARZKOPF & SCHWARZKOPF

INHALT

Weil die Ankunft über die Severinsbrücke das schönste City-Panorama Deutschlands bietet – Weil Köln auch Dublin ist – Weil es die schönste hässliche Stadt der Welt ist – Weil die Wege so kurz sind – Weil sich nur diese Weltmetropole den dörflichen Charakter bewahrt hat – Weil Köln immer noch die wärmste Stadt Deutschlands ist – Weil die Menschen auf ihre Stadt achten – Weil man nur hier im Abwasserkanal Klassikkonzerte genießen kann – Weil man hier genügend Abstand zu Düsseldorf hat – Weil man hier auch den Bahn reisenden Neuankömmling zu beeindrucken weiß

Weil man sich hier auch mit kleinen Dingen zufriedengibt – Weil es hier an jeder Ecke lebensrettende Anlaufstationen gibt – Weil hier jeder sein eigener Wirt sein kann – Weil hier Multikulti auch sehr lecker ist – Weil man hier zum Einkaufen nicht von Stadtteil zu Stadtteil fahren muss – Weil hier das größte Musikhaus Europas steht – Weil es hier die größte CD- und DVD-Auswahl der Welt gibt – Weil Köln die erste deutsche Stadt war, in der man Liebe in einer Verrichtungsbox kaufen konnte – Weil hier der Wein aus dem Souterrain kommt – Weil hier das Unterwegs-Bier salonfähig ist

Weil es hier das Bier gibt, das auch Nicht-Bier-Trinkern schmeckt – Weil Kölsch nicht das Einzige ist, was die Brauhäuser hier zu bieten haben – Weil es zum guten Ton gehört, dass der Kellner unhöflich ist – Weil sich hier Himmel und Erde vereinigen – Weil hier Schokolade aus dem Brunnen fließt – Weil hier auch noch ein Stück Kiez gegen die hippen Partyspots bestehen kann – Weil hier die Grenze zwischen jung und alt, reich und arm, prominent und aprominent nicht existiert – Weil es hier einmal ehrliche Kneipen zum Wohlfühlen gab – Weil man hier essen kann wie bei Muttern – Weil hier nicht nur die Funkenmariechen durch die Nächte tanzen

Weil keine andere Stadt eine nach ihr benannte Farbe hat – Weil es hier das Eis gibt, das niemals schmilzt – Weil man hier auf einem Bodendenkmal grillen kann – Weil es hier auch sehr mediterran sein kann – Weil es darum am Rhein so schön ist – Weil man hier dem Auto auch schon mal Flügel verleiht – Weil Köln vielleicht doch die nördlichste Stadt Italiens ist – Weil man hier an jeder Ecke nicht nur über Heiterkeit stolpert – Weil hier der Humor manchmal auch hölzern sein kann – Weil man in Köln die entspanntesten Aussichten hat

Weil Kultur hier nicht elitär ist – Weil hier vieles Banane ist – Weil man hier parkende Autos ungestraft einbetonieren darf – Weil Köln den HA-Effekt hat – Weil man hier manchmal ein ganz schönes Theater macht – Weil auch mal die ganze Stadt ein einziges Hotel sein kann – Weil hier was mit Medien gemacht wird – Weil hier der Ort ist, in dem Deutschlands Sachen zum Lachen gemacht werden – Weil es hier mehr Lieder über eine einzige Stadt und seine Bewohner gibt als über alle anderen Städte dieser Welt zusammen – Weil hier die Flucht aus der Realität kultiviert wurde – Weil man sich hier sogar über die eigene Fröhlichkeit lustig macht

Weil man nur ums Eck gehen muss, um in einer anderen Welt zu sein – Weil man hier nicht nur belgische Waffeln viertelt – Weil ins Kwartier Latäng auch Menschen dürfen, für die Latein ein Fremdwort ist – Weil hier selbst die Bourgeoisie alternativ lebt – Weil es hier erst richtig schön ist, wenn's eng wird – Weil Nippes hier nicht nur im Schrank steht und verstaubt – Weil man hier so gerne klatschen tun tut – Weil der Rosenmontagszug der schönste Umzug der Welt ist – Weil die Schull- und Veedelszöch der schönste Umzug der Welt ist – Weil der Geisterzug der schönste Umzug der Welt ist

Weil man hier Anrüchiges und Kultur einfach unter einen Hut bringen kann – Weil hier auch die Kleinkriminellen groß rauskommen können – Weil hier der Schuldige für alles Leid, das der Stadt widerfahren ist, einmal im Jahr verbrannt wird – Weil man hier alle Sünden verzeiht, selbst wenn sie gebaut werden – Weil die »Lindenstraße« zwar in München spielt, aber in Köln gedreht wird – Weil hier nicht immer alles ganz legal ist, was Party heißt – Weil hier der Schnäuzer immer noch gepflegt wird – Weil sich die Stadtväter noch wirklich um die Sicherheit ihrer Bürger kümmern – Weil es hier noch Don Camillo und Peppone gibt – Weil Millionen Menschen wissen, wie es in Kölns ältester Striptease-Bar aussieht

Weil das klein bisschen mehr Homo auch den Heteros hier guttut – Weil man nur hier über Deutschlands größtem Fluss schwebend heiraten kann – Weil es hier einen akademischen Abschluss mit Diplom im Erlernen des regionalen Dialekts gibt – Weil einem das Verhältnis zu seiner Stadt nur hier so klar und deutlich vor Augen geführt wird – Weil Glücksspiel hier zur ehrwürdigen Sache wird – Weil es die einzige Stadt Deutschlands ist, die ein eigenes Grundgesetz hat – Weil man hier einen der größten Flüsse Europas zu seinem Eigentum erklärt hat – Weil man in einem der ehemals schmutzigsten Flüsse der Welt wieder Aale angeln kann – Weil es nirgendwo sonst einen Fußballprofi gibt, der seine Stadt so vorbildlich liebt, obwohl er schon lange woanders wohnt – Weil keine andere Stadt so sehr von ihren Bewohnern geliebt wird

Weil hier jeder mit dazugehört – Weil man hier noch den Arsch hoch bekommt, wenn es darum geht, Rückgrat zu zeigen – Weil hier Superstars

gemacht werden – Weil hier jeder den Geißbock liebt – Weil hier auch kleine Fußballvereine ihre Chance bekommen – Weil hier auch ganz kleine Fußballvereine ihre Chance bekommen – Weil man hier Kunst gegen Bares bekommt – Weil hier wilde Gedanken ihre Bahnen finden – Weil man hier betreut flirten kann – Weil hier die zwei lustigsten traurigen Gestalten die Touristen auch bei Schnee und Regen unterhalten

Weil die Einheimischen ein ganzes Stadtveedel neidlos den Touristen überlassen – Weil klüngeln nicht so aggressiv klingt wie Korruption – Weil man hier auch die Melancholie zu schätzen weiß – Weil die drei tollen Tage auch schon mal drei Monate dauern – Weil niemand sauer ist, wenn man einen Fremden küsst – Weil des Schneiders Weib nicht alle Heinzelmännchen mit ihrer Neugier vertrieben hat – Weil man hier den schönsten meerlosen Sonnenuntergang bewundern kann – Weil die rechtsrheinischen Kölner oft lächelnd auf die andere Seite blicken – Weil hier Schickimicki keine Chance hat – Weil hier nie was fertig wird

Weil keine andere Stadt einen Oberbürgermeister vorzuweisen hat, der so toll basteln konnte – Weil hier die Maus lebt, die uns das gesammelte Wissen der Welt vermittelt – Weil sich die Politiker und Journalisten beim Umzug sogar ihr Stück Köln mit nach Berlin genommen haben – Weil man hier an den Fremden in der Stadt die Art der Messe erraten kann – Weil hier eine der schönsten Kirchen von einer der größten Weltreligionen steht – Weil hier noch eine der schönsten Kirchen von einer der größten Weltreligionen steht – Weil hier eine weitere der schönsten Kirchen von einer der größten Weltreligionen steht – Weil die ersten Zahlen, die ich lernte, Vier, Sieben und Eins hießen – Weil es hier das Heilmittel gibt, das man nimmt, wenn's vorne juckt und hinten beißt – Weil mich zahlreiche Kölner Produkte schon durch meine Kindheit begleitet haben

Vorwort von
Wigald Boning

Huhu, liebe Leser!

Jürgen ist einer meiner besten Freunde, und ich habe mit ihm schon Außergewöhnliches erlebt. Kennengelernt haben wir uns bei *RTL Samstag Nacht* Anfang der 90er-Jahre; Jürgen arbeitete in einem fensterlosen Verschlag als Gag-Autor, ich hatte die Ehre, einige seiner besten Gags vor der Kamera zum Besten geben zu dürfen. Später schlossen wir u. a. gemeinsam bei der Wissenschaftsshow *Clever* unsere Bildungslücken.

Den größten Teil unseres gemeinsamen Arbeitslebens verbrachten wir in jener Stadt, um die es im vorliegenden Buch geht, oder doch äußerst knapp jenseits der Stadtgrenze, nämlich in Hürth-Kalscheuren. Wenn wir nicht gerade gemeinsam an *Samstag-Nacht*-Sketchen oder an einer originellen Erklärung des Bernoulli-Effekts bastelten, unterhielten wir uns über die Domstadt oder, ums präziser auszudrücken: Jürgen schwärmte mir von Köln vor, und ich hörte ergriffen zu.

Auch mir ist die Karnevalskapitale sympathisch, aber meine Zuneigung zu dieser Stadt reicht nicht im Entferntesten an jene Inbrunst heran, mit der Jürgen die Liebe zu Köln zu zelebrieren pflegt. Über die Jahre ist sein inneres Feuer nicht verglommen, nein, Jahr für Jahr lodern die Flammen seines Lokalpatriotismus höher. Ich kann mir kaum vorstellen, dass überhaupt irgendjemand in irgendeine Stadt so verschossen sein kann wie Jürgen in Köln. Ich muss gestehen, dass mir dieser Aspekt seiner Persönlichkeit immer ein wenig suspekt gewesen ist – zumal Jürgen ja eigentlich Saarländer ist. Jetzt aber, da ich dieses Buch gelesen habe, kann ich ihn verstehen.

Ja, mehr noch – er hat mich angesteckt. Und so ertappe ich mich dabei, dass ich noch während der Lektüre der letzten Kapitel und während ich dieses Vorwort schreibe, mit einem Auge den Kölner Immobilienmarkt studiere. Ein Zimmerchen mit Platz für mich und einen halben Hahn – nichts wünsche ich mir momentan sehnlicher. Sie zeigen mir einen Vogel? Lesen Sie selbst!

Ihr Wigald Boning

Prolog
des Autors

Dieses Buch ist für alle diejenigen, die Köln lieben, für die, die Köln kennenlernen wollen, die, die Köln lieben lernen wollen, und speziell für die, die gar nicht wissen, was ein Köln ist. Beim Schreiben der ersten Kapitel stellte ich fest, dass dieser Stadt und seinen Menschen mit dem einfachen Aufzählen von Sehenswürdigkeiten, Restaurants, Museen und Kneipen nicht Genüge getan ist. Köln muss man »sich erleben«. Daher habe ich in vielen Fällen beschrieben, wie ich es mir erlebt habe. Das führte dazu, dass dieses Buch weitaus persönlicher geworden ist, als ursprünglich geplant. Vielleicht ist es mir ja dadurch gelungen, dem Leser das »Gefühl Köln« näher zu bringen und zu zeigen, wie man in dieser Stadt aufgenommen wird, was diese Stadt für einen Menschen tut und wie sie ihn verändern kann. Ich fänd's schön, wenn es so wäre …

Bevor Sie mit dem Lesen dieses Buches beginnen, suchen Sie doch mal kurz im weltweiten Netz nach dem Lied *Ming Stadt*. Der Text stammt von einem der bekanntesten kölschen Originale, der Schauspielerin und Sängerin Trude Herr. Eingespielt hat sie es auf ihrer letzten LP *Ich sage was ich meine* im Jahr 1987. Es ist zwar »nur« eines unter Hunderten von Liebesliedern, die für diese Stadt geschrieben wurden, aber es ist ein ganz besonderes. Es sind Worte, wie sie auch ein Ehepaar finden würde, das sich nach 20 Ehejahren abends am Küchentisch gegenübersitzt, um in einer ehrlichen Aussprache die Ehe zu retten. Alle Fehler des Partners werden aufgezählt, aber auch alles, was man an ihm liebt. Denn nur wer alle Fehler seines Partners kennt und ihn trotzdem akzeptiert, der liebt wirklich.

Dieses Lied ist der perfekte Soundtrack zum Lesen der ersten Seiten dieses Buches.

Da ich hier und da nicht umhin kam, auch mal ein paar kölsche Worte einfließen zu lassen, empfehle ich begleitend zum Buch das Online-Wörterbuch der Akademie för uns kölsche Sproch (www.koelsch-akademie.de).

Jürgen Urig

Der Weg ins Glück - Die schönste Brücke Kölns
führt zum wichtigsten Dom der Welt.

Kapitel 1

ZUM RHEIN KOMMEN

Weil die Ankunft über die Severinsbrücke
das schönste City-Panorama Deutschlands bietet

Ja, vielleicht sogar Europas oder der ganzen Welt. Gut, ich bin noch nie mit dem Auto in Rio de Janeiro eingefahren. Sicher auch ganz interessant. Auch nicht in New York oder Chicago. Doch ich kenne zahlreiche City-Einfahrten europäischer Großstädte und glaube, in diesem Falle halbwegs objektiv urteilen zu können. Voraussetzung für dieses Erlebnis ist die rechtsrheinische Ankunft in der Hauptstadt des Frohsinns.

Bei den meisten anderen Metropolen fährt man oft lange durch Vorstädte, Industriegebiete und dergleichen, und die Ansiedlungen verdichten sich erst langsam zu einer »City«. Kommt man aber über die A3/A4/A559 und fährt dann auf den Deutzer Ring, um auf die Severinsbrücke zu gelangen, bleibt der rechtsrheinische Teil Kölns lange hinter Bäumen, Büschen und von Bäumen und Büschen umsäumten Friedhöfen versteckt. Möglicherweise sogar zu Recht, denn hier befinden sich unter anderem die von den linksrheinischen Kölnern so ungeliebten Stadtteile wie Porz, Ensen, Vingst, Ostheim, Poll und Humboldt-Gremberg. Erst kurz vor der Brücke taucht links und rechts der Straße Deutz auf, und man schließt: »Ah, hier könnte jetzt eine Stadt kommen.« Und dann ist sie auch schon da. Imposant wie keine zweite. Weit, flach, strahlend, schön.

Man vergisst, dass Deutz ebenfalls zu Köln gehört. Zu sehr ist der Blick abgelenkt von dem, auf was man da zufährt. Nur eines fällt dem umsichtigen Autofahrer auf, bevor er das rechte Rheinufer verlässt. Zumindest dem umsichtigen Autofahrer ab 50. Oder besser gesagt: zumindest mir. Linkerhand der Brücke steht nämlich die Ellmühle, eine der bedeutendsten Großmühlen Europas. Und die fiel mir schon 1984 ins Auge. Bei meinem allerersten Besuch in der Rheinstadt um den Dom. Denn außen an der Front Richtung

Severinsbrücke prangt ein Symbol meiner Kindheit: der AURORA-Stern. Wenn ich ihn sehe, fühle ich mich sicher und wohlbehütet in der Küche meiner Eltern sitzen. Hinter der Wand das Stimmengemurmel und Lachen der Kneipengäste meiner Eltern. Umhüllt von einem Duftmix aus frisch gezapftem Bier, Zigarrenqualm und Bratkartoffeln. Ein Glas Malzbier in der Hand, verfolge ich gespannt das Geschehen im Schwarz-Weiß-Fernseher. Bozo, der Clown; Tammy, das Mädchen vom Hausboot; und Yogi, der Bär … Und die Werbung. Oftmals mit Mehl. Und am Ende der Mehlwerbung ertönt dann der Kinderchor: »AURORA mit dem Sonnenstern, mögen alle Kinder gern.« – Ja, auch ich mochte AURORA gern. Am liebsten an Weihnachten. Am allerliebsten in Plätzchen und Kuchen. AURORA war real. Aber der Werbespot, die Kinder, die da sangen, ja, alles, was aus dem Fernsehen kam, das war ein Wunder für mich. Damals. Etwas, was weit weg war, gemacht von Menschen, die wussten, womit sie Kinder begeistern können. Fernab von meinem kleinen Dorf in der saarländischen Provinz.

Als mich dann das Leben und der neue Job zum ersten Mal in die Rheinmetropole führten, befand sich diese Wunderwelt plötzlich greifbar nah. Da hing sie in Form des AURORA-Sterns an der Wand der Ellmühle, und ich dachte: Ja, Köln ist die große, weite Welt. Erst ein Jahrzehnt später lernte ich, dass es das ganz und gar nicht ist. Köln ist eine wundervolle kleine Welt, die sich vollkommen unabhängig von der großen weiten in ihrem ganz eigenen Tempo dreht. Ein astrophysikalisches Wunder, das wohl nur der Kölner selbst und der integrierte Imi verstehen.

Genug Gefühlsduselei, zurück zum Panorama. Oder doch nicht? Ja und nein. Gefühle gehören nämlich zu dieser Stadt wie zu kaum einer anderen. Oder wie der Kölner sagt: Köln es e Jeföhl [*Anm. d. Autors – Gendertechnisch ist »der Kölner« auch weiblich, bitte dran gewöhnen*].

Eines dieser Gefühle ist das, das den Kölner befällt, wenn er über die Severinsbrücke in seine Lieblingsstadt fährt. Dieses Gefühl, das sich kaum beschreiben lässt. Unter sich den Rhein, saugt er die Heimat in sich auf, empfängt die Signale, die ihm von den Türmen des alles überragenden Doms zugesendet werden. Er lächelt die Altstadt an, die von Jahr zu Jahr immer schöner werdende Rheinpromenade, die Anlegestellen der Ausflugsschiffe, das Schokoladen- und das Deutsche Sportmuseum, den Jachthafen und das beste Beispiel dafür, dass die Kölner Stadtplaner aus den architektonischen Sünden ihrer Vorgänger gelernt haben: den neu gestaltete Rheinauhafen. Er ist ein wirklich gelungener Architektur-Mix geworden aus renovierten, geschichtsträchtigen Gebäuden wie dem »Siebengebirge«-Komplex oder dem ehemaligen Hafenamt, und mutigen Neubauten mit Wohn- und Geschäftsflächen. Eindrucksvoll daraus hervorstehend: die Kranhäuser. Drei 17-stöckige Hochhäuser, die in ihrer Form an die alten Hafenkräne erinnern sollen. An dieser Stelle ein herzlicher Applaus für die Architekten Hadi Teherani (Hamburg) und den Trierer Alfons Linster, denn die Kranhäuser entwickeln sich zum modernen Pendant des Doms als Wahrzeichen der Stadt. – Und kaum hat man diese hinter sich gelassen, ist man auch schon mittendrin in der vierten Dimension, die sich Köln nennt.

2001 arbeitete ich für ein Jahr fest in München. Da ich ein grundsätzliches Problem mit dieser Stadt habe, wollte ich die Kölner Wohnung nicht aufgeben. Aus aviophobischen Gründen sauste ich also jedes Wochenende von Köln nach München, von München nach Köln über die Autobahn. Irgendwann an einem sommerlichen Freitagabend besagten Jahres fuhr ich nach einer anstrengenden Arbeitswoche zum zigsten Mal über die Severinsbrücke Richtung Innenstadt. Im Radio lief WDR 2, es war warm und die Sonne hüllte die Stadt in das typische Kölner Abendrot. Ich sah auf die Stadt, und ich lächelte. Zum ersten Mal überkam mich dieses Kribbeln. Das Herz öffnete sich und plötzlich konnte ich dieses Gefühl beschreiben. Das wohlige Gefühl, in den Schoß der Mutter zurückzukehren, um dort wohlbehütet im prallen Leben alt werden zu können. In diesem Moment wusste ich: Jetzt bin ich Kölner. Hier bin ich zu Hause. Ich liebe meine Stadt. Jawoll.

Weil Köln auch Dublin ist

Gerne wird Köln auch als »nördlichste Stadt« Italiens bezeichnet. Sogar von manchen Kölnern selbst. Ja, sogar von einigen Kölnern italienischer Herkunft. Und ziemlich oft von Kölnern im italienischen Urlaub. Meist dann, wenn der Urlaubsort neben Espresso, Pizza und Spaghetti auch mit luxuriösen Extras wie frisch gezapftem Kölsch und/oder gar Flönz aufwarten kann. Dann vermischt sich das kölsche Lebensgefühl mit dem toscanischen, adriatischen oder ligurischen, und wenn man nach Hause kommt, stellt man fest: Hier ist ja alles wie im Urlaub. Espresso, Pizza und Spaghetti (sogar bis zur Haustür gebracht) und natürlich Kölsch und Flönz so weit das Auge reicht. Klar, dass man dann zu dieser weit verbreiteten Fehlmeinung kommt.

Ich glaube nämlich, nein, ich bin überzeugt davon, dass Köln die südlichste Stadt Irlands ist. Dies offenbarte sich mir im Jahr 2003, als ich mit drei Autorenkollegen ein Wochenende in Dublin verbrachte. Interessanterweise zum Trinken. Aber anders als beim Italienurlaub wurden wir nicht durch kölsche Sonderangebote in den Kneipen verblendet. Nein, das typisch kölsche Lebensgefühl stellte sich schon während der Taxifahrt vom Flughafen zum Hotel ein. Der Taxifahrer war offen, lustig, gesprächig, und ich verstand kein Wort von seinem stark gälisch geprägten irischen Englisch. DAS hätte mir genau so bei meinem ersten Köln-Besuch 1984 passieren können, wäre ich damals nicht mit eigenem Auto angereist, sondern vom Flughafen aus mit einem Taxi, das von, sagen wir mal, Wolfgang Niedecken gelenkt worden wäre. Was natürlich nicht möglich war, weil Niedecken 1984 schon gar kein Taxi mehr zu fahren brauchte.

Zurück nach Dublin. Über die gesamten drei Tage und zwei Nächte bestätigte sich von Mal zu Mal, mit jeder Begegnung aufs Neue, die Seelenverwandtschaft zwischen Iren und Kölnern. Egal, wo man hinkam, man wurde freundlich begrüßt, kam gleich ins Gespräch und erfuhr, wie stolz man doch auf sein Land und speziell auf seine Stadt ist. Dublin ist die tollste Stadt der Welt. – Neben Köln, dachte ich dann immer. – Und als ich beim Rückflug noch mal aus dem Fenster blickte, wurde mir auf einen Schlag klar: Dublin ist die verschollene jüngere Schwester von Köln. Beweise? Bitte schön.

Fangen wir mal mit dem Wichtigsten an. – Beide Städte sind für ihre hervorragende Braukunst bekannt. Dort Guinness und Co, hier Kölsch, Kölsch und – nicht zu vergessen – Kölsch. Die Küche in Dublin gilt als herzhaft, kalorienhaltig und ungesund. Dazu kann ich nur sagen: Das einzig Gesunde an Himmel un Ääd sind die Äpfel, und die werden mit so viel Zucker verkocht, dass man nicht ernsthaft von kalorienarm reden kann. Okay, Flönz (gebratene Blutwurst) werden in Köln selten zum Frühstück gereicht, trotzdem hüpft das kölsche Hätz (Herz) gleich höher, wenn seinem Träger schon morgens im Frühstückszimmer der wohl bekannte Duft des Black Pudding (gebratene Blutwurst) entgegenströmt. An den White Pudding (gebratene Leberwurst) hat man sich dann auch schnell gewöhnt. Weiter in der Beweisführung.

Werfen wir einen Blick auf die Landkarte. Zunächst auf Köln, die geteilte Stadt, mit den angesagten linksrheinischen Wohn- und Partymeilen und dem eher ungeliebten rechtsrheinischen Anhang. Jetzt auf Dublin und wir sehen: Auch durch Dublin fließt ein Fluss. Gut, er ist nicht ganz so fett wie der Rhein, und er heißt auch anders, nämlich Liffey. Aber auch seine Aufgabe besteht darin, die Stadt und deren Bewohner zu trennen. Wie in Köln, so wohnt man auch in Dublin auf der linken Flussseite. Das Rechtsliffey'sche betritt man nur, wenn man mal die Jameson Distillery besuchen will. Ähnlich wie in Köln. Nur da ist es die LANXESS arena. Wollen sich Dubliner, die es auf die »falsche Seite« der Stadt verschlagen hat, mal amüsieren, müssen sie rüber ins Linksliffey'sche. Vorzugsweise ins Temple-Bar-Viertel. Was wiederum sein Pendant im linksrheinischen Köln hat: Das Friesenviertel ist mit ähnlich vielen Kneipen und amüsierwilligen Besuchern bestückt. Die Menschen singen hier wie dort dieselben Melodien in einer für den Touristen unverständlichen Sprache. Musik, in der sich Melancholie und Lebensfreude zu dem verbinden, was die Seele der Kölner ebenso ausmacht wie die der Iren: einem bunten Kaleidoskop ehrlicher Gefühle. – Noch mehr Beweise? Gut.

In Dublin herrscht die gleiche Akzeptanz gegenüber Andersdenkenden wie in Köln. Große Künstler gingen aus beiden Städten hervor. Dort James Joyce, Samuel Beckett, Bono und seine Rock-Kapelle U2. Hier Heinrich Böll, Jacques Offenbach und die Höhner bzw. Can oder Triumvirat (für die älteren Leser wohl eher ein Begriff).

Möglicherweise ist es nur Zufall, aber Dublin und Köln haben mit Barcelona, Liverpool und Peking dieselben Städtepartner! Nein, das kann kein Zufall sein. Es kann nur an derselben Liebe zum Fußball (Barcelona), der Musik (Liverpool) und fremdländischen Kulturen (China) liegen.

Spätestens jetzt dürfte jedem klar sein, dass ich mit meinen Theorien »Köln ist die südlichste Stadt Irlands« und »Dublin ist die verschollen geglaubte jüngere Schwester von Köln« richtig liege. Wie aber konnte es zu all diesen Gemeinsamkeiten kommen? Vertiefen wir uns doch mal in die Historie der beiden Fröhlichkeits-Metropolen.

Köln und Dublin sind ungefähr gleich alt. Dublin wurde erstmals in den Schriften des Ptolemäus aus dem Jahr 140 unter dem Namen Eblana erwähnt. Köln ist als Stadt nur knappe 90 Jahre älter … sieht man mal von den ganzen Niederlassungen, die sich seit 4500 v. Chr. im Kölner Stadtgebiet befanden, ab.

Dublin wie Köln waren ursprünglich keltische Siedlungen. Die Kelten in Dublin wurden von den Wikingern vereinnahmt, die Eburonen von Cäsars römischen Legionen aus Köln vertrieben. 1170 wurde Dublin von den Anglonormannen, also den Nachkommen der französischen Normannen, die 1066 England eroberten, eingenommen. Köln war von 1794 bis 1814 unter französischer Obhut. Ja, sogar mit französischen Pässen. Wenn das mal nicht alles passt wie der »Decke Pitter« in den Dom, dann weiß ich es auch nicht. Und allen weiterhin Zweifelnden empfehle ich einfach mal einen Besuch beider Städte.

GRUND NR. 3

Weil es die schönste hässliche Stadt der Welt ist

Dank Frau Agrippina, der Mutter des römischen Kaisers Nero, war Köln schon vor über 2000 Jahren ein sehenswertes Handelszentrum. Zu einer Zeit also, als man in anderen Millionenstädten wie Hamburg noch in umgestülpten Fischerbooten lebte, in Berlin leer stehende Bärenhöhlen besetzte und in der Umgebung Münchens ein findiger Kelte von seiner Gemeinde verstoßen wurde, weil er ein System erfunden hatte, wie man nachts Bürgersteige hochklappen kann. Zu dieser Zeit wusste natürlich noch niemand, was Bürgersteige sind. Erst Jahrtausende später führte man das System dann ein. In Köln jedoch stößt der Gartenfreund beim Umgraben des Kohlrabibeetes noch heute auf den ein oder anderen steinernen römischen Zeitzeugen.

Nun kann man als fleißiger Städtereisender natürlich behaupten: »Ja, aber dafür sind Berlin, Hamburg und München heutzutage aus städtebaulicher Sicht die weitaus ästhetischeren Reiseziele.« Sicher, das lässt sich nicht bestreiten, wenn man Köln nur oberflächlich als Ganzes betrachtet. Da fällt es natürlich auf, dass der Rheinstadt die imposanten riesigen Plätze, die Prachtstraßen, herrschaftlichen Häuser, Villen und Schlösser fehlen, die Fürsten, Könige oder Hanse-Konzerne in besagten Städten von schlecht bezahlten Fronarbeitern erbauen ließen. Wird der seine Stadt liebende Kölner auf der Straße mit derartigen Vorwürfen konfrontiert, wehrt er sich in erster Linie hurtig mit dem Argument: »Ja, aber dafür haben wir den Dom.« Selbstverständlich weiß er, dass seine Stadt noch weitaus mehr Sehenswertes zu bieten hat. Und würde die Konfrontation nicht auf der Straße stattfinden, sondern in einem Brauhaus, könnte der touristische Nörgler von ihm erfahren, warum seine Stadt aus architektonischer Sicht nicht ganz so angeberisch daherkommt wie andere deutsche Großstädte.

Gehen wir also in ein Brauhaus und setzen uns zu einem älteren Kölner Bürger, der gerade Mittagspause hat. Nach dem ersten Kölsch nimmt er einen Kugelschreiber und malt vier Kreise auf seinen durchweichten Bierdeckel. Zwei größere, einen kleineren und einen ganz kleinen. Dann erklärt er, auf die beiden großen Kreise deutend: »Berlin und Hamburg sind flächenmäßig doppelt so groß wie Köln. Ist doch klar, dass die mehr Platz für Plätze und breitere Straßen haben. Oder?« Wir entgegnen: »Und was ist mit München? Weniger Fläche, aber mehr Einwohner?« – und bekommen eine typische kölsche Antwort: »Wo es dann dä Köbes?«

Nach dem fünften Kölsch setzt er neu an und wir erfahren, dass ja im Krieg fast die ganze Stadt kaputt war. Alle Prachtgebäude außer dem Dom. Natürlich war das auch in den anderen Großstädten der Fall. Allerdings beschritten die Städtebauer dort lange nicht so innovative Wege wie die Kölner. Hamburg, Berlin, München – dort hat man einfach die alten Pläne genommen und mit alten Backsteinen das Alte wieder hergestellt. In Köln herrschte Aufbruchstimmung. »Weg mit dem alten Quatsch. Schließlich leben wir im 20. Jahrhundert.« Nichts sollte mehr an die – nicht immer guten – alten Zeiten erinnern. Außer dem Dom, natürlich. »Wir wollten eine moderne Stadt. Geradlinige Gebäude für geradlinige

Menschen. Die Architektur der 50er für die Kölner der 50er. Da war es geradezu ein Segen, dass einige Cousins von Entscheidern im Rathaus zufällig nach Kriegsende eine Beton-Fabrik eröffnet hatten.« Das Argument, dass gerade die Moderne am schnellsten unmodern und langweilig wird, schmettert er mit den Worten ab: »Alles kommt wieder, Jung.« Eine Weile lang herrscht Stille. Er scheint traurig zu sein, da er uns nicht davon überzeugen konnte, dass seine Stadt irgendwie doch schön ist. Drei Kölsch lang denken wir darüber nach, ob man sich auch eine Stadt schöntrinken kann, werden nach dem zwölften Kölsch jedoch aus unseren Gedanken gerissen. Er legt seinen Arm um unsere Schulter und meint: »Ganz ehrlich. Ja, es gibt hier einige Bausünden aus den 50er-, 60er- und 70er-Jahren …« – Unwillkürlich fallen uns Moderationen im Privatradio ein: »Die schönsten Bausünden der 50er-, 60er- und 70erJahre. Nur hier in Köln.«

»Herkules-Hochhaus, ein großer Teil der Inneren Kanalstraße, die Äußere Kanalstraße, Aachener Straße, einiges in Bickendorf, ganz Chorweiler, der Barbarossa-Platz, der Ring …« Er kölscht die Bausünden-Liste lächelnd in sein Glas, und uns wird klar, dass er sich daran gewöhnt hat. Er ignoriert sie einfach, konzentriert sich stattdessen auf die nicht wenigen Orte, die einen dafür entschädigen. Oft fernab der Touristenattraktionen rund um den Dom, der Altstadt oder dem Rheinauhafen.

Das Viertel um den Rathenauplatz zum Beispiel. Hier findet man einige schöne alte Wohnhäuser, und auf dem Platz mit eigenem Biergarten pulsiert im Sommer nicht nur das studentische Leben. Oder das Agnesviertel, das Viertel, in dem Heinrich Böll seine Brötchen kaufte. Das charmante Straßengewirr ist auch heute noch mit der alten Feuerwache, der Agneskirche, zahlreichen Cafés und Kneipen beliebtes Künstlerwohnviertel. Ebenso wie das Belgische Viertel, abseits vom Ring. Allerdings können sich dort nur die wirklich erfolgreichen Künstler die Miete in einem der alten Bürgerhäuser leisten.

Sehenswert für den Freund gut erhaltener Wohnarchitektur sind auch große Teile von Ehrenfeld. Speziell die von den Kriegsbomben verschonten Wohnviertel rechts von der Subbelrather Straße. Rodenkirchen hat fast schon mediterranes Flair, Nippes, Riehl, Poller Wiesen, Aachener Weiher, Grüngürtel ... Ach, es gibt so vieles, was Köln richtig schön macht. Man muss halt nur mal genauer hinsehen. Und wer mal etwas länger in dieser Stadt verweilt, wird irgendwann lernen, dass man auch über eher unansehnliche Plätze hinwegsehen kann, wenn man es versteht, Spaß am Leben zu haben.

Weil die Wege so kurz sind

Mit 405 Quadratkilometern Stadtfläche liegt Köln auf Platz sieben der flächengrößten Städte Deutschlands. Interessanterweise noch hinter Gardelegen, Möckern, Zerbst (alle Sachsen-Anhalt) und Wittstock/Dosse (Brandenburg). Das sind jetzt natürlich nicht unbedingt die Weltstädte, mit denen sich der stolze Kölner ansonsten gerne misst, zumal noch in keiner einzigen davon auch nur ansatzweise ein solches Monument zu finden ist wie der Dom. Deshalb erwähnt man hier lieber, dass man nach Hamburg und Berlin flächenmäßig die drittgrößte Millionenstadt Deutschlands ist. Die Tatsachen ein klein wenig zurechtzubiegen gehört halt einfach mit zum Kölner Leben. Dabei bräuchte man sich gar nicht zu schämen, auf so engem Raum zu leben. Schließlich hat das ja auch Vorteile. In Gardelegen, der flächenmäßig drittgrößten Stadt zum Beispiel, muss man schon weit laufen, um einen Gardelegener zu treffen. Auf einem Quadratkilometer verlieren sich dort 37 Einwohner. Wohingegen man in Köln beim Ablaufen eines solchen Flächenmaßes auf locker 2.502 Mitbewohner treffen kann. Schon mal die beste Voraussetzung, einer der beliebtesten kölschen Beschäftigungen, dem Miteinander, nachzugehen, ohne gleich den Wanderschuh schnüren zu müssen.

Ein weiterer nicht zu verachtender Vorteil der kleinen Stadtfläche: die kurzen Wege. Natürlich lassen sich nicht alle 405 Quadratkilometer zu Fuß bewältigen. Aber man muss ja auch nicht ständig bis in die ländlichen Kölner Außenbezirke wie Höhenhaus, Dünnwald oder auf der anderen Seite Volkoven-Weiler und Chorweiler laufen.

Überlebenswichtig in Sachen Einkauf, Feiern und Genießen ist eigentlich nur die Fläche zwischen Gürtel und Rhein … linksrheinisch gesehen. Das Rechtsrheinische will ich jetzt einfach mal außer Acht lassen, weil dort der Aufbau nach dem Krieg noch anhält … Von dort aus kommt man nicht umhin, das ein oder andere Verkehrsmittel zu wählen, um am sozialen Leben im Zentrum der Stadt teilnehmen zu können. Lebt man aber innerhalb oben erwähnter Grenzen, so kann man sich glücklich schätzen, denn man spart eine Menge Geld, weil ein eigenes Kfz mehr als unnötig ist. Nebenbei schont man seine Nerven, da die stundenlange Parkplatzsuche in Wohnungsnähe entfällt.

Ich weiß, wovon ich rede. Als ich zum ersten Mal mitten in die Innenstadt in die Roonstraße gezogen bin, habe ich nach drei Monaten entnervt mein Auto verkauft. Die durchschnittliche Parkplatzsuchzeit liegt bei 30 bis 40 Minuten. Das macht keinen Spaß, wenn man besoffen von der Arbeit nach Hause kommt. – Nee, Quatsch: Nach reiflicher Überlegung kam ich zu dem Ergebnis, dass ein eigenes Auto so ziemlich das Überflüssigste ist, was man besitzen kann, lebt man in diesem Bereich der Innenstadt. Egal, wo man dort wohnt, im Umkreis von zehn Laufminuten findet man alle 100 Meter einen Kiosk, mehr als 100 Kneipen, Restaurants und Bars sowie mindestens einen angesagten Tanzschuppen bzw. Disco, wie man früher sagte. Heute heißt das Club und man legt in Insiderkreisen fest, welcher davon gerade angesagt ist. Aber egal. Ich schweife ab. Dazu später mehr in diesem Buch.

Tatsache ist: Gleich, ob man vor dem Dom steht, vor dem Eigelsteintor, dem Hahnen- oder dem Severinstor – überall findet man fußläufig genügend Lokationen, um einem ordentlichen ungeregelten Leben nachgehen zu können. Ja, sogar einem geregelten. Wenn man das so will.

Nachtrag, der Wahrheit wegen: Gut, in München ist die flächenmäßige Situation ähnlich. Allerdings braucht man dort interessanterweise sehr viel länger, bis man zum Beispiel eine gute Kneipe findet. Sie mussten ja alles mit Biergärten, Prachtbauten und großen Plätzen vollstopfen, die Münchener. Typisch.

GRUND NR. 5

Weil sich nur diese Weltmetropole den dörflichen Charakter bewahrt hat

Köln hat alles, was eine Weltstadt ausmacht. Kultur, Musik, Geschichte, einzigartige Bauwerke, einzigartige Menschen. Und doch ist diese Stadt ein Dorf. Untrügliches Zeichen dafür: Jeder weiß, wo die Kirche steht. Aber es ist bei Weitem nicht das Einzige. Wer wie ich vom Dorf kommt, der entdeckt dies schon nach kurzer Zeit und stellt erfreut fest: Köln besitzt alle positiven Eigenschaften eines Dorfes, ohne mit den negativen zu nerven. Mit den negativen meine ich, dass man nie wirklich alleine ist. Dass jede Handlung beobachtet und gegebenenfalls kommentiert wird. Dass man sich auf Schritt und Tritt beobachtet fühlt. Zumindest, wenn man sich nicht ganz den dörflichen Regeln unterwirft oder gar als bunter Hund durchs Dorf getrieben wird.

Köln liebt bunte Hunde. »Jede Jeck es anders.« Der Zusatzartikel des kölschen Grundgesetzes wird hier gelebt. Der Kölner macht sich zwar so seine Gedanken über die Mitmenschen, spürt allerdings auch, wenn diese in Ruhe gelassen werden wollen. Deshalb fühlen sich bunte Hunde in der Domstadt so wohl wie nirgendwo anders. Köln ist sozusagen Deutschlands offener Zwinger-Club für bunte Hunde. Ein Tierheim voller kreativer Exoten. Oft vom Dorf kommend und die positiven dörflichen Eigenschaften der Stadt schätzend.

Auf den kurzen Wegen fühlt sich der Neu-Imi schnell zu Hause, denn man grüßt sich in dieser Stadt auf der Straße. Zumindest, nachdem man sich bereits zwei, drei Mal begegnet ist. Dann weiß der Kölsche: Ah, ein Neuer im Veedel. Er sagt »Hallo«, ein wenig hoffend, bald mal in ein Gespräch zu kommen, um mehr über den Neuen zu erfahren. Nicht etwa, weil er ihn aushorchen will, sondern weil er sich wirklich dafür interessiert, wer so in seiner Nachbarschaft wohnt. Dabei geht er stets behutsam und geduldig vor, erkennt die Signale, die der Imi aussendet, wenn er noch nicht bereit ist zur Kontaktaufnahme. Schließlich weiß er: Spätestens an Karneval werden wir ins Gespräch kommen. »Un wenn nit, dann nit.« Er grüßt trotzdem weiter. Genau so wie der Kioskbesitzer, der Müllmann und die Verkäuferin an der Wursttheke im Supermarkt. Pech für die Vegetarier unter den Imis: Am Gemüsestand ist Selbstbedienung, und so entgeht ihnen ein kleines Stück Köln. Technik-Freaks wie ich werden übrigens auch schon mal im Saturn mit »Hallo, was darf's denn heute sein?« begrüßt. Kurz: Man fühlt sich schnell aufgenommen in dieser Stadt und genießt das dörfliche Treiben.

Der Kölner übernimmt auch persönliche Verantwortung für alles, was im Dorf passiert. Fügt man seiner Dorfgemeinde etwas zu, so fühlt er sich persönlich angegriffen. In einer echten Stadt ist das anders. Sagt man beispielsweise einem Berliner: »Hertha spielt diese Saison aber 'ne ganz schöne Grütze«, dann antwortet der: »Ja, aba dit jeht mir anne haarige Kuhle da hinten vorbei. Sind se selber schuld. Sollen halt spielen lernen.« Wirft man einem Münchener vor: »Boah, eure Stadt ist so langweilig«, entgegnet der Bajuware: »Musst halt aufs Oktoberfest kumma«, trinkt seine Maß aus und schläft ein.

In Köln ist das anders. Äußert sich ein Imi beispielsweise negativ über den FC, so wird er an die Hand genommen und ins Rhein-EnergieStadion geführt. Ist ja nicht weit. Dort erhält er einen Schal, einen Zettel mit dem Text der FC-Hymne und eine gewaltige Gänsehaut, wenn aus 50.000 treuen Kölner Kehlen kollektiv das *Mir stonn zu dir, FC-Kööööööölle* tönt. Während die Jungs in Rot-Weiß auf dem Rasen gegen Sandhausen untergehen, erhält man einen 90-minütigen Vortrag über die einzigartige Historie und die großen Erfolge des Vereins. Am Ende, wenn sich die Fans bei den Spielern für die 0:4-Niederlage bedanken, erfährt man noch, dass der Aufstieg dann halt im nächsten Jahr stattfindet. Erst mal muss sich der Verein konsolidieren. Neuaufbau. Spätestens in dem Moment, in dem der Imi dann dem treuen Kölner ein Taschentuch reicht, damit er sich die Tränen von der Backe wischen kann, spürt er plötzlich so etwas wie Verbundenheit. Verbundenheit mit diesen Menschen, die ihre Stadt so sehr lieben, dass sie selbst das Chaos ihres größten Fußballvereins akzeptieren.

Wie lang die Nacht werden kann, wenn man einem Kölner vorwirft, sein Dorf sei langweilig, brauche ich in diesem Zusammenhang wohl nicht zu erwähnen. Typisch Dorfbewohner halt, zu dem man sich über kurz oder lang selbst entwickelt. Man liebt sein Veedel, man grüßt die Neu-Imis auf der Straße, man engagiert sich womöglich in einem der zahlreichen Vereine oder der Nachbarschaftshilfe. Und natürlich freut man sich bereits im Sommer auf das große Dorf-Fest, das am 11.11. beginnt und an dem jeder Einwohner teilnimmt. Und wenn es dann so weit ist, findet man sich in den Armen des Nachbarn wieder, der einen schon nach zwei Tagen auf der Straße gegrüßt hat, und bestätigt sich gegenseitig mit Tränen in den Augen:

Wat och passeet
dat eine es doch klor
et Schönste, wat m'r han

schon all die lange Johr
es unser Veedel,
denn he hält m'r zosamme
ejal, wat och passeet
en uns'rem Veedel.

Weil Köln immer noch die wärmste Stadt Deutschlands ist

Ich beginne mit einem Zitat aus Wikipedia. Gut, die Erfahrung hat gelehrt, dass man der Seite nicht alles glauben darf, ich mach es aber trotzdem, weil es plausibel klingt. – Zitat Anfang: »Köln liegt in der Kölner Bucht *[Richtig! – Anm. d. Buchautors]*, einer trichterförmigen, durch den Rhein geprägten Flusstallandschaft zwischen den stufenartig ansteigenden Hängen des Bergischen Landes und der Eifel unmittelbar nach Austritt des Rheins aus dem Rheinischen Schiefergebirge *[Auf'n Punkt! – Anm. d. Buchautors]*. Diese geschützte, günstige Lage bewirkt für Köln ein mildes Klima, das sich durch mehrere Besonderheiten auszeichnet: Durch die Eifelbarriere liegt die Stadt, insbesondere deren linksrheinischer Teil, im Schutz und Regenschatten von Westwinden, die außerdem einen Föhneffekt bewirken können *[So kenn ich das. – Anm. d. Buchautors]*. Gleichzeitig wird eine Lufterwärmung durch geringen Luftaustausch mit dem Umland begünstigt *[Kann ich jetzt rein wissenschaftlich nix zu sagen, aber es fühlt sich so an. – Anm. d. Buchautors]*. Damit verbunden ist aufgrund der Verdunstung des Rheinwassers bei geringem Luftaustausch regelmäßig eine hohe Luftfeuchtigkeit, die insbesondere im Sommer für belastendes, schwüles Wetter sorgt und für zahlreiche Gewitter verantwortlich ist *[Schwül, ja. Gewitter, zahlreich?!? Na ja. – Anm. d. Buchautors]*.

Die Innenstadt Kölns, in der zusätzlich innerstädtische Überwärmung auftritt, gilt als der wärmste Ort Deutschlands, noch vor Freiburg im Breisgau *[Das liest der Kölner natürlich gerne. Er mag es, wenn er vor anderen Städten auftaucht. Was dran ist, erfahren wir jetzt. – Anm. d. Buchautors].*« Zitat Ende.

Ist Köln jetzt die wärmste Stadt oder nicht? Ganz ehrlich: Seit der Recherche zu dem Thema trau ich den Meteorologen noch weniger über den Weg. Im Internet kursieren nämlich vollkommen unterschiedliche offizielle Angaben. Mal ist es Freiburg, mal Heidelberg. Dann kommt irgendwo aus der Ecke urplötzlich auch noch Duisburg daher. – Es bleibt mir also nichts weiter übrig, als einfach mal aufgrund meines subjektiven Empfindens zu behaupten: Köln ist die wärmste Stadt Deutschlands. Und um die Sache perfekt zu machen, greife ich noch mal das geflügelte Wort der »nördlichsten Stadt Italiens« auf. Die tatsächlich geografisch gesehen nördlichste Stadt Italiens ist Sterzing. Sterzings Jahresdurchschnittstemperatur liegt bei 7,4 Grad. Die von Köln hingegen lag 2012 mit 10,5 Grad mehr als drei Grad darüber. Hurra und Auf Wiedersehen, Italia. Auch im europäischen Temperaturvergleich kann der Kölner also wieder stolz sein auf seine Stadt.

Nur in Frankfurt habe ich weniger Schnee gesehen. Aber aus anderen Gründen. Dort schafft er es einfach nicht durch die Hochhausschluchten. Na ja, manchmal fand ich ein paar Schneereste auf dem einen oder anderen Toilettendeckel einer Disco-Toilette. Aber ansonsten? Nix. Nicht mal gute Schnee-Schnee-Wortspiele. – In München war ich zu sehr mit mir selbst beschäftigt und habe dabei die Jahreszeiten komplett übersehen. Kann sein, dass da mal Schnee war. Allerdings habe ich während meiner Zeit in Offenburg und Stuttgart gelernt, was es heißt, Schnee zu schaufeln. Ich sag nur: »Kehrwoche«. Deshalb fielen mir die ersten Winter in Köln äußerst positiv auf. Keine einzige Schneeflocke überlebt hier länger als eine Nacht. Ja, in Köln scheint die Sonne quasi ausm Hintertürchen. Während die Menschen in der Eifel und im Bergischen schon zu

Beginn des Winters gegen Schneestürme kämpfen, sitzt der Kölner noch im T-Shirt vor seinem Lieblings-Büdchen, genießt die angenehmen Temperaturen und ist weitaus besser drauf als der Rest der Republik. Gutes Wetter, gute Laune. Möglicherweise liegt darin das Geheimnis der kölschen Fröhlichkeit.

Die ließ man sich natürlich auch in den beiden vergangenen, ungewohnt kühlen Wintern nicht nehmen. Obwohl man 2011/12 erst mal damit klarkommen musste, dass es Schnee gibt, der es länger als zwei Stunden auf dem heißen Pflaster Köln aushält. Sogar länger als zwei Tage, länger als zwei Wochen … Monate. Ich mach's kurz: Anfangs gab es ein ziemliches Chaos, da die komplette Schneeräumkolonne erst mal entrostet werden musste. Sinnbildlich gesehen natürlich. Dann gab's kein Salz mehr und die Kölner Bevölkerung drohte ihre sprichwörtliche Gelassenheit zu verlieren. Doch irgendwann, es muss so um Tag zwölf der geschlossenen Schneedecke gewesen sein, erinnerte man sich kollektiv wieder an Artikel 1 des Kölschen Grundgesetzes: »Et es wie et es.« Die Folge: Köln war wieder Köln. Nur ohne Rot, dafür in Weiß. Gelassen schaufelte man alle paar Tage die Bürgersteige frei (meine Nachbarn) oder wartete darauf (ich), dass sich Artikel 3 des Grundgesetzes bewahrheitet: »Et hätt noch emmer jod jejange.« Und das Schöne daran ist, dass keiner dem anderen deswegen einen Vorwurf macht.

Fazit: Egal ob jetzt Köln meteorologisch gesehen die wärmste Stadt Deutschlands ist oder nicht: Sie fühlt sich jedenfalls warm an. Bis tief ins Hätz.

GRUND NR. 7

Weil die Menschen auf ihre Stadt achten

Eine der herausragenden Eigenschaften des Kölners ist seine Ehrlichkeit. Ehrlich anderen gegenüber und vor allem ehrlich zu sich selbst. Er weiß, dass die Stadt, die er liebt, nicht die schönste ist, gibt das auch zu und konzentriert sich deshalb auf ihre inneren Werte. Derer gibt es viele, doch Nicht-Kölnern nur schwer zu vermitteln. Nun gehört dummerweise ebenfalls zur Natur des Kölners der geradezu zwanghafte Wunsch, dass möglichst alle Menschen auf der Welt seine Stadt genauso lieben wie er selbst. Schade, dass die weltweit überwiegende Zahl der Nicht-Kölner in erster Linie auf Äußerlichkeiten achtet. Die Folge: Der Kölner lebt in einem Konflikt. Wie soll er jemandem die inneren Werte seiner Stadt näher bringen, wenn derjenige ihn gar nicht erst besucht, weil ihm die Stadt zu hässlich ist? Die Lösung: Artikel 5 des Kölschen Grundgesetzes – »Et bliev nix wie et wor«. Das Stadtbild soll sich ändern. Vorbei die Zeit, in der man sich damit zufriedengab, dass den zahlreichen Touristen der Dom gefiel und sie eventuell auch noch die ein oder andere romanische Kirche ablichteten. Köln soll attraktiver werden.

2001 beschloss der Kölner Rat, die Initiative »Leitbild Köln 2020« ins Leben zu rufen. Eine Initiative, in der allerdings nicht nur irgendwelche Politiker mit anderen Irgendwelchen, womöglich Fachleuten, den Wandel am Kölner vorbei initiieren. Nein, die Bürger sollten selbst initiativ werden. Zur Auftaktveranstaltung am 24. Mai 2002 begrüßte der damalige Oberbürgermeister Fritz Schramma die 700 vorhandenen Kölner Bürger mit den Worten: »Wir alle wollen gemeinsam die Weichen stellen für die Zukunft unserer Stadt. Das Leitbild 2020 kann nur im Dialog und durch die breite Beteiligung aller Interessierten entstehen.« – Gut, nun kann man angesichts von damals 968.639 Einwohnern bei 700 Kölnern nicht unbedingt von einer breiten Beteiligung reden. Zumindest auf den ersten Blick. Betrachtet man a) die damalige Bevölkerungsstruktur und b) den 24. Mai 2002 mal genauer, sieht die Sache anders aus.

Alleine 136.136 Kölner waren zwischen 0 und 14 Jahre alt. Bleiben also noch 832.503. Ziehen wir noch mal über den Daumen circa 12.000 15- bis 18-Jährige ab, die zu sehr mit ihrer Pubertät und dem Mopedführerschein beschäftigt waren, bleiben 820.503 potenzielle Teilnehmer. Davon lebten ungefähr 180.000 Menschen in den Bezirken Rodenkirchen und Chorweiler. Trotz brauchbarer Bahnverbindung kostet es doch einiges an gutem Willen, sich von dort aus zu einer Reise in die Innenstadt aufzuraffen. Zumindest, wenn man nix im Media-Markt zu kaufen hat.

Weitere 350.000 Einwohner bevölkerten die Bezirke Mühlheim, Porz und Kalk. Die Menschen dort waren damals noch sehr skeptisch gegenüber allem, was da so linksrheinisch beschlossen wurde. Kann man also auch abziehen, ohne nachtragend zu sein. Bleiben 290.503. Minus ungefähr 30.000 ausländischer Imis, die entweder gerade im Deutschkurs waren, in der Muckibude, aufm Amt ihre Dönerbude anmelden oder irgendwo am Bau unbezahlte Überstunden machen mussten. Macht 260.503. Etwa 140.000 davon Frauen, wovon wiederum 80.000 einen Friseurtermin hatten, 30.000 waren beim Gardetanz-Training, 12.000 beim Einparken und 10.000 im Sonnenstudio. Bleiben 128.503.

Der 24. Mai 2002 war ein überwiegend trockener, 19 Grad warmer Frühlingsfreitag. Das bedeutet, wir dürfen den circa 3.000 Menschen nicht böse sein, die einfach mal früher Feierabend gemacht und am Aachener Weiher ein Spontangrillen mit Freunden und Fremden veranstaltet haben. Weitere 25.503, darunter ich, wussten womöglich gar nichts von dem Termin. Bleiben runde 100.000 Bürger, die sich eventuell durchaus in der »Initiative Leitbild 2020« engagiert hätten ... wenn da nicht wenige Tage vorher der FC die Saison 2001/02 mit einem Bundesliga-Negativrekord von 1034 Spielminuten ohne Torerfolg abgeschlossen hätte. Der Lieblingsverein aller Kölner stieg 2002 zum zweiten Mal in die 2. Liga ab. Und wer jetzt noch Zweifel daran hegt, dass angesichts dieser Tatsache eine Beteiligung von 700 Bürgern ein Riesenerfolg ist, der weiß nicht, wie sehr der Kölner leiden kann. Welche Kraft es kostet, sich aus dem dunklen Keller, in den man sich eingeschlossen hat, durch all die nass geheulten Papiertaschentücher zu Herrn Schramma zu kämpfen.

So. Jetzt wissen Sie, wie engagiert der Kölner sein kann, wenn es um das Wohlergehen seiner Stadt geht, und wollen wahrscheinlich genauso wie ich wissen, was die Initiative »Leitbild Köln 2020« sich überhaupt zum Ziel gesetzt hat. Ich lese mal vor:

Die fünf Handlungsfelder der Zukunft
▷ die aufgeschlossene Wissensgesellschaft
▷ die dynamische Wirtschaftsmetropole
▷ die moderne Stadtgesellschaft
▷ der lebendige Kulturstandort
▷ die attraktive Stadtgestaltung

Die Einzelheiten hier aufzuzählen würde den Rahmen dieses Buches mit Sicherheit sprengen. Aber es liest sich gut, was man in der Broschüre auf www.stadt-koeln.de/mediaasset/content/pdf01/ leitbild/leitbild-broschuere.pdf so findet.

Ich will nur kurz auf ein Projekt der Arbeitsgruppe Stadtgestaltung von »Leitbild Köln 2020« eingehen, das ich persönlich sehr interessant finde. Es entstand unter intensiver Beteiligung der Kunsthochschule für Medien und heißt »Unortkataster«. Auf www.unortkataster.de können Kölner Bürger Orte markieren, die ihrer Meinung nach Unorte darstellen. Bausünden, schlechte Infrastruktur, wilde Müllhalden, soziale Brennpunkte. Ob jetzt miese Restaurants und Kneipen dazugehören, konnte ich leider nicht rausfinden, glaube aber, eher nicht. – Tatsächlich erhält die Stadt mit diesem Projekt »ein Instrument, um Mängel im Stadtbild zu markieren, zu beschreiben und zu bewerten«. Das finde ich toll. Und wie ich ming Kölle kenne, wird da sicher auch bald was getan. Demnächst. Also, in Kürze. Und recht flott.

Weil man nur hier im Abwasserkanal
Klassikkonzerte genießen kann

Es gibt nur einen einzigen bis heute original erhaltenen Raum in Köln, der im Zweiten Weltkrieg keinen Schaden genommen hat. Gut für den Raum, gut für Köln, denn sonst wären die beiden schicken Kronleuchter dort möglicherweise kaputt und es gäbe eine Attraktion weniger am Rhein. Der an Köln interessierte Leser wird es ahnen, und der Kölner wird wissen, wovon ich rede: Der Kronleuchtersaal in der Kölner Kanalisation am Theodor-Heuss-Ring ist eine der bekanntesten Ungewöhnlichkeiten dieser Stadt. Die Führungen, die von den Stadtentwässerungsbetrieben jeweils samstags von März bis September angeboten werden, sind fast immer ausgebucht. Auch geschrieben wurde darüber schon in zahlreichen Reiseführern und Köln-Büchern. Eigentlich ein Grund für mich, ihn hier einfach mal außen vor zu lassen. Was mich allerdings reizte, war der Besuch eines Konzertes in diesem Raum. Viermal im Jahr wird dort Klassik gegeben beziehungsweise »wurde«, wie sich in einem Telefonat mit Ralph Bröcker, dem zuständigen Sachbearbeiter der Stadtentwässerungsbetriebe, rausstellte. 2013 wird die Fidel dort leider nur ein einziges Mal gestrichen und ausgerechnet an einem Termin, zu dem sich dieses Buch bereits im Druck befinden sollte. Schade. »Dann will ich mir den Raum aber trotzdem mal ansehen.« – Der überaus zuvorkommende Herr Bröcker schaufelte mich auch tatsächlich noch in eine eigentlich ausgebuchte Führung. Ich war gespannt, was mich erwartet. Bis heute. Denn ich entschied mich anders. Aber zuerst mal ein paar Fakten, dann die Geschichte, wie ich den Kronleuchtersaal nicht besuchte, ihn aber trotzdem hier als einen Grund, Köln zu lieben, anführe.

1881 wurde das Abwassersystem für die Kölner Alt- und Neustadt geplant und dann auch umgesetzt. Das System sah einen Tief-

sammler am Rheinufer, einen parallelen, höher gelegenen Hochsammler und einen Ringkanal zur Entwässerung der Altstadt vor.
Dem Abwasserfachmann sagt das bestimmt eine Menge, denn das
System galt damals als vorbildlich. Ich habe keine Ahnung davon,
glaube das aber ungeprüft, da ich an die kölsche Ehrlichkeit glaube.
Weiter. Im Kronleuchtersaal treffen sich Hochsammler und Ringkanal und werden von dort zum Kölner Klärwerk geleitet. Der
Raum dient als sogenanntes Regenentlastungsbauwerk. Will heißen: Bei heftigem Regen läuft der Ringkanal über und das Wasser
wird durch einen weiteren Kanal direkt zum Rhein geführt. So viel
zum Verlauf der Kölner Kacke.

Wie kam es aber zu den Kronleuchtern? Grund war nicht etwa
der Kölner Hang dazu, öfter mal ein Späßchen zu machen, als vielmehr das Bedürfnis, allen zu zeigen, was für tolle Sachen man kann.
1890 wurde das Kanalisationssystem feierlich eingeweiht. Ein biss-
chen angeben schadet ja nix, hat man sich gedacht, und niemand
Geringeren als Kaiser Wilhelm II. zu dieser Feierlichkeit eingeladen.
Damit er sich ein wenig heimisch fühlt, schmückte man den Raum
mit zwei Kronleuchtern à sechs Kerzen. Und wartete. Und wartete.
Und wartete. Jedoch der Kaiser, er kam nicht. Hatte sich wohl beim
Essen wieder mit Bismarck gestritten, war dementsprechend mieser
Laune und hatte keinen Bock auf Menschen. Stattdessen kamen die
Besucher. Und zwar in Scharen. Zumindest seit dem Jahr 2000. Da-
mals erkannten die Herrscher über die Stadtentwässerungsbetriebe,
welche Perle sich da zwischen all dem unterirdischen Unrat befindet, und veranstalten seitdem ebenjene Führungen und Konzerte,
zu denen ich nicht gekommen bin. Und zwar weil:

Herr Bröcker hat mir den Platz in der 16.00-Uhr-Führung
verschafft. Eine Woche vor dem Termin kommt die erfreuliche
Nachricht, dass ein Video der lustigen Satire-Seite »Der Postil-
lon«, in dem ich mitspiele, für den Webvideopreis nominiert ist.
Unglücklicherweise findet die Preisverleihung am selben Datum
statt. Beginn 17.30 Uhr. In Düsseldorf. Obwohl auf öffentliche

Verkehrsmittel angewiesen, ziehe ich los mit dem Wissen, dass die Führung nur eine halbe Stunde dauert und ich von der Haltestelle Ebertplatz in knapp 40 Minuten in Düsseldorf sein kann. Kurz vor 16.00 Uhr stehe ich am Eingang zum Kronleuchtersaal: eine grüne Bodenklappe, Nähe Ebertplatz, am Rande des kleinen Parks, an der Kreuzung Theodor-Heuss-Ring/Clever Straße.

Ein Geschichtslehrer, zwei Sozialkundelehrerehepaare und circa zwölf weitere Kronleuchterinteressierte waren noch pünktlicher als ich. Interessiert informieren sie sich an den rings um den Eingang aufgestellten Originalplänen über das Abwasserkonzept der Kölner Alt- und Neustadt. Weniger pünktlich ist leider die Gruppe, die sich noch im Untergrund befindet. Nach zehn Minuten werde ich nervös, nach elf beschließe ich, zu gehen. Zwei Minuten später mache ich mich auf den Weg zur Bahn.

Der führt an einem Weiher vorbei. Kinder spielen am Ufer, ein junges Ehepaar schiebt glücklich ihre Zukunftsinvestition in zwei Kinderwagen an mir vorbei und eine Gruppe Jugendlicher spielt Handy-Vergleich. Ich frage mich, ob diesen Menschen wohl bewusst ist, worauf sie da gerade laufen: über einen 120 Jahre alten Raum, durch den wahrscheinlich just in diesem Moment ihr eigenes Spülwasser fließt. Ein Raum, der zwei Weltkriege schadlos überstanden hat, geschmückt für einen Kaiser, der ihn nie zu Gesicht bekam. Ein Raum, durch den Regenwasser, ins Klo gefallene Eheringe und überschüssige Schildkröten fließen und der nur deshalb zur Attraktion wurde, weil dort ein Kronleuchter hängen geblieben ist. *Das* gibt es nur in Köln. Ich liebe diese Stadt.

Nachtrag, der Eitelkeit wegen: Wir haben den Webvideopreis erhalten.

GRUND NR. 9

Weil man hier genügend Abstand
zu Düsseldorf hat

Ganz Deutschland weiß es: Köln und Düsseldorf, das ist wie Hund und Katze, wie Katz und Maus, wie Maus und Käse, wie Käse und Loch. Wobei ich mich hier keinesfalls festlegen möchte, wer jetzt Hund, Katze, Maus, Käse oder Loch ist. Fest steht: Kölner und Düsseldorfer haben ein Problem miteinander. Gründe gibt es dafür einige. Meist historische. Der älteste davon heißt: »Die Schlacht von Worringen«, die im Jahr 1288 stattfand. In ihr soll, so geht die Mär, der Ursprung der Rivalität liegen. Ich versuche mal, die etwas komplizierten Fakten dazu auf den Punkt zu bringen. Bei der Schlacht von Worringen ging es um zwei Probleme. Eines hatte der Kölner Erzbischof Siegfried von Westerburg mit Adolf von Berg, weil dieser versuchte, bei der Wahl 1274 seinen Bruder als Erzbischof durchzusetzen. In heutigen Dimensionen umgesetzt, würde das heißen: Angela Merkel ist Bundeskanzlerin, die Bundestagswahl steht vor der Tür und da kommt plötzlich Wolfgang Schäuble angerollt und sagt: »Leute, ich hab 'ne Schwester, die kann das noch viel besser als Angela.« Da würde der Dachstuhl in der CDU aber auch gewaltig brennen.

Beim zweiten Konflikt ging es um die Erbfolge im belgischen Limburg. Hier standen sich Graf Rainald von Geldern und Johann I., Herzog von Brabant, gegenüber. Warum die Belgier ihren Streit ausgerechnet im Kölner Vorort austrugen? Keine Ahnung. Das führt wohl auch zu weit. Die Worringer Wirrungen sind eh schon schwer genug zu verstehen. Zumindest für Nichthistoriker wie mich. Denn: Achtung! Die Kölner unterstützten bei dieser Schlacht *nicht* ihren Erzbischof von Köln, Herrn von Westerburg plus Kriegskumpan von Geldern, sondern – Achtung! – den Herzog von Brabant und Adolf von Berg. So sind sie halt auch schon

37

mal, die Kölner. Es muss weit kommen, bis sie mal jemanden nicht mögen, aber wenn sie ihn nicht mögen, dann richtig. Da kann der auch Erzbischof sein in ihrer Stadt.

So nahm das Köln-Düsseldorf-Drama also seinen Lauf. Die gegnerischen Parteien trafen sich auf der Fühlinger Heide, kloppten sich, und am Ende gewann die Gang vom Brabanter Herzog, seinem Hoodie Adolf von Berg und den Kölnern. Bis hierher war die Kölner Welt noch in Ordnung, denn der ungeliebte Erzbischof bekam vorläufig Hausarrest auf Schloss Burg und die Kölner Bürger wurden endlich Chef im eigenen Dorf. Dann machte Adolf von Berg aber den historischen Fehler: Er verlieh Düsseldorf die Stadtrechte und erklärte die Stadt schließlich auch noch zu seiner Residenz. Mann, waren die Kölner da angezickt. Stadtrechte waren zu der Zeit nämlich bares Geld wert. Und da bekommen sie gleich ums nächste Eck so einen Möchtegern-Konkurrenten vor die Nase gesetzt.

Natürlich war das leicht überreagiert. Immerhin war Köln zu der Zeit die größte und bedeutendste Stadt im Deutschen Reich. Düsseldorf war ein Nichts. Allerdings entwickelte wohl dieser Fauxpas des Herrn von Berg ein Eigenleben, das bis heute Bestand hat. Natürlich kamen noch Dinge hinzu, wie zum Beispiel die Nichtberücksichtigung von Köln bei der Vergabe des Titels »Bundeshauptstadt« und die unerfüllte Hoffnung auf den Vize-Titel »Landeshauptstadt«. Bonn haben die Kölner verziehen, weil ja schließlich ihr Lieblingsbürgermeister Konrad Adenauer das damals so wollte, um näher bei seinem Häuschen in Rhöndorf zu sein. Aber Düsseldorf? Niemals.

Nun muss man sagen, dass ausgerechnet Düsseldorf versucht, den Konflikt zu entschärfen. So jedenfalls legt man in der Landeshauptstadt die Eröffnung der ersten Kölsch-Brauerei »Eigelstein« aus. Die Kölner halten es hingegen lediglich für Diebstahl und weigern sich weiterhin standhaft, Alt-Bier in der Domstadt zu verkaufen. Geschweige denn, zu brauen.

Für den ortsunkundigen Autofahrer ohne Navi wird der Weg von Köln nach Düsseldorf auch zur abenteuerlichen Orientierungsfahrt. Auf Kölner Stadtgebiet gibt es keine Hinweisschilder, auf denen »Düsseldorf« steht. Es wird lediglich auf die benachbarten Städte Neuss und Ratingen hingewiesen. Auch kuriert das Gerücht, dass man in einigen Kölner Computerläden Tastaturen kaufen kann, bei denen die *alt-* durch eine *kölsch-*Taste ersetzt ist. Kann ich nicht bestätigen, ich hab noch keine gesehen. Sonst hätte ich eine. Trotzdem tut auch Düsseldorf das seine, um die Rivalität am Laufen zu halten. So schickten sie uns 2008 heimlich eines ihrer schönsten Mädchen in die Stadt. Die Folge: Sie wurde zur »Miss Köln« gewählt. Und noch so 'n Ding: Ausgerechnet der Vater der Ur-Kölner-Schauspiel-Legende Willy Millowitsch stammt aus Düsseldorf. Man erkennt also schon an den Waffen, mit denen der Konflikt ausgetragen wird, recht deutlich, wie Kölner und Düsseldorfer gestrickt sind. Während die Kölner mit offenem Visier nach vorne stürmen, versuchen die Düsseldorfer, ihre Nachbarn mit listigen Tricks zu blamieren.

Den wahren Unterschied zwischen der Landeshauptstadt und der Hauptstadt des Frohsinns lernte ich allerdings erst im Karneval 2013 kennen. Ausgerechnet an Weiberfastnacht hatte ich einen wichtigen Termin bei meinem Anwalt in Düsseldorf (ja, ja, ich weiß, in Köln gibt's auch welche … egal jetzt). Gegen zehn Uhr machte ich mich auf den Weg zum Kölner Hauptbahnhof, um den herum sich überall gut gelaunte, singende Funkenmariechen, Cowboys, Indianer, Müllmänner und Polizisten tummelten. Auch im Zug Richtung Düsseldorf herrschte maskierte Fröhlichkeit. Bis Leverkusen. Warum ausgerechnet dort die meisten Masken ausstiegen, weiß der Teufel. Womöglich Betriebskarneval bei Bayer. Jedenfalls erwartete mich am Düsseldorfer Bahnhof dann – Überraschung – lediglich das übliche Businessgewimmel. Nur hier und da aufgepeppt durch das eine oder andere Manga-Kostüm (hat was mit der langen Japangeschichte Düsseldorfs zu tun). – Das war schon mal der eine Punkt, an dem ich dachte: Aha, der Düsseldorfer ist sich wohl zu fein, um so früh am Tag Spaß zu haben. Die endgültige Bestätigung dafür, dass sich beide Städte wohl niemals annähern werden, bekam ich dann, als ich vor dem Bürohaus der Anwaltskanzlei aus dem Taxi stieg. Es befindet sich in einer Seitenstraße der Düsseldorfer Edeleinkaufsstraße, der Kö. Nun muss man wissen, dass es in Köln durchaus üblich ist, sich im Straßenkarneval von unnötigem Ballast wie leer getrunkenen Kölschflaschen zu befreien, indem man sie einfach irgendwo abstellt. Bevorzugt auf Häusertreppen oder im Eingangsbereich von Kaufhäusern. Sicherlich auch als noble Geste an die Flaschenpfandsammler erkennend, beschwert sich kein Mensch darüber. Im Gegenteil. Man stellt sein Fläschchen gerne auch mal dazu. Mit diesem Wissen ausgestattet, dürfte nun der Unterschied zwischen den beiden Städten klar werden, wenn ich verrate, was im Hauseingang dieses Düsseldorfer Bürohauses stand: Es war eine einsame, bis auf den letzten Tropfen geleerte Flasche Veuve Clicquot. Typisch Düsseldorf, dachte ich. Gönnen den armen Menschen nicht mal das bisschen Flaschenpfand.

GRUND NR. 10

Weil man hier auch den Bahn reisenden Neuankömmling zu beeindrucken weiß

280.000 Reisende tummeln sich jeden Tag im Kölner Hauptbahnhof. Viele gehen, viele steigen um und viele kommen. Die, die da gehen, gehen meist mit Tränen in den Augen. Die, die da umsteigen, können nur ahnen, was sie verpassen. Und die, die da kommen, kommen wieder. Mit Sicherheit. Wer einmal den Anblick beim Betreten des Bahnhofsvorplatzes erlebt hat, der will ihn immer wieder haben. Die aus östlicher Richtung Anreisenden werden sogar gleich doppelt beeindruckt. Immerhin überqueren sie den Rhein über die

Hohenzollernbrücke, eine der schönsten Brücken Deutschlands, wodurch sich ihnen ein ähnliches Panorama bietet, wie in der weiter vorne beschriebenen Anreise per Pkw. Weiterer Pluspunkt: Die Statik der Hohenzollern ist bei ihrem Bau nicht für einrasende ICE entworfen worden. Daher fahren die meisten Züge dort nur im Schritttempo, was dem Fahrgast genügend Zeit gibt, die Nase ans Fenster zu pressen und sich an Rhein, Altstadt, Liebesschlössern und dem schicken Hinterteil des Doms zu erfreuen.

Die Bahnkunden, die aus nordwestlicher Richtung angeliefert werden, können hingegen die Zeit bis zum Erreichen des Gleises nutzen, um in aller Ruhe ihre Gepäckstücke zu zählen, den Laptop runterzufahren oder die Kinder zu suchen. Sie verpassen nix. Der Anblick des Ursulaviertels, das hier durchquert wird, unterscheidet sich kaum von dem anderer Großstadtbahnhofsvorviertel. Graffiti an den Wänden, hier und da entdeckt man eine FC-Fahne im Fenster oder einen Mann, der die Langzeittragfähigkeit seines Unterhemdes testet. Wie gesagt: Augen zu und durch und auf die Ankunft freuen. Aussteigen, Treppe runter und raus in die kölsche Herrlichkeit.

Nun kann man den Kölner Hauptbahnhof auf vier verschiedenen Wegen verlassen. Breslauer Platz ist hinten, Bahnhofsvorplatz vorne. Beide Seiten haben jeweils einen nördlichen und einen südlichen Ausgang. Ich empfehle unbedingt den südlichen Ausgang vorne durch die sogenannte A-Passage. Also den Hauptausgang. Sonst wird nämlich alles, was hier steht, Makulatur.

Vor dem Verlassen des Bahnhofs sollte man sich allerdings noch unbedingt bei Meister Bock stärken. A) gibt es dort seit über 50 Jahren die leckersten Bahnhofsmettwürste, die ich kenne. B) kann einem der Anblick, der einen draußen erwartet, auch schon mal weiche Knie bereiten. Danach aber dann nix wie raus und: Nääää, wat is dat schöööön.

Macht der für einen Knotenbahnhof eher klein geratene Kölner Hauptbahnhof innen noch einen fast provinziellen Eindruck, bekommt man im selben Moment, in dem man eine der Doppeltüren durchschreitet, unmissverständlich klargemacht: »Jung, do bes enner Weltstadt met Flair.« Der 2004 neu gestaltete Vorplatz empfängt den Besucher mit offenen Armen, die irgendwie nach links zu weisen scheinen. Unweigerlich folgt ihnen der Blick über die breite Freitreppe, hinauf zum alles überragenden Dom. Groß, schwer, bedächtig, aber für sein Alter immer noch gut aussehend. Einer Übermutter gleich, die streng darauf zu achten scheint, dass hier keiner reinkommt, der Driss macht. Klein und hilflos fühlt man sich bei seinem Anblick, und doch wohlbehütet. Angeblich soll dort auch schon mal dem ein oder anderen Touristen ein sehnsüchtiges »Mama« über die Lippen gekommen sein.

Fast vergisst man dabei, dass auf der gegenüberliegenden Seite die für lange Zeit zweitgrößte Kirche Kölns steht. St. Mariä Himmelfahrt ist eines der wenigen verbliebenen Barock-Bauwerke Kölns, und auch dort lohnt sich ein Besuch. Ihren rosafarbenen Ostturm entdeckt man meist erst dann, wenn man sich der weichen Knie wegen auf den Stufen der Freitreppe ausruht, die zur Domplatte führt. Doch selbst ohne weiche Knie sollte man das ruhig mal tun.

Ich will Köln jetzt nicht unbedingt mit Rom vergleichen, doch wenn auch die Aussicht von der Spanischen Treppe die schönere ist, so hat unsere Domtreppe durchaus ein ähnliches Flair. Im Sommer erholen sich dort Touristen vom anstrengenden Aufstieg in den Domturm neben mittagspausierenden Sekretärinnen, wallfahrenden Schülern und umarmungsmüden »Hug me«-Aktionisten und –innen. Unterhalb der Treppe üben Pänz in weiten Hosen an einer sanft abfallenden Treppenkante ihre ersten Flips und Grinds auf dem Skateboard. Es wird jongliert, gezaubert, gestraßenkünstlert. Manchmal hört man eine Gitarre oder eine Klarinette oder Steeldrums oder Bongos oder alles zusammen, während aus den Kehlen der Kinder von katholischen ehemals Jugendlichen ein ehrlich gemeintes: *Danke, für diesen guten Morgen* piept.

Ja, der Umbau von Bahnhofsvorplatz und Domplatte hat den Menschen gutgetan, hat der Stadt gutgetan. Auch hier: Gratulation an die Architekten. Die Aufgabe, urbane Stadtgestaltung mit dem Gefühl für ein entspanntes Miteinander mit mittelalterlichem katholischen Größenwahn homogen zu vereinen, kann man als gelungen betrachten. Eins plus, würde ich sagen. Wobei ich mir aber selbst noch nicht sicher bin, ob man hier nicht auch noch ein Stück kölsche Tradition hätte erhalten können. Der alte Bahnhofsvorplatz, die Treppe zur Domplatte, die Domplatte selbst, das waren typische Bausünden der 70er- und 80er-Jahre (… und die Hits von heute). Doch es gab dort eine Institution, die das alles vergessen ließ. Etwas, was Köln für den Neuankömmling fast so unverwechselbar machte wie der Dom selbst, und dem kölschen Heimkehrer ein ähnlich beruhigendes Gefühl vermittelte, wie dessen 157,38 Meter hohen Türme: die Rievkoochebud.

20 Jahre lang war man hin- und hergerissen. Nehm ich nun die Wurst von Meister Bock oder eine Portion Rievkooche mit Appelkompott. Draußen auf dem Platz wurden pro Jahr im Schnitt 100 Tonnen Kartoffelteig genussvoll im heißen Fett gebadet. Den Geruch konnte man im Bahnhof schon ab Gleis 4 wahrnehmen. Der Duft der Heimat für jeden Kölner. Kulinarisches Abenteuer für den Rest der Welt. Angeblich soll der Verleger Henri Nannen sogar zu Lebzeiten bei Zwischenstopps in Köln hurtig aus dem Zug geeilt sein, um sich schnell ein paar Rievkooche zu schnappen. Ein Gerücht nur, aber ein schönes. Doch die Zeit ist vorbei. Henri Nannen ist tot, die Rievkooche-Bud abgerissen. Da nutzte es auch nichts, dass damals 30.000 Unterschriften für den Erhalt der Bude gesammelt wurden. Und während ich das hier tippe, ist auch schon die Entscheidung für mich gefallen. Ja, es ist gut so, wie es ist. Tradition schön und gut, Hunger in allen Ehren, aber der Platz, so wie er jetzt ist, ist total prima. Und wer mir nicht glaubt, der fährt mal mit dem Zug nach Düsseldorf, wo ihn vorm Bahnhof zahlreiche Imbissbuden erwarten. Mahlzeit.

Appelrath Cüpper

ZARA

Großes Angebot – kleine Wege:
Einkaufen in Köln ist ein Spaziergang

Kapitel 2

KAUFRAUSCH

city shopping

SCHILDERGASSE

Weil man sich hier auch
mit kleinen Dingen zufriedengibt

Fast 20 Jahre ist es her, da stand ich zum ersten Mal vor einem Kölner Schaufenster und dachte: Kissen?!? Nur Kissen?!? In der Tat bestand die Deko ausschließlich aus Kissen. Große Kissen, kleine Kissen, mittlere Kissen. Rote Kissen, grüne Kissen, braune Kissen, weiße Kissen, bunte Kissen. Gestreifte Kissen, karierte Kissen, rautierte Kissen, druckmotivierte Kissen. Stuhlkissen, Sesselkissen, Sofakissen. Kissen mit Bommeln, Kissen ohne Bommel, runde Kissen, eckige Kissen, Kissenrollen und eine Kiste mit kuscheligen Kopfkissenkissen für den Fall, dass beim Küssen die Köpfe Kissenunterstützung benötigen. Auch im circa 50 Quadratmeter großen Laden sah ich nur Kissen. Eine Ausnahme: Hinter der Ladentheke stand eine Kissenkauffrau. Aber selbst deren Oberweite kolportierte Kissenassoziationen mit Kuscheleffekt. Also: Kleiner Laden, nix als Kissen. Komisch, dachte ich. Als Neu-Imi konnte ich mir nicht vorstellen, dass so ein kleines Spezialgeschäft in so einer großen Stadt existieren kann. Da wusste ich ja noch nicht, wie speziell Köln ist.

Die Stadt, in der ich vorher drei Jahre lebte, hieß Stuttgart. Dort gab es ein Kaufhaus, in dem alle alles einkauften, weil es alles bereithielt, was der Schwabe so braucht. Von teuren Designerklamotten über Bang & Olufsen-Elektronik, handgeschöpftem Briefpapier, Kosmetik, Schallplatten und Porsche-Sitzbezügen für den Daimler bis hin zu Spätzlebrettern, Spätzlepressen und Spätzle. Aber auch Saitenwürste. Muss man sich ungefähr so vorstellen wie den Kaufhof, nur teurer und mit mehr Spätzle. Dafür gab's kein Kölsch. Egal. Ich schweife ab. Jedenfalls unterscheidet sich Köln einzelhandelstechnisch von Stuttgart und wohl auch von zahlreichen anderen Städten Deutschlands durch die große Anzahl kleiner, auf eine einzige Produktpalette spezialisierter Läden mit existenzsichernden Umsatzzahlen. Nun fragt man sich bundesweit sicherlich und teilweise zu Recht: »Warum gehen Kaufhausriesen wie Karstadt und Kaufhof in Köln alle zwei Jahre pleite, während die Miniläden florieren?«

Die Antwort ist eigentlich recht einfach. Mal von den zahlreichen Vorteilen, die eine Insolvenz für einen Konzern und dessen Missmanager so mit sich bringt, abgesehen, vermute ich, dass es an der grundsätzlichen Skepsis des Kölners gegenüber allem liegt, was zu groß ist, um es schnell und einfach zu hinterblicken. Die Vorgänge in einem Kaufhauskonzern sind ihm wohl suspekt. Wie kommen die Preise zustande? Warum arbeiten hier so viele Menschen, aber keiner kann einen beraten? Wo ist überhaupt die Elektronik-Abteilung? – Nein, da geht er doch lieber gleich, beispielsweise in die Breite Straße zum van der Meyden. Seit über 50 Jahren verrät das Schild »Elektronik für alle« über der Tür, was einen dahinter erwartet. Lautsprecher zum Selberbasteln der Dolby-Surround-Anlage, Discokugeln, Maulwurf-schreck-Geräte, Überwachungskameras, verbotene Glühlampen. Und natürlich Schubladen und Kisten voller Kleinstteile. Für den Außenstehenden ein Wirrwarr aus Drähten, Sicherungen und Widerständen. Für Familie van der Meyden wohlsortiertes Zubehör für die Erste Hilfe bei defekter Heimelektronik. Mit einem Griff, der sogenannten Widerstandsbewegung, ist auch schon das passende Teil herausgezogen. Man möge mir das Wortspiel verzeihen. Dafür verrate ich jetzt, dass auch eine solche Beherrschung des Chaos und das gesunde Fachwissen der Verkäufer sicherlich einen weiteren Grund darstellen, warum der Kölner eher mal den kleinen Laden aufsucht, statt der hippen Mall. Solche Fähigkeiten, in anderen Städten womöglich als selbstverständlich hingenommen, bewundert man hier. Wohl aus dem Streben heraus, selbst was Tolles können zu können und gerne dafür bewundert zu werden.

Der dritte Grund, warum Läden wie van der Meyden, der Schirmladen Bursch, Schrauben Hülden oder das »Haus der 10.000 Pfeifen« (in dem es in echt sogar fast 100.000 gibt) seit teilweise 100 Jahren existieren, ist: Man kommt auch viel eher mal mit dem Chef ins Gespräch. Erfährt, wie er tickt, was er so privat treibt und welche Kölschsorte er bevorzugt. Derartige Informationen sind wichtig für beide Seiten, denn sie tragen wesentlich zur Kaufentscheidung des Kölner Kunden bei. Je mehr er vom Verkäufer als Mensch erfährt, umso vertrauensvoller wird er. »Na ja, ich dun zwar em Moment kein Discokugel bruche, ävver wenn dä Chef selvs och jään Reissdorf drinke dät, es die bestemmp joot.«

Weil es hier an jeder Ecke lebensrettende Anlaufstationen gibt

Im Jahr 2001 bekam ich ein äußerst lukratives Jobangebot. Eine feste Stelle mit viel Verantwortung und zahlreichen Möglichkeiten, mich kreativ auszutoben. Einziger Nachteil: Ich sollte dazu nach München ziehen. Nun ist München sicher nicht der übelste Platz zum Leben. Eine der schönsten Städte Deutschlands sogar. Aber Schönheit ist nicht alles, und ich hatte schon oft Probleme mit den inneren Werten der Isarmetropole. Speziell mit denen der dortigen Medienszene. Mir war das alles zu schickimicki, zu oberflächlich, die bayerische Sturheit zu undurchdringlich, der Humor zu derb, das Honorar zu hoch, die Verantwortung zu groß ... kurz, ich nahm das Angebot an. Und es hätte mich fast das Leben gekostet. Zum Glück hatte ich die Nabelschnur zur Römersiedlung am Rhein nicht durchtrennt und behielt die Kölner Wohnung. Nur dieser Tatsache ist es zu verdanken, dass ich heute noch diesen Satz schreiben kann: »Et hät noch emmer jod jejange.« Wie konnte es zu dieser lebensbedrohlichen Situation kommen? – Ganz einfach. Ich lebte bis dato bereits seit acht Jahren in Köln und war es gewohnt, mich an einer der kölschesten Institutionen überhaupt zu versorgen, dem Büdchen. Auf den meist nur wenigen Quadratmetern des Büdchens steht einem das komplette Sortiment eines gut sortierten Supermarkts zur Verfügung. Egal, ob Workaholic oder Couch-Potato, acht oder 80 Jahre alt, männlich oder weiblich, Rocker, Broker oder Funkenmariechen – im Büdchen findet jeder das, was er zum Überleben braucht. Egal, zu welcher Uhrzeit. Ob Cappuccino, Croissant und Kölner Express um 7.00 Uhr morgens, Mehl, Zucker, Dosensuppe und Wundertüte um 12.00 Uhr mittags, Rotwein, Pittermännchen, Zigaretten und Kondome oder Tampons (je nachdem) um 2.00 Uhr nachts oder die Kunsthaar-Perücke für Kurzentschlossene an Weiberfastnacht. Man braucht sich im Allgemeinen keine 100 Meter von seinem Fernsehsessel wegzubewegen, um all das zu bekommen. Einziger Nachteil dieses paradiesischen Zustands: Wenn der Kölner längere Zeit in einer anderen Stadt verbringen muss, verhungert er. Oder verdurstet. Oder wird Nichtraucher.

So wie ich beinahe in München. Meistens war der Arbeitstag dort zwölf bis 16 Stunden lang. Das Büro befand sich in einem Industriegebiet weit außerhalb der Stadt. Ich kam oft erst spätnachts in meiner 16 Quadratmeter großen Einzimmerwohnung in der Innenstadt an. Hungrig, durstig, vom grellen Licht des leeren Kühlschranks geblendet, schleppte ich mich anfangs dann noch mal die Treppen hinunter und strich durch das menschenleere Glockenbachviertel. Die Hoffnung hielt mich am Leben, es könnte vielleicht ja einen weiteren emigrierten Kölner geben, der *die* Münchener Marktlücke für sich entdeckt und ein Büdchen eröffnet hat. Natürlich war das nicht der Fall. Enttäuscht markierte ich dann die Ecken, an denen *ich* ein Büdchen aufmachen würde, mit einem Piktogramm des Kölner Doms und kroch auf allen vieren in mein Zimmer zurück, wo ich mich schließlich nicht trinkend und nicht rauchend am Shopping-Kanal sattsah.

Natürlich war ich selbst schuld. Keine 50 Meter neben meinem damaligen Büro war ein REWE-Markt. Aber wen interessiert das schon. Wenn der Kölner umzieht, fragt er nicht nach dem nächsten

Supermarkt, sondern er sucht nach *seinem* neuen Büdchen. Das Büdchen, in dem er schon nach wenigen regelmäßigen Besuchen als Stammkunde anerkannt und entsprechend begrüßt wird. Das Büdchen, in dem er spätestens nach vier Wochen kreditwürdig ist. Das Büdchen, das ihn auch in schweren Zeiten am Leben erhält. Und meins stand nun mal in Köln, und ich freute mich jedes Wochenende darauf. Bis ich seinetwegen schließlich den Münchener Job kündigte. Na ja, nicht ganz. Aber fast. Denn in Köln ist man seinem Büdchen treu. Man hat eine Stammkneipe und ein Stammbüdchen, manche haben auch noch eine Stammfreundin, aber das gehört nicht hierher. Das Stammbüdchen jedenfalls ist die Anlaufstation für morgens, mittags und den Nachhauseweg aus der Stammkneipe, in die man eigentlich nur geht, um zu zeigen, dass im Kleiderschrank noch mehr hängt als die eine Jogginghose. Meist 'ne Jeans.

Das Büdchen hat einfach mehr zu bieten. Zusätzlich zu all den weltlichen Genüssen findet man dort auch fast rund um die Uhr stets einen Partner zum geistigen Austausch. Hier wird die Welt verändert. Es werden Pläne geschmiedet, wie »die da oben« Kim Jong Un das weltbedrohende Handwerk zu legen haben. Man konstatiert, mit welcher Taktik der FC spielen muss, damit er endlich mal wieder gegen Gladbach gewinnt. Es gibt Diskussionen über Gottschalk, Bohlen, das TV-Programm an sich, die Zukunft der Medien, die drohende Kölschpreiserhöhung, das Ozonloch, das neue iPhone, das Wetter und die Sommermode des vergangenen Jahres. Kochrezepte werden ebenso ausgetauscht wie Garten- oder Tuning-Tipps für den Opel Kadett. – Der Kühlschrank ist kaputt? Hier findet man jemanden, der ihn reparieren kann. Die Wohnung muss neu gestrichen werden? – »Do simmer dabei«. – Man kennt sich, man hilft sich, man mag sich, man streitet sich, man versöhnt sich. Und dazu isst man mal ein Mettbrötchen oder ein Eis, grüßt freundlich die Müllmänner oder die Polizeistreifer, die zur Frühstückspause reinschauen, kuckt auf die Uhr und trinkt Kaffee, Kölsch oder Cappuccino ohne Milch. Und wenn jemand Geburtstag hat, wird natürlich gefeiert.

Die Kölner kämen mit der Zerstörung ihres Doms durch ungläubige Extremisten wahrscheinlich besser klar als mit der Schließung ihres Büdchens. Wie sehr der Kölner sein Büdchen liebt, möchte ich kurz in zwei Beispielen aufzeigen: Eines der berühmtesten Büdchen stand seit 1950 an der Ecke Kaiser-Wilhelm-Ring und Hermann-Becker-Straße. Als der Eigenbau des Inhabers Heinrich Reintges umfangreichen Umbaumaßnahmen weichen sollte, entstand eine Bürgeraktion für den Erhalt dieser Institution. Leider erfolglos. Es wurde 1997 abgerissen. Allerdings findet man heute an jenem Platz das einzige Büdchen-Denkmal weltweit. Erstellt wurde es von einem ehemaligen Stammgast des Büdchens, dem Künstler Martin Mlecko. In Erinnerung an den dunkelgrünen Anstrich legte er die Grundfläche, auf der das Büdchen stand, mit venezianischen Glasscherben aus. Daneben eine Inschrift mit den Worten: »Martin Mlecko (geb. 1951 in Essen) – Trinkhalle 1997 – Dieses Glasmosaik erinnert an den von Heinrich Reintges erbauten und betriebenen Kiosk, der von 1950–1997 an dieser Stelle stand. – Geschenk der Allianz Versicherungs-Aktiengesellschaft.«

Erfolgreicher war glücklicherweise die Initiative zum Erhalt des LA.O.LA-Büdchens in der Mozartstraße. Über neun Jahre lang übrigens *mein* persönliches Büdchen. Das vielleicht bekannteste Büdchen Kölns. Den Betreiber, Andreas Göbel, kann man getrost als Kölner Original bezeichnen. Er vereint in sich gleich drei Randgruppen. Er ist schwul, schwarz und Sachse. Über Andreas gibt es eine mehrteilige TV-Dokumentation, den Kurzfilm *Der schwule Neger Nobi* und natürlich zahlreiche Fernseh- und Zeitungsberichte. Das Büdchen ist für Andreas, wie für die meisten Betreiber, Lebensmittelpunkt und einzige Einnahmequelle. Neben der klitzekleinen Verkaufszelle mit Straßenverkauf gibt es noch einen circa 20 Quadratmeter großen Raum, den man mit seinen Stehtischen, alten Sesseln und Devotionalien der Rolling Stones fast schon als vollgestopft bezeichnen kann. Das hat Andreas und seine Stammgäste allerdings nie daran gehindert, dort auch die ein oder andere

Party zu veranstalten. Der RoMo-Rave an Rosenmontag, an dem sich gefühlte 200 Raver im Büdchen vierviertaktvoll aneinander reiben, ist legendär. Dabei störte es bis vor Kurzem weder Buben noch Mädchen, dass es nur eine einzige, winzige Toilette gab. Das meiste wurde sowieso rausgeschwitzt.

2012 dann der Schock für Andreas. Offensichtlich hat er wohl ein Interview zu viel gegeben. Ein Mitarbeiter des Ordnungsamtes hat nämlich im ZDF von Andreas erfahren, dass sein Büdchen oft Party-Spot numero uno in Köln ist. Dem Herrn vom Ordnungsamt kam da ein Verdacht. Er wühlte in einigen Ordnungsamtsordnern, und tatsächlich fand er, was er suchte: Andreas hatte keine Genehmigung für so viel Spaß. Ein paar Tage später hielt Andreas ein Schreiben in der Hand, in dem man ihm mit der Schließung seines Büdchens drohte. Er sollte eine Schankgenehmigung beantragen und vor allem eine zweite Toilette bauen, sodass sich Männlein und Weiblein nicht eine Schüssel teilen müssen. So ist halt das Gesetz. Leider fehlte Andreas das Geld, diese Umbaumaßnahme durchzuführen. Dem Kiosk drohte das Aus. Nee, anders: *Dem* Kiosk drohte das Aus.

In Windeseile sprach sich das Drama des LA.O.LA-Büdchens in der Stadt herum. RTL berichtete, der WDR kam mit Radio- und TV-Equipment angerückt, *Kölner Stadtanzeiger*, *BILD*, *Kölner Express* ... alle halfen, wie sie konnten: Sie machten es publik. Es entstand eine Bürgerinitiative, die unter anderem über Facebook zum Erhalt des Kleinods aufrief. Es wurden Charity-Events veranstaltet, ein SPD-Stadtratsmitglied kümmerte sich persönlich um den Fall und schließlich wurde das Büdchen tatsächlich geschlossen. Jedoch nur zur Renovierung. Das benötigte Material konnte bezahlt werden, die Stammgäste legten zum Teil sogar selbst mit Hand an. Mittlerweile hat Andreas zwei tippitoppi Toiletten und eine ordnungsgemäße Ausschankgenehmigung. Die Partys, die jetzt noch regelmäßiger dort stattfinden, sind zwar nicht mehr illegal, aber immer noch legendär. – Oh, meine Zigaretten sind alle. Ich bin gleich wieder da.

Weil hier jeder sein eigener Wirt sein kann

Ob auf Partys in Hamburg, Frankfurt, München, Leipzig oder anderen Städten Deutschlands: Überall stehen meist nur Flaschen rum. In Köln hat man dieses Problem bereits im 19. Jahrhundert gelöst. Hier lädt man das Pittermännchen ein. Das Pittermännchen ist ein kleines Bierfass, das meist in 10-Liter-Größe in der WG-Küche oder aufm Balkon steht. Je nach Anzahl der Gäste kann man aber auch 15-, 20-, 30- oder gar 50-Liter-Fässer in die Wohnung rollen. Wobei die 30- und 50-Liter-Fässer dem Namen Pittermännchen eigentlich entwachsen sind. Standard auf den Kölner Hauspartys sind zehn oder 15 Liter. Manchmal auch »und«.

Nun wär das Pittermännchen an sich nicht so wichtig für die Kölner, wäre es nur ein einfaches Bierfass. Nein, es ist viel mehr. Zum einen ist es natürlich ein KÖLSCHfass und zum anderen sozialer Treffpunkt und Zentrum jedes gemütlichen Beisammenseins. Während sich in Münchener, Stuttgarter oder Frankfurter Küchen alle um den Aschenbecher scharen oder den Typen, der die neuesten Witze erzählt, trifft man sich in Köln rings um das Pittermännchen. Grund: Der Weg zur Quelle ist dann nicht mehr so weit. Außerdem lässt sich die Vertiefung am oberen Deckel hervorragend als Aschenbecher nutzen. Meistens hat sich dort auch eine circa einen Zentimeter hohe Pfütze aus Kölsch gebildet, das aus dem Entlüftungsloch ausgetreten ist. Zisch – die Zigarette ist ohne großes handwerkliches Können und Angst vorm Filterbrand auch schon gelöscht. Doch auch schon zu Beginn eines Wohnungsfestes sorgt das Pittermännchen für gelockerte Stimmung und gegenseitiges Kennenlernen. Lange bevor auch nur ein einziger Gast einen Schluck aus ihm genommen hat. Der Satz »Weiß hier jemand, wie man so ein Fass anschlägt?«, meist vom derzeitigen Lebensabschnittspartner der Gastgeberin, den sie übers Internet kennenlernte, ausgerufen, sorgt stets für einen regen Wissensaustausch unter den Gästen sowie die Feststellung »Do bes wohl nit vun he?«. Natürlich weiß jeder Kölner, wie man ein Pittermännchen fachmännisch dazu bringt, seinen kostbaren Inhalt preiszugeben. Man braucht dazu einen Zapfhahn, bevorzugt aus Messing, einen passenden Gummiring fürs vordere Spundloch, ein Ventil zum Entlüften nach den ersten Gläsern für das obere Spundloch und einen leichten Hammer. Wahlweise auch die Faust eines schmerzunempfindlichen McFit-Abonnenten. Gummiring anfeuchten und ins Spundloch fuchteln. Hahn schließen, ansetzen und mit einem kräftigen Schlag ins Fass hauen. Cheerio, Miss Sophie. Nee, halt, noch nicht. Wie wird gezapft? Der Kölner mag sein Kölsch am liebsten huh jezapp (hoch gezapft), das heißt, mit viel Schaum. Warum, das erfahren wir in einem späteren Kapitel. Das perfekte huh jezappte Kölsch erreichen wir, indem wir zwei Faktoren in Einklang bringen: den Druck im Pittermännchen und die Schräge der Stange (so heißt das Kölsch-Glas). Letztere sollte etwa einen Winkel von zehn Grad haben. Den Druck regulieren wir über das Ventil im oberen Spundloch. Wenn alles stimmt: Hahn auf und in einem Rutsch durchlaufen lassen. Jetzt: Cheerio, Miss Sophie.

Doch nicht nur zu Beginn der privaten Feierlichkeit sorgt das Pittermännchen für Unterhaltung. Zu später Stunde, wenn bereits zum zweiten Mal der Hut zum Geldsammeln rumgegangen ist und die kleine Gruppe Freiwilliger mit dem dritten Pittermännchen vom Kiosk zurückkommt, wird's meist noch lustiger. Dann nämlich geht es nicht mehr darum, wer das Pittermännchen am besten anschlagen kann, sondern darum, wer noch nüchtern genug ist, dieses Kunststück ohne großen Kölschverlust zustande zu kriegen. In 99,9 Prozent aller Fälle liegen die Nüchternen aber schon im Bett, weil ihnen die Party zu lustig wurde. Die Folge: Der Anschlag aufs Pittermännchen geht daneben, der Anschläger und alle Umherstehenden erfahren eine kühle Kölschdusche und der Mister- und

Miss-Wet-T-Shirt-Contest kann beginnen. Vergessen ist die Frage, mit der man sich noch Stunden vorher rumquälte: »Welches Deo nehm ich wohl, damit er/sie auf mich abfährt?« Jetzt riechen alle gleich. Es ist der Duft des Zentrums der Welt. Auch gerne mal scherzhaft Eau de Cologne genannt.

Für Zusammenkünfte im kleineren privaten Kreis bieten die Kölner Brauhäuser übrigens auch oft den sogenannten Siphon an. Eine fünf Liter Kölsch fassende Glaskanne mit Henkel und Bügelverschluss im historischen Look. Trägt man sie nach Hause, fühlt man sich ein wenig wie ein mittelalterlicher Mönch, der sich heimlich sein Abendbrot aufs Zimmer schmuggelt. Aber Vorsicht: Sollte sich ein Münchener unter den Gästen befinden, kann es schon mal passieren, dass er, im Glauben, seine Maß vor sich zu haben, das Ding alleine leert.

Nachtrag der Vollständigkeit halber: Die Herkunft des Namens für das Pittermännchen ist bis heute ungeklärt. Es gibt verschiedene Theorien dazu. Die meistverbreitete ist: Früher fiel der Vatertag in Köln auf den 29. Juni, den Namenstag von Peter und Paul. Die Peter werden in Köln meist Pitter genannt. Da bei den Vaterschaftstouren das kleine Fässchen nicht fehlen durfte, erhielt es irgendwann den schicken Namen Pittermännchen. Gegner dieser Theorie versuchen sie mit dem Argument zu entkräften, dass der Vatertagsbrauch erst wesentlich später entstand als des Fässchens Name. Für sie steht fest: Der Name rührt aus der Verkölschung des französischen »petit«, was »klein« bedeutet, her. Auf diese Theorie über die etymologische Herkunft bezieht sich auch eine eher diskriminierende Geschichte, die in Düsseldorf kursiert: Der Peter (Pitter) war ein kleiner (petit) Kölschbrauer mit einer sehr großen Freundin. Damit sie sich beim Küssen nicht immer bücken musste, kletterte er eben auf das kleine (petit) Kölschfass.

Mir persönlich ist es vollkommen wurscht, woher der Name jetzt rührt. Hauptsache ist doch, dass ich bekomme, was ich will, wenn ich ihn irgendwo ausspreche.

Weil hier Multikulti auch sehr lecker ist

Köln ist multikulti. Das hat neben zahlreichen Vorteilen kultureller Art auch den, dass das Shoppingangebot weit über die Grenzen von Jeansboutique, Karnevalszubehör, Röggelchen, Sauerbraten und Flönz hinausgeht.

Gut, ich werde den Hang der türkischen Mitbewohner, ihre Wohnung mit vergoldetem Plastikknippes und Bömmelchen auszustatten, nie verstehen. Genauso wenig wie die Neigung der asiatischen Nachbarn, sich diese hinterleuchteten »Zaubergarten mit animiertem Wasserfall«-Bilder an die Wand zu hängen oder sich Winkekatzen zu schenken. Trotzdem schaue ich gerne mal in solche Läden rein. Vielleicht weil sie mir vermitteln, wie klein die Welt geworden ist, seit sie mir von meinem kleinen Heimatdorf aus gesehen so groß und weit erschien. Damals gab's übrigens immer ein Stück Wurst für den »Kläänen«, wenn er mit Mama in der Metzgerei zum Einkaufen ging. So ähnlich kann's einem hier auch ergehen, besucht man eine der türkischen Metzgereien rings um den Eigelstein oder um die Keupstraße in Mülheim. (Vegetarier mal kurz weglesen.)

Nicht nur, dass man dort alles, was mit Rind, Lamm oder Geflügel zu tun hat, nach Wunsch zurechtgeschnitten und von lästigem Fett befreit bekommt, nein, wenn man will, erfährt man auch noch, dass Efes mindestens so gut ist wie Kölsch, und dass der FC ja eigentlich in die 1. Liga gehört. Das ist kölsches Einkaufen mit türkischem Slang. Und am Ende – Vegetarier wieder mitlesen, bitte – bekommt man auch noch eine Knoblauchzehe geschenkt. Das findet man in einer deutschen Metzgerei in Köln eher selten, denn in der Kölner Innenstadt gibt es kaum noch welche. Schuld daran sind wohl die EU-Hygiene-Vorschriften aus dem Jahr 2004. Leider wurde hier ein guter Gedanke der EU nicht zu Ende gedacht. Ein

Vorschriftenberg, der eigentlich den Vertrieb von Gammelfleisch der großindustriellen Metzger-Mafia verhindern sollte, traf unglücklicherweise die Kleinbetriebe.

Mein über lange Jahre hinweg Lieblingsmetzger in der Lindenstraße erklärte es mir so: Die Investition in Umbaumaßnahmen und Verwaltungsaufwand zur Einhaltung der Vorschriften stehen in keinem Verhältnis zum Umsatz. Also hat er aufgehört zu schlachten und seinen Laden zum »Lecker Mittagstisch to go« umgestaltet. Empfehlenswert übrigens. Man findet ihn direkt neben dem Café Central. So, jetzt bin ich das auch mal los. Und über die Frage, warum türkische Metzgereien diesen Aufwand trotzdem betreiben, denke ich ein anderes Mal nach. Bummeln wir lieber international weiter.

Eigelstein und Keupstraße in Mülheim sind die klassischen türkischen Einkaufsviertel. Kleine Lebensmittelmärkte, Bäckereien und Konditoreien mit süßen orientalischen Schweinereien (oder heißt das religiös korrekt »Rindereien«?!?). Obst- und Gemüseläden reihen sich zwischen überfrachteten Schaufenstern voller Unterhaltungselektronik und Nippeskram. Der Freund von Arabeske, Anadolu oder türkischem Hip-Hop kann hier seine Plattensammlung erweitern, und in Spezialgeschäften erhält man alles, was man zur prunkvollen orientalischen Hochzeit braucht – außer dem Geld zum Anstecken natürlich.

Wer es noch exotischer will, besucht einen der Asia-Märkte, die in der ganzen Stadt verteilt sind. Am besten natürlich einen der größten Deutschlands. Er heißt Heng Long (bitte keine anzüglichen englischen Wortspielereien denken, das ist verdammt rassistisch) und befindet sich in der Aachener Straße kurz vor dem Melatenfriedhof. Hier kann sich das Wiener Schnitzel gewohnte Auge von zahlreichen fremdartigen Lebensmitteln aus dem gesamten asiatischen Raum überraschen lassen. Nicht selten kommt dabei der Gedanke auf: »Das kann man essen?« Wer sich überzeugen will, dass man das tatsächlich kann, der meldet sich am besten bei Jerry von der Kölner Kochschule Asia Food Cooking. Er bietet Führungen durch den Heng-Long-Supermarkt an. Anschließend wird gemeinsamen gekocht.

Natürlich wird auch der Freund von Nudeln, Espresso und Parmesan hier fündig. Mein italienischer Ex-Nachbar, der sich fürs ständige Benutzen meiner Bio-Tonne immer zu Weihnachten mit einem Panettone bei mir bedankte, bevorzugt den Nadia-Supermarkt in der Schanzenstraße. Mein Ding ist es nicht. Mir mangelt es dort an jeglicher südlicher Atmosphäre. Mein persönlicher Favorit ist Parma Delikatessen in Ehrenfeld, etwas versteckt im Hinterhof an der Heliosstraße, quasi unterm Leuchtturm steht ein Stück Italien. Nicht auf schick gemacht, sondern einfach nur eine zweckmäßige Lagerhalle, in der man sich schon gleich nach dem Betreten erst mal an der kleinen Espresso-Bar in Urlaubsstimmung versetzen kann.

Schiebt man dann sein Wägelchen durch die Regalreihen, ist der Einkaufszettel schnell vergessen. Ich kaufe dort *immer* mehr, als das, was draufsteht. Kein Wunder bei der Auswahl. 20 bis 30 Espresso-Sorten, geschätzte hundert Meter Weine aus allen Regionen Italiens. Nudeln in zahlreichen geometrischen Variationen, Saucen, Pesto billig, Pesto echt und natürlich alle Urlaubsgetränke wie Peroni, italienische Limo, Grappa, Sirups, Liköre und was sonst noch so zum Aperitivo gehört. Apropos hören: Ich muss jetzt aufhören, da mir das Wasser im Mund zusammenläuft. Dabei bin ich noch nicht mal an der Frischetheke mit Antipasti, regionalen Wurst- und Käsesorten und frischem Brot angelangt. Und damit ich jetzt endlich mal an was anderes als an Essen und Trinken denke, erwähne ich jetzt schnell, dass es dort natürlich auch sonst noch alles gibt, was Italien so ausmacht. Espresso-Geschirr, Babynahrung, Waschmittel, hässliche Kerzenleuchter und manchmal sogar einen eifersüchtigen Blick des Ehemannes, wenn man seine Frau eine Sekunde zu lange ankuckt.

Weil man hier zum Einkaufen nicht von Stadtteil zu Stadtteil fahren muss

Den kurzen Wegen sei Dank. In Köln kann man im Umkreis von wenigen Hundert Quadratmetern alles kaufen, was man zum Leben braucht. Und natürlich auch alles, was man nicht braucht. Fangen wir mal unten an. Direkt vom Dom aus geht's über den Wallrafplatz in die Einkaufsschlucht Hohe Straße. Über 10.000 Kreditkartenbesitzer drängen sich hier täglich an GameStop, Mediamarkt, H&M, New Yorker, Swatch und zahlreichen anderen Läden vorbei, in denen man Handyverträge abschließen oder Modeschmuck, hippen Krimskrams oder Souvenirs kaufen kann. Wer die Nähe von Menschen mag, ist hier gut aufgehoben. Zu Stoßzeiten (!) wie der Vorweihnachtszeit kommt man hier auch schon mal voran, ohne auch nur einen einzigen Schritt zu machen. Ja, eigentlich könnte man die Füße anheben und würde doch von der Masse bis zur Ecke Schildergasse getragen werden. Jetzt beim nächsten Mal bitte nicht alle probieren, sonst funktioniert das natürlich nicht mehr. Weiter.

Ab der Abbiegung Schildergasse muss man dann wieder selbsttätig laufen. Die Schildergasse ist nämlich bedeutend breiter als die Hohe Straße. Obwohl ja der Zusatz »-gasse« eigentlich auf *weniger* Platz pro Passant hindeutet. Ha, ha, ich bin bestimmt der Erste, dem das auffällt … ähm. Ja. Interessanterweise ist die von der Schildergasse abgehende Breite Straße sogar noch schmaler als die Hohe Straße, die trotz ihres Namens auf gleichem Meeresspiegelniveau liegt wie Breite Straße und Schildergasse. Aber so sind sie, die Kölner. Machen sich immer wieder mal gerne ein Späßchen. Selbst bei der Namensgebung ihrer Straßen. Die Schildergasse heißt übrigens so, weil dort im Mittelalter Schild- und Wappenmaler ansässig waren. Ob der Name der Breiten Straße jetzt ebenfalls in dieser Zeit entstanden ist, weil die Schild- und Wappenmaler dort nach

Feierabend immer besoffen rumhingen, konnte ich nicht herausfinden. Spielt aber auch keine Rolle, weil wir uns jetzt weiter auf die Schildergasse konzentrieren.

Die ist nämlich die meistbesuchte Einkaufsstraße Deutschlands. Hurra. Ein Hoch auf Köln und seine Einkaufskraft. Diese fließt in der Schildergasse in so berühmte Geschäfte wie die Galeria Kaufhof, den Saturn, SportScheck, das Schuhparadies zum Drin-Verlaufen: Humanic, noch ein H&M (für die, die in dem anderen keinen Platz mehr hatten) sowie in zahlreiche weitere Läden mit teils wechselnden Betreibern. Und natürlich in das sogenannte Weltstadthaus, das auf Wunsch des Architekten Renzo Piano an einen riesigen Wal erinnern soll. Leider haben die Kölner ihm diesen Wunsch nicht erfüllt. Für sie ist das schicke Glashaus einfach nur »dat Ei«. Der Grund dürfte wohl folgender sein: Fährt man über die stark frequentierte Nord-Süd-Fahrt auf das Gebäude zu, bietet die Perspektive eben nur die Ei-Form der Rückfront an. Dass sich die Stadtväter damals fast ein Ei ins Nest gelegt hätten, als sie den Bau genehmigten, spielt dabei bestimmt eine untergeordnete Rolle. Wegen eines Rechtsstreits zwischen den Bauherren und dem ausführenden Bauunternehmen verschandelte das Ei nämlich zwei Jahre lang als Bauruine das Stadtbild. Ja, sogar ein Abriss drohte. Letzten Endes ging dann doch alles wieder gut (Et hät noch immer joot jejange – Artikel 3, Kölsches Grundgesetz), und heute kann man dort sein Gehalt gegen schicke Kleidung von Peek & Cloppenburg eintauschen.

Falls auf der Schildergasse das Geld übrigens mal ausgehen sollte: Direkt neben dem Ei können Sie im ältesten protestantischen Gotteshaus Kölns, der Antoniterkirche, schnell ein Bittgebet sprechen.

Sollte das Geld noch reichen, können Sie weiterflanieren. Am Ende der Schildergasse wartet der Neumarkt und eine Entscheidung auf Sie. Rechts durch die Neumarktpassage Richtung Olivandenhof zu Globetrotter, Karstadt und weiter zur Breiten Straße oder geradeaus, an der Apostelnkirche vorbei in Mittel- und Pfeilstraße.

Aber eigentlich entscheidet auch hier das Portemonnaie. Denn in Mittel- und Pfeilstraße lauern in erster Linie Nobelboutiquen und Juweliere auf wohl gedeckte Konten, wohingegen man in der anderen Richtung auch noch am Rande des Dispo einkaufen kann.

Der Mittelweg zwischen beiden Varianten ist interessanterweise nicht der Mittelweg (der ist in Lövenich), sondern die Ehrenstraße, direkt im Anschluss an die Breite Straße. Dort kaufen die, die schick aussehen wollen, sich den Mittelstraßen-Schick aber nicht leisten können.

Wie man sieht, ist Einkaufen in Köln ebenso kurzweilig wie kurzwegig.

Unter den deutschen Großstädten ist eigentlich nur München vergleichbar. Allerdings endet die Einkaufsmeile dort an einem hässlichen Platz vor einem uralten Rathaus, an dessen Front eine vollkommen dem Zeitgeist hinterherhinkende Spieluhr anzeigt, was die Stunde geschlagen hat. Noch schlimmer: Wenige Meter weiter stößt man auf einen Marktplatz, der überfrachtet ist mit Edel-Marktbuden, in denen man sich Champagner aus der Maß über das Chanel-Kleidchen kippt und dazu Scampi mit Trüffelsoße zurückgehen lässt, weil sie mit Knoblauch gebraten wurden.

Viel schöner ist doch da unser Neumarkt, umgeben von seinen schicken 50er- bis 70er-Jahre-Bürohäusern. Hier kann man am Büdchen mit den vielleicht letzten echten, noch lebenden Punkern anregende philosophische Gespräche über Anarchie und Drogenlegalisierung führen.

Weil hier das größte Musikhaus Europas steht

Auf den ersten Blick mögen dieses Unterkapitel sowie das folgende vielleicht nach schnöder Werbung aussehen. Ich kann aber versichern: Ich hab weder Geld noch sonstige Vorzüge dafür erhalten. Beide Häuser sind für mich gute Gründe, diese Stadt zu lieben. Schließlich mache ich Musik, seit ich zwölf Jahre alt war. Und als Musiker muss man erstens üben, zweitens Musikinstrumente kaufen und drittens viel Musik hören. Aber dazu gleich. Konzentrieren wir uns hier erst mal auf das größte Musikhaus Europas.

In den 70ern, als ich zwölf und mehr Jahre alt wurde, gab es im Saarland auch ein größtes Musikhaus. Es war allerdings nur das größte Musikhaus des Saarlandes, hieß F.C. Louis und hatte seinen Hauptsitz in Saarbrücken. Von meinem Heimatdorf aus über 40 Kilometer weit entfernt. Ein regelmäßiger Besuch dort blieb mir also vorenthalten. Lediglich ein Mal im Jahr fuhr Vattern, ebenfalls Musiker, mit mir dorthin, um sich über jahresaktuelle Neuheiten in Sachen Trommel und Gitarre zu informieren. Viel zu selten für einen neugierigen jungen Musiker wie mich, der sich ja auf dem Weg in die Top Ten befand.

Es blieb also nur der monatliche Blick in das *Fachblatt*, ein Magazin von Musikern für Musiker gemacht. Dem *Fachblatt* sei Dank, wusste man, welche Tasteninstrumente angesagt waren, welche Gitarrenamps, Lautsprecher oder Mischpulte zu teuer waren. Zudem gab's noch 1-a-Plattenkritiken. Einziger Nachteil: Man konnte all die tollen Sachen weder anhören noch ausprobieren. Anhören und Ausprobieren sind aber nun mal das A und O des Musikers. Und das aus gutem Grund. Ein Musikinstrument will geliebt werden, damit es gut klingt. Lieben kann man aber nur etwas, wenn man weiß, wie es sich anfühlt, wie es klingt, wenn man es berührt. Man kuckt ja auch nicht in den *Playboy* und sagt: »Oh, die gefällt mir«, bestellt sie dann und wenn sie kommt, merkt man erst, dass sie Silikontitten hat. Ja, das *Fachblatt* war so was wie der *Playboy* des kleinen Musikers in der Provinz. Sehnsuchtsvoll sah man die mehrseitigen Anzeigen der großen Musikhäuser. »Musik Produktiv« in Ibbenbüren. Ibbenbüren, das waren rund 420 Kilometer. Es gab Kollegen, die waren schon mal dort und berichteten Unglaubliches. Ebenso wie die, die sich damals schon nach Köln wagten.

Der dort ansässige Music Store machte 1973 von sich reden, als er eine Anzeige für Farfisa schaltete. Farfisa war eine italienische Orgelmarke mit sehr eigenem Sound. Man kann sie unter anderem auf Platten von Sam the Sham & the Pharaos, Pink Floyd, Kraftwerk, Jean Michel Jarre und Elton John hören. Der Music Store hatte den Deutschlandvertrieb, und die Anzeige zeigte einen nackten Frauenrücken vor besagter Orgel. Der Text dazu lautete: »Eine Farfisa-Orgel ist wie eine schöne Frau: geschmackvoll und sensibel.« – Heutzutage lächelt man über so was, weil man weiß, dass schöne Frauen selten sensibel sind. Damals gingen die Frauenvereinigungen auf die Barrikaden. Ich konnte es nicht verstehen. Einen Text wie »Eine Farfisa-Orgel ist wie eine schöne Frau: Sie wird nach drei Stunden heiß und kann jammern« hätte ich weitaus diskriminierender gefunden. Und zwar für Orgel wie für Frau.

Jedenfalls trug die Aufregung wesentlich dazu bei, den Music Store bundesweit bekannt zu machen. Der Umsatz stieg, die Anzeigen im *Fachblatt* und anderen Magazinen wurden größer und ebenso wuchs der Wunsch in mir, dieses Paradies einmal zu besuchen.

Die Tatsache, dass ich 1989 erkannte, dass ich mit Worten besser umgehen kann als mit Noten, führte dazu, dass dieser Besuch erst 2001 stattfand. Nach knapp zwölf Jahren Pause beschloss ich, mir wieder ein Instrument zuzulegen, und begab mich also mit Kribbeln im Bauch ins Musiker-Paradies in der Großen Budengasse.

Es war die Erfüllung eines Jugendtraumes. Im Aufzug dachte ich noch: So muss sich eine Frau fühlen, wenn sie zum ersten Mal alleine in ein Schuhgeschäft geht. – Ich spiele zwar nur Keyboards und ein bisschen Gitarre, aber ich wollte natürlich alles sehen. Tausende von Musikinstrumenten erwarteten mich. Und tatsächlich, so war es auch. Nur habe ich sie nicht gesehen. Stattdessen sah ich Abertausende Musiker, die um die Instrumente rumstanden. Junge Musiker mit ihren Kumpels, ganz junge Musiker mit ihren alten Musikervätern, ganz alte Musiker mit Hörgeräten im Ohr. Warteschlangen allerorten. Warteschlange vor dem neuen Roland-Amp, Warteschlange vor der Gitarrenabteilung, Warteschlange vor dem jüngsten Produkt von Korg. Nur vor der Kasse war keine. Denn der Music Store hatte ein riesiges Problem, was dazu führte, dass der Einkauf in der Großen Budengasse, mal von dem unglaublichen Gedränge abgesehen, auch sonst kein Zuckerschlecken war.

Dazu muss man wissen: Musiker wollen immer auf dem aktuellen Stand sein, was Instrumente, Musikanlage oder Studiozubehör angeht. Nun liegt es leider in der Natur des Musikerdaseins, dass das Geld meist zu knapp ist, um den aktuellen Stand der Dinge in Besitz zu bekommen. Die Folge: Die Music-Store-Verkäufer mussten endlos lange Verkaufsgespräche führen, ohne am Ende auch nur eine einzige Taste verkauft zu haben. Die meisten waren schon glücklich, wenn ihr Kunde, nachdem er alles über das neue digitale Studiomischpultsystem von Yamaha erfahren hatte, als Alibikauf einen Satz Saiten, ein Mikrokabel oder ein Plektron mitnahm. Natürlich war das frustrierend für die Verkäufer, und man konnte eigentlich keinem böse sein, wenn er die Kunden nur noch von oben herab und mit mieser Laune bediente.

Diese steigerte sich auch nicht durch die Tatsache, dass sich speziell jugendliche Musiker in extra weite Parkas mit besonders tiefen Taschen hüllten, um im allgemeinen Gedränge auch mal einen Verzerrer oder ein Hallgerät unregistriert »zum Testen« mit nach Hause nehmen zu können. Schätze mal, die Verkäufer wurden persönlich für jeden Diebstahl verantwortlich gemacht. Obwohl sie ja nix dafür konnten. Es ist halt schwer, die Fragen von drei zwölfjährigen Gitarristen bezüglich der Gibson Baujahr 59, die da für 300.000 Euro im Glaskasten hängt, zu beantworten und gleichzeitig darauf zu achten, dass ihr Drummer sich nicht gerade ein paar Congas unter die Jacke schiebt.

So. Jetzt fragen Sie sich wahrscheinlich alle: Warum schreibt er das alles in der Vergangenheitsform? – Die Antwort: 2011 ist der Music Store von der Innenstadt, keine 50 Meter von der Hohen Straße entfernt, hinüber auf die andere Rheinseite in die Istanbulstraße gezogen. Seitdem scheint sich alles geändert zu haben. Kein Gedränge mehr, freundliche Verkäufer, entspannte Atmosphäre und sogar eine menschenleere Kaffeebar. – Wie kommt's? Mehrere Faktoren spielen hier wohl eine Rolle. Nummer eins: die Lage. – Der Music Store liegt jetzt zehn bis 15 Minuten Fußweg entfernt von der nächsten U-Bahn-Station, Kalker Post. Daher fallen schon mal alle Laufkundschaftsmusiker und blau machende Schülerbands weg. Bequem zu erreichen ist der Store nur noch mit dem Auto. Und ein Musiker, der sich ein Auto leisten kann, kann sich auch schon mal eine neue Gitarre leisten. Faktor zwei: Die Beratungsgespräche sind daraus folgend nicht mehr so frustrierend für die Verkäufer. – Faktor drei: Die Verkaufsfläche ist fast zehnmal so groß wie vorher. Selbst wenn sich dort immer noch so viele Musiker einfinden würden, gäbe es kein Gedränge mehr und kein daraus resultierendes, unbemerktes Verstecken einer Fender unterm Parka.

Fazit: Ich würde jetzt wieder öfter dort einkaufen, hätte ich ein Auto.

Weil es hier die größte CD- und DVD-Auswahl der Welt gibt

Früher war ich ständiger Gast im ersten Hochhaus Kölns. Es wurde in der Rekordzeit von nur 135 Arbeitstagen 1924/25 am Hansaring errichtet. So flott bauten nicht mal die Amis ihre vergleichbaren Wolkenkratzer. Die 17 Etagen waren hammermäßige 65 Meter hoch, und zum Zeitpunkt der Fertigstellung war das Hansahochhaus sogar das höchste Haus Europas. Aber warum war ich da früher wohl ständiger Gast?

Ganz einfach. 1961 saßen das Ehepaar Anni und Fritz Waffenschmidt abends auf der Couch und überlegten sich, was sie am Wochenende wohl so machen sollten. »Wie wär's denn mal mit einem Plattenladen?«, schlug einer von beiden vor. Gesagt, getan, die Saturn Elektro-Handelsgesellschaft mbH & Co. KG wurde gegründet. Erst mal auf 120 Quadratmetern am Hansaring 79 – 81. Verkauft wurde allerdings nur an Diplomaten in aller Welt. Der kölsche Normalo war offensichtlich noch nicht so weit, ernsthaftes, umsatzträchtiges Interesse an Unterhaltungselektronik und Musik auf Platte zu zeigen. Womöglich war das »allet zo düür«. Das änderte sich 1969, als Saturn die »größten HiFi-Studios Europas« für jedermann eröffnete und Schallplatten zu »garantierten Tiefpreisen« verkaufte. Das war damals der Oberhammer, da bis dahin eine Preisbindung für Schallplatten bestand. Die wurde aber just in besagtem Jahr durch ein Urteil des Bundesgerichtshofs als unzulässig erklärt. Der Weg war frei, auch den sparsamen Kölner mit allerlei Unterhaltung zu versorgen. Und jetzt kommt's: 1977 zog Saturn in oben erwähntes Hansahochhaus und ich 1993 nach Köln. Ich war schon immer ein leidenschaftlicher Plattensammler und hatte mit Sicherheit kindlich glänzende Augen der Freude, als mich der Musiktempel am Hansaring anfixte.

Mindestens einmal pro Woche wühlte ich mich oft stundenlang durch das unfassbare Angebot von Pop, Rock, Jazz, Funk, Soul, Folk, Klassik und, und, und. Hätte ich nicht schon damals Witze für teuer Geld verkauft, wäre mir eine technische Neuerung im Saturn zum finanziellen Verhängnis geworden. Er war eines der ersten Häuser dieser Art, in denen man nicht mehr mit einer CD zum Verkäufer laufen musste, um mal reinhören zu dürfen. Überall standen Kopfhörerstationen, an denen man sich durch diverse Neuerscheinungen durchklicken konnte. Aber das kennt ja heute jeder, der Musik nicht nur »runterzieht«. Das Fatale an den Dingern war, dass ich nie aufhören konnte, reinzuhören, und immer wieder neue gute Scheiben fand. Ich schleppte stapelweise CDs von dort mit nach Hause. Anfangs. Doch dann wurde meine Sammelleidenschaft in andere Bahnen gelenkt.

Auf den Kalendern weltweit stand »1996« und mein VHS-Rekorder wurde von der Unterhaltungsindustrie offiziell für veraltet erklärt. Also verschenkte ich ihn an einen obdachlosen Schauspieler und ließ mir stattdessen aus den USA einen DVD-Player kommen. Natürlich Regionalcode-befreit. Warum aus den USA? Fragt Fred, den IT-Fachmann der Clou Entertainment, der hat mir das so empfohlen.

Jedenfalls wurde ich so meine CD-Sammelwut los und investierte die bis dato investierten 200 Mark monatlich in Filme statt in Musik. Was für mich ja auch Sinn machte, denn ich hatte ja auch die Branche von Radio auf TV geändert.

Die Folge der Sammelleidenschaft: Mein Wohnzimmer besteht zu einem Viertel aus Langspielplattenregal, einem Viertel aus CD-Regal und einem, sagen wir mal, Fünftel DVD-Regal. Der Rest ist Couch und Fernbedienungen. Manchmal kommt noch eine Frau dazu. Zur Beruhigung meiner zukünftigen Umzugshelfer: Ich sammle zwar weiter, aber das Wohnzimmer wird kaum voller.

Der Inhalt meiner kompletten Plattensammlung passt – ein Hoch dem Fraunhofer Institut – in einen 112 Gramm schweren, knapp sechs mal zwölf Zentimeter kleinen, flachen Fotoapparat, mit dem man auch noch telefonieren kann. Eigentlich toll. Ein Abo bei LOVEFiLM oder Watchever, Musik und Top-Movie vom iTunes-Store direkt auf die Festplatte runterladen. Keine Parkplatzsuche, kein U-Bahn-Gedränge. Herrlich … Schade. Mal abgesehen davon, dass selbst ich mit meinen kaputten Ohren noch immer den Unterschied zwischen Musik von Platte, CD oder MP3 höre, fehlen einfach visuelle, haptische, sogar olfaktorische Wahrnehmungen. Schallplattencover können Kunstwerke sein. Nicht irgendwo auf einer Festplatte in Millionen Bytes zerstückelt, passend zum laufenden Titel auf dem Handydisplay erscheinend, sondern spürbar, aufklappbar, ja, riechbar in meinem Plattenschrank. Ein CD-Hülle aufklappen, CD rausnehmen, einlegen, während die ersten Töne den Lautsprechern Druck machen, Booklet lesen … Das kann sinnlich sein. Von dem Vorgang, eine Schallplatte auf den Teller zu legen und die Nadel aufzusetzen, ganz zu schweigen. Das sind Handlungen, die dazu beitragen, den Künstlern, die dieses Werk geschaffen haben, Respekt entgegenzubringen. Wer noch niemals alle 20 Minuten das Knutschen unterbrechen musste, um die Platte umzudrehen, kann den Sinn einer B-Seite gar nicht verstehen.

So. Jetzt habe ich mir gerade selbst ein schlechtes Gewissen geschrieben. Ich fahre gleich morgen zu Saturn und wühle in den Regalen. Vielleicht haben die ja auch noch irgendwo ein paar Fünf-Freunde-Kassetten stehen.

GRUND NR. 18

Weil Köln die erste deutsche Stadt war, in der man Liebe in einer Verrichtungsbox kaufen konnte

Zur kurzen Erklärung für alle, die nicht wissen, wie Straßenstrich funktioniert: Eine wechselnde Anzahl Frauen – mal mehr, mal weniger gut aussehend – flaniert auf dem Bürgersteig einer Stadt. Je nach Jahreszeit mal leichter, mal dichter bekleidet. Ein Auto kommt, stoppt bei einer der Frauen. Der Fahrer lässt die Seitenscheibe runter und fragt: »Wieviel?« – Die Frau – mal jünger, mal älter – lehnt sich ins Fenster und sagt eine Zahl zwischen 20 und 100 – je nach Wagentyp, an den sie sich gerade lehnt. Manchmal fügt sie noch ein »Ohne Gummi kostet extra« hinzu. Ist der Fahrer zufrieden mit dem Preis-Leistungs-Verhältnis, deutet er der Dame an, im Wagen Platz zu nehmen. Er fährt in eine dunkle Ecke und bekommt so was Ähnliches wie Liebe, zahlt dafür und fährt wieder. Wenn er höflich ist, bringt er die Dame vorher noch zu ihrem Arbeitsplatz zurück.

Dieser befand sich bis zum Jahr 2001 für die Kölner Straßenprostituierten rings um Reichensperger- und Ebertplatz. Ein Wohn- und Geschäftsviertel, das trotz Sperrbezirkregelung von den Damen zur Kontaktaufnahme ausgewählt wurde. Wobei man ihnen keinen Vorwurf machen kann. Erstens wählt ihren Arbeitsplatz eh meist jemand anderes aus, und zweitens ist es schon schwer genug, sich nüchtern in Köln zurechtzufinden. Unter Drogeneinfluss ist es quasi unmöglich, in den Sperrbezirk zu finden. Ja, klingt jetzt vielleicht halbwegs lustig, ist aber durchaus ernst gemeint. Da Straßenprostitution meist mit Drogenkonsum der harten Art einhergeht, gab es immer Ärger mit Anwohnern in besagtem Viertel. Kinder fanden Spritzen und benutzte Kondome auf der Straße, meist bekamen anständige Hausfrauen von kurzsichtigen Autofahrern unmissverständliche Preisanfragen. Eine Lösung musste her. Die fand man schließlich in Form der sogenannten Verrichtungsbox. Und wer hat's erfunden? Genau. Die liberalen Holländer.

Utrecht war die weltweit erste Gemeinde, die ihren Straßenprostituierten in dieser Form einen sicheren Arbeitsplatz schuf. Sicher für beide Seiten. Die Verrichtungsbox ist eine Art Carport ohne Dach und steht mehrfach nebeneinandergereiht isoliert vom bürgerlichen Treiben in einem Vorort. So viel zur Sicherheit der Anwohner. In der Box befindet sich ein Alarmknopf, den Prostituierte wie Freier nutzen können, sollte es Ärger geben. Ist der Alarm ausgelöst, leuchtet das Blaulicht auch meist recht schnell vor der Box, denn die Polizei ist immer in der Nähe. Außerdem gibt es eine Tür in der Rückwand der Box, die in einen Raum mit Duschen, Toiletten, Schließfächern und einem Münzautomaten mit Spritzbesteck führt. Und der klassische Zuhälter bleibt bei so viel Polizeipräsenz auch lieber bei seinen Kumpels in der Stammkneipe und trauert den für ihn besseren Zeiten nach. So viel zur Sicherheit der Prostituierten. Weiterhin hat die Konzentration der Straßenprostitution auf das Verrichtungsbox-Areal den Vorteil, dass sich Sozialarbeiter weitaus besser um die Damen kümmern können. In Köln engagiert sich unter anderem Sabine Reichert vom Sozialdienst katholischer Frauen seit vielen Jahren für die weibliche Liegesitzfraktion. In einem Cafeteria-Container werden Brötchen, heiße Getränke und Beratungsgespräche angeboten. Gerade der Straßenstrich ist kein Arbeitsplatz, den sich die überwiegende Zahl der Damen selbst ausgesucht hat. Die meisten von ihnen sehen ihn als letzten Ausweg aus dem Dilemma, das früher mal ihr Leben war.

Es geht mir hier nicht um die Frage: Straßenstrich ja oder nein? Verhindern kann man den eh kaum. Nein, mir geht es darum, zu zeigen, wie man hier tickt. Der Kölner stellt die perfekte Symbiose von Spießigkeit und Toleranz dar. Der Vorgarten muss gepflegt sein, aber was darüber hinausgeht, ist jedermanns eigene Sache. Liberales Denken unterm konservativ gelockten Minipli. Jede Jeck es anders. Macht, was ihr wollt, aber macht es sauber. – Deshalb übernahm man also als erste deutsche Stadt das Utrechter Modell der Verrichtungsbox. Wie weit vorne Köln da war, sieht man daran, dass in Bonn erst 2010 Verrichtungsboxen aufgebaut wurden. Und in Zürich gar erst 2012. Tolle Sache also. Aber warum ist noch niemand auf die Idee gekommen, die Verrichtungsbox mit einer automatischen Autowaschanlage zu kombinieren? Ob ich mal 'n Patent anmelden sollte?

Weil hier der Wein aus dem Souterrain kommt

»Komm mal mit!« Mit den Worten begrüßt er mich oft, führt mich ins Hinterzimmer an den Kaminofen und zeigt mir seine neuen Einkäufe, von denen er weiß, dass sie mich interessieren könnten. Er, das ist Axel Gerhards, Inhaber der AOC Weinhandlung an der Ecke Roonstraße/Rathenauplatz. Sicher, es gibt einige erwähnenswerte Weinhandlungen mit teilweise weitaus größerer Auswahl. Die Weinstraße Adolph am Sachsenring beispielsweise. Oder das Weinhaus Linke mit einem Laden in der Siemensstraße und einem in der Maastrichter Straße. Beide kenne ich, beide sind gut, aber beide können, mal ganz subjektiv betrachtet, nicht mit dem AOC mithalten. Mal abgesehen davon, dass ich neun Jahre lang keine 50 Meter davon entfernt wohnte, stimmt dort halt alles. Die Weinauswahl, die Atmosphäre, die Kunden, die man dort trifft und mit denen man schnell ins Gespräch kommt, und natürlich der Inhaber, Axel.

Die groben Holzregale, in denen überwiegend Weine aus Frankreich lagern, könnten auch im Keller eines französischen Bauern stehen. Als Saarländer, sogenannter Rucksackfranzose, fühlt man sich dort natürlich auf Anhieb wohl, sobald man mit dem »Klingeling« der Messinglöckchen an der Tür über die Holzrampe das Souterrain-Lädchen betritt. Ein kleines Fenster wirft gerade so viel Licht in den im Sommer angenehm kühlen Raum, dass man die Etiketten auf den Flaschen lesen kann. Im Winter wärmt ein Kaminofen im zum Laden hin offenen Hinterzimmer die wenigen Quadratmeter. Die Kundschaft besteht fast ausschließlich aus Stammkunden. Bewohner des umliegenden Rathenauviertels bzw. des Kwartier Latäng. Studenten, Künstler, Grafiker, Schauspieler, Finanzbeamte, Sozialpädagogen, Lehrer. Begrüßt wird man mit Handschlag und der typisch kölschen Frage: »Na? Wie isset?« Axel interessiert sich wirklich für seine Kunden und weiß, was sie mögen. Ich mag vorzugsweise französische Weine, rot. Speziell die Bourgogne hat es mir angetan. Sie bietet leichte und trotzdem trockene Weine. Nicht so schwerfällig und erdig wie ein Bordeaux. Er hat die besten. Glaub ich zumindest. Im Sommer empfiehlt er einen leichten Pinot Noir, im Herbst und Winter darf's gerne auch was etwas leicht Kräftigeres sein. Der Hautes Côtes de Beaune von Moillard-Grivot zum Beispiel.

Ein kleines Regal ist für Lebensmittel aus meinem geliebten Frankreich reserviert. Paté aus Ente, Gans, Wildschwein. Honig aus der Provence, Fleur de Sel, spezielle Essigsorten, Senf, Nougat aus Montelimar, Rillette au Saumon, Fischsuppe, Olivenöl aus der Toscana … ähm. Moment mal. Ja, er hat auch leckere Wildschweinsalami und Chorizo und andere wohlfeil ausgewählte Leckereien aus ganz Europa *und* die süchtig machenden Schokotrüffel von Cemoi. Das Völlegefühl stellt sich beim Anblick der Leckereien fast automatisch ein. Gut, dass sich in der Ecke noch ein Regal mit Medizin befindet. Große bauchige Glasflaschen, aus denen Destilliertes aus Frankreich, Italien und Schottland abgefüllt wird.

Klar, all das, inklusive perfekter Beratung, findet man sicher öfter in Köln. Was aber schwer zu finden sein wird, sind die kölschen Momente. Wenn er dich beispielsweise ins Hinterzimmer führt und vom alten Esstisch einen wahrscheinlich noch älteren *Playboy*, Jahrgang 1979, nimmt. Man blättert gemeinsam darin. Liest alte Witze, bewundert die Werbung. Zigarettenwerbung. Peter Stuyvesant. Der Geschmack der großen, weiten Welt. »Heutzutage undenkbar. Komisch, wie man sich daran gewöhnt hat.« – Oder Telefunken-Stereo-Kompaktanlagen. »*Die* hatte unser Nachbar früher. Mann, war ich neidisch.« – Das Bild zum Aufklappen. »Was denkst du wohl, wie die heute aussieht?« – »Ich will das Bild nicht in meinem Kopf haben. Blätter weiter.« – Ein Freund des Hauses kommt hinzu. Er war auf der Post, bringt zwei Päckchen mit. Ich erfahre, dass er Glocken sammelt. Und Mörser. Also, alte Apotheken-Mörser, nix Wehrmacht. In einem der Päckchen ist einer. Er ist aus Messing, und wenn man ihn mit dem Stößel anschlägt, klingt er wie eine Glocke. Darüber sind sich alle Beteiligten einig.

Man redet weiter über Gott, die Welt, den Umsatz, meinen Beruf. Zwischendrin werden weitere Kunden bedient. Ich lasse mir oft Zeit, wenn ich dort bin. Lausche gerne, wenn er mit den anderen Kunden plaudert, über bestimmte Weine philosophiert. – »Ich mache zum Abendessen Tirallala, was empfiehlst du?« – »Eigentlich den hier. Aber machst du Knoblauch ans Tirallala? Dann solltest du den hier nehmen, der setzt ihm dann die Krone auf.« – So und so ähnlich laufen Verkaufsgespräche dort ab. Und wenn ich dann mit meinem 5-Liter-Schlauch Alltags-Merlot im Rucksack auf dem Weg zur Bahn über den Rathenauplatz gehe, kommt mir beim Anblick des bunten Treibens dort unweigerlich der Gedanke: Nä, wat es dat Lävve he schön.

GRUND NR. 20

Weil hier das Unterwegs-Bier salonfähig ist

Die Roonstraße, in der meine frühere Wohnung lag, hat den großen Vorteil, dass sie zwar sehr nah an den Spaßmeilen Zülpicher Straße, Ring und Belgischem Viertel liegt, aber trotzdem relativ ruhig ist. Mal vom Verkehr abgesehen. Sie dient den Vergnügungssüchtigen lediglich als Durchgangsweg, um von einem Viertel ins andere zu gehen. Ist ja nicht weit. Dank dieser bevorzugten Wohnlage ist mir als Neu-Imi recht schnell ein ungewöhnlicher Kölner Brauch aufgefallen. Ungewöhnlich deshalb, weil ich anfangs dachte: Nee, wie assi ist das denn? – Nahezu jeder, der abends in Köln zwischen den Fun-Spots switcht, egal ob Bube oder Mädchen, hat sein sogenanntes Unterwegs-Bier dabei: eine Flasche Kölsch, selten Pils oder Alkopop, mit deren Inhalt er sich auf den Wegen stärkt.

Was soll ich sagen? Ja, meine Meinung darüber hatte sich recht hurtig geändert. Da sich der Freundes- und Bekanntenkreis in Köln schnell erweitert, wenn man will, stieß auch ich schon nach wenigen Wochen mit einer Flasche Reissdorf auf das wundervolle Kölner Leben an. Direkt an der Ecke Aachener/Brüsseler Straße.

In Restdeutschland verpönt, da es klassisches Punkerverhalten ist, gehört es in Köln einfach zum sozialen (Nacht-)Leben dazu. Ehrlich gesagt, habe ich mir auch niemals Gedanken darüber gemacht, woraus diese Tradition wohl entstanden ist. Bis ich sie zu einem Grund, diese Stadt zu lieben, erklärte, und zum ersten Mal darüber nachdachte. Ich bin mir zu 99,9 Prozent sicher, dass es an den kurzen Wegen liegt.

Nehmen wir mal zum Beispiel Berlin, deren Bewohnern man solch ein Verhalten ja auch durchaus nicht negativ ankreiden würde. In der Bundeshauptstadt muss man schon 'ne halbe Stunde Taxi oder Bahn fahren, um von einer In-Lokation in die nächste zu gelangen. In beiden Fällen ist das »Mitführen von Glasflaschen verboten«. In München hingegen gilt das Trinken aus der Flasche grundsätzlich als asozial. Kann man auch nachvollziehen. Ein Volk, das gewohnt ist, sein Bier aus 1-Liter-Krügen zu trinken, würde sich sicher nicht mit 0,33er-Flaschen zufrieden geben. Und mit einer Liter-Flasche Paulaner am Hals durch Haidhausen ziehen: Das sieht nun wirklich scheiße aus.

In Köln hingegen ist das alles anders. Ein weiteres Hurra auf diese Stadt. Geht man beispielsweise vom Brüsseler Platz runter ins Friesenviertel, trifft man mit Sicherheit unterwegs noch irgendwelche Freunde und Bekannte, die den umgekehrten Weg machen. Wie tragisch, müsste man das daraus resultierende kleine Schwätzchen trockenen Mundes führen. Eventuell gilt es ja, gar die komplette Abendgestaltung umzuplanen. Das kann schon mal dauern, und da ist es gut, hat man sein Unterwegs-Bier dabei.

Oder man schaut auf dem Weg vom Kwartier Latäng zum Ring noch mal kurz auf dem Rathenauplatz vorbei. Gesellt sich zum plaudernden Studentenvolk, das sommers dort auch noch anzutreffen ist, wenn der Biergarten bereits geschlossen hat. Wohl dem, der da sein Unterwegs-Bier zur Hand hat.

Oder man kommt auf dem Weg zwischen Kajtek und Backes in der Südstadt an einem offenen Fenster vorbei, aus dem eine Mischung aus Lachen und 80er-Jahre-Popmusik dringt, klingelt und fragt, ob man mitlachen kann. Durchaus üblich in dieser Stadt und kein Problem. Schließlich hat man ja sein Unterwegs-Bier dabei und geht somit dem Gastgeber nicht auf die Tasche. Zumindest so lange nicht, bis es ausgetrunken ist. Doch das macht nichts, denn irgendwann geht auf jeder Party der Kölsch-Vorrat zu Ende und der Hut rum. Vier, fünf Jungs und/oder Mädels laufen zum Kiosk (ein erneutes Hoch auf die Büdchen-Kultur) und holen Nachschub. Und mit Sicherheit hat auf dem Rückweg auch jeder von ihnen schon sein Unterwegs-Bier in der Hand. Prost, Kölle, ich liebe dich.

Deutschlands berühmteste Wurstbude steht in Köln!

Kapitel 3

LOSST ET ÜCH SCHMECKE

Weil es hier das Bier gibt,
das auch Nicht-Bier-Trinkern schmeckt

Im Saarland trinkt man gleich nach dem Abstillen, also kurz vor der Pubertät, Karlsberg UrPils. Oder Bitburger. Auch ich konnte mich diesem typisch saarländischen Lifestyle nicht entziehen, was dazu führte, dass ich mit 17 Jahren 115 Kilo wog. Okay, es lag vielleicht nicht nur am Bier, aber auch. Alleine durch das Weglassen von Bier und eine minimale Ernährungsumstellung gelang mir innerhalb von sechs Monaten eine Reduzierung meiner Person um 50 Kilo auf 65. Irgendwann pendelte es sich zwischen 75 und 80 Kilo ein. Auch dank der hervorragenden Weine in Baden und Württemberg, die mir vier Jahre lang das Weglassen von Bier bei Festivitäten erleichterten.

Leider sollte sich das in Köln ändern. Niemand übersteht einen Kölner Sommer ohne ein frisch gezapftes, herrlich erfrischendes Kölsch nach getaner Arbeit. Also, so gegen 14.00 Uhr. Und, wie bereits in Grund 6 erwähnt, dauert der Kölner Sommer nun mal länger als anderswo. Ich mach's kurz: Ich wiege zehn Kilo zu viel, bereue aber nichts. Denn zum einen fällt das hier kaum auf, solange ich mich den Einzugsgebieten von Fitnessstudios fernhalte, und zweitens ist Kölsch das leckerste Bier, das es gibt. Aber was macht Kölsch so besonders?

Subjektiv betrachtet: Es ist nicht bitter, aufgrund der kleinen Gläser immer frisch und kühl sowie – je nach Brauerei – lecker gerstig oder hopfig im Abgang. Außerdem ist es laut einer Studie von Professor Dr. Joseph Keul an der Uni-Klinik in Freiburg – in Maßen getrunken – gesund. »Jedes Glas Kölsch senkt den Blutdruck, regt die Nierentätigkeit an, verbessert den Blutzucker-Stoffwechsel und enthält viele wichtige Mineralien.« So ist es jedenfalls auf der Website des, diesbezüglich mit absoluter Sicherheit vollkommen neutralen, Kölner Brauerei Verbandes zu lesen (www.koelner-brauerei-verband.de/bier-und-gesundheit). Der hat besagte Testreihe auch unterstützt. Beansprucht man das Statistische Bundesamt, um die Studie zu überprüfen, so scheint tatsächlich was dran zu sein.

In der Statistik »Vorzeitige Sterblichkeit 2004 bis 2006 nach Regionen, Gestorbene unter 65 Jahren pro 100.000 der Bevölkerung, altersstandardisiert auf die alte Europabevölkerung, 3-Jahres-Durchschnitte« (Leute, ich kann nix für diesen Titel) spricht alles für die gesunde Lebensweise mit Kölsch.

Düsseldorf, in dem man das dunkle Alt-Bier bevorzugt, trauerte in besagtem Zeitraum um 148,9 Männer und 270,6 Frauen pro 100.000 Einwohner. Wo das Komma herkommt, dürfen Sie mich nicht fragen. Vielleicht waren da ein paar Raucherbeine bei … Egal. Hier kommt Köln. Lediglich 135,2 Männer und 237,3 Frauen unter 65 starben im selben Zeitraum. Das entspricht ungefähr der Menge, die in Köln trotz aller Warnungen Alt trinken … oder Pils. Makaber, sicher. Aber ich habe die Statistik ja nicht gemacht. Apropos »gemacht« (ein Hoch auf den guten, alten »Apropos« Übergang): Kölsch macht man mit Gerstenmalz, Hopfen und Wasser. Manchmal auch noch mit einem kleinen Weizenmalz-Anteil. Der Vater bzw. Vorgänger von unserem obergärigen Leckerchen heißt Wieß (Weiß), war naturtrüb und wird heute wieder in manchen Brauhäusern ausgeschenkt.

Den Münchener Nörglern, die sich immer über die »Reagenzgläser« lustig machen, sei gesagt: Das muss so sein. Der Schaum unseres Obergärigen hat nur einen geringen CO_2-Gehalt und ist deshalb nicht so stabil. Es wird halt relativ schnell schal. Daher zappt man auch huh, also mit viel Schaum. Ein schales Kölsch schmeckt nicht und sieht eher aus wie Apfelsaft oder eine, allenfalls für den Urologen äußerst interessante, Urinprobe. Oder halt wie euer Bier, das nach einer halben Stunde in der Maß auch noch die Temperatur besagter Probe aufweist.

Zum Schluss noch ein paar überlebenswichtige Tipps für die ersten Schritte im Brauhaus: Der Köbes bringt so lange frisches Kölsch, bis man den Deckel aufs leere Glas (Stange genannt) legt. In netter Runde bestellt man am besten einen sogenannten Kranz. Da passen elf Stangen rein. Manchmal braucht man nur zehn zu bezahlen. Sonderangebot halt. VORSICHT! Aufgrund der kleinen Gläser unterschätzt man gerne schon mal die Menge, die man getrunken hat. Wer zum ersten Mal nach Köln kommt, sollte also das Brauhaus nur in Begleitung betreten. Wobei einem aber auch mit Sicherheit 'ne Kölsche schnell unter die Arme greift.

Für alle die, die sich schon seit anderthalb Seiten fragen, was denn jetzt mit maßvollem Trinken gemeint ist: Laut obiger Studie sind das zehn Milliliter pro Kilogramm Körpergewicht. Ein erwachsener Mann mit Durchschnittsgewicht kann sich also guten Gewissens mit vier bis fünf Stangen am Tag um seine Gesundheit kümmern. Natürlich auch die erwachsene Frau mit dem Durchschnittsgewicht eines erwachsenen Mannes. Leichtere Frauen weniger. Kinder gar nicht.

GRUND NR. 22

Weil Kölsch nicht das Einzige ist, was die Brauhäuser hier zu bieten haben

Brauhäuser gibt's in vielen deutschen Städten, in denen die Braukunst traditionell betrieben wird. In München steht sogar ein Hofbräuhaus. Da läuft so manches Fässchen aus. In dem bekommen aber auch schon mal Kölner FC-Fans Hausverbot. Zum Beispiel wenn sie die Kapelle zum Abspielen kölschen Liedguts überreden und die typische kölsche Fröhlichkeit verbreiten. Da fehlt's den Türstehern dann wohl am »Oans-Zwoa-G'suffa«-Effekt. Wahre Geschichte, erlebt von meinem lieben Facebook-Freund Jürgen Be, der auch später in diesem Buch noch mal zu Wort kommen wird. Köln ist anders. In unseren Brauhäusern wird nicht nach Marschmusik bedient, sondern der Reihe nach. Hier geht's nicht um zünftiges Saufen, sondern um deftiges Genießen. Man trifft sich, um mit regionalen Leckereien und ein paar Kölsch eine gesunde Grundlage für den weiteren Verlauf des Abends zu schaffen. Gut, manchmal ergibt es sich auch, dass der Abend dort endet, wo er begann. Aber im Allgemeinen geht's ums Essen. Bankangestellte teilen sich den Tisch mit Straßenarbeitern, Schauspielern, bekannten Musikernasen oder den Geissens, falls sie mal frei bekommen bei RTL 2.

In erster Linie unterscheiden sich die Brauhäuser nur durch die jeweils ausgeschenkte Kölsch-Marke. Die Speisekarten ähneln sich sehr. Hier und da ist die Bratwurst mal 'n halben Meter lang, woanders gibt's dafür einen Meter Kölsch statt eines Kranzes. Wer sich persönlich von den feinen Unterschieden überzeugen will, sollte sich durch den Brauhaus-Wanderweg führen lassen. Hier kann man zehn der bekanntesten Brauhäuser in und um die Altstadt kennenlernen. Im Gaffel-Haus am Alten Markt, dem Brauhaus Sion, dem Bierhaus en d'r Salzgass, dem Gaffel am Dom und natürlich in Peters Brauhaus wurde ich selbst schon mehrfach ordentlich satt und kann diese Häuser uneingeschränkt empfehlen. Abraten muss ich leider vom Früh am Dom. Bei meinem definitiv letzten Besuch dort, Ende 2012, hat man mir unmissverständlich klargemacht: »Jung, he jeiht et nur noch um den flotten Touristen-Euro.« Der Köbes stand offensichtlich unter dem Einfluss von Medikamenten, deren Nebenwirkungen auf dem Beipackzettel als »vollkommenes Desinteresse am sozialen Leben« beschrieben waren. Während der fast 90 Minuten, die ich dort mit meiner Tochter verbrachte, gelang es mir lediglich, ihn zum Servieren von gerade mal vier Kölsch zu überreden. Bei meiner Tochter war nach zwei Cola Schluss. 90 Minuten wurden es auch nur deshalb, weil unser Essen offensichtlich beim Bringdienst bestellt wurde und dem Jungen das Benzin im Roller ausging. Die Freude auf Himmel un Ääd, was dort eigentlich immer sehr lecker ist – Pardon: war –, wuchs von Minute zu Minute, bis sie irgendwann auf »total Bock auf 'ne Currywurst« umschlug. Meine Tochter hatte irgendwas mit Rind und Rotkohl bestellt. Ich war als Erster dran und musste zugeben, dass ich dem Koch mit der Bringdienst-Theorie unrecht getan hatte. Irgendwas stimmte wohl mit der Mikrowelle nicht. Ja, Himmel on Ääd hatten sich eindeutig dort vereint. Oben heiß, unten kalt. Schade. Das Essen meiner Tochter kam übrigens 15 Minuten später und war zumindest durchgängig lauwarm. Womöglich in der Mikro vergessen worden.

Gut, so etwas kann einem überall passieren. Aber die Lage an den Touristen-Spots Dom und Altstadt erhöht natürlich die Chance, einen schwarzen Tag im Leben des Personals zu erwischen.

In meinen persönlichen Favoriten-Brauhäusern bin ich zwar auch nicht der einzige Gast, aber doch meist umringt von echten Kölnern und ruppigen Köbessen, als da wären: das charmante Brauhaus Pütz in der Engelbertstraße, an dessen unscheinbarem Eingang der Unwissende auch gerne schon mal vorbeiläuft. Auch den Eingang zum Früh em Veedel kann man unter dem Einfluss des gewaltigen Severinstors leicht übersehen. Ganz im Gegensatz zum berühmten Päffgen in der Friesenstraße und Hellers Brauhaus in der Roonstraße. Wobei ich mit der Frau Heller noch ein ernstes Wort reden muss. Neuerdings braut man dort nämlich auch Pils. Wie konntest du das bloß zulassen?

Weil es zum guten Ton gehört, dass der Kellner unhöflich ist

So. Jetzt wissen Sie, wie Kölsch funktioniert, und Sie wissen, was Sie im Brauhaus erwartet. Fehlt nur noch das Wichtigste: der Umgang mit dem Köbes. Erst mal zum Verständnis: Der Köbes ist der Mann, der Sie bedient, das heißt ihnen das Kölsch zuteilt. Der Mann, der das Kölsch zapft, heißt »Zappes«. Den bitte nicht ansprechen, das ist er nicht gewohnt. Die etymologische Herkunft von »Zappes« dürfte jedem klar sein. Die des »Köbes« hingegen könnte lediglich mit der gleichlautenden rheinischen Kurzform des Vornamens Jakob erklärt werden. Daran glaubt hier aber eigentlich niemand. Sie liegt also im Ungewissen. Ungewiss ist auch noch in vielen Fällen das Einkommen des Köbes. Oft arbeiten sie als Selbstständige im Brauhaus. Das heißt, sie kaufen das Kölsch beim Zappes an der Theke und verkaufen es dann an uns am Tisch. Trinkgeld wird trotzdem gerne gesehen.

Was unterscheidet nun den kölschen Köbes von einem Kellner in Restdeutschland? – Der klassische kölsche Köbes hat auf die Bitte »Ich hätte gerne eine Fanta« drei Antworten, die er je nach Situation im Wechsel gibt: »Wat es dat?« – »Hammer nit.« Und: »Doo bes ze ahl für Fanta.« – Spätestens damit dürfte jedem klar sein, dass der Köbes nicht auf dieser Welt ist, um den Leuten nach dem Mund zu reden. Was ihn sicherlich zu einem typischen Vertreter der Spezies »Kölner« macht. Auf den Außenstehenden wirkt diese schlagfertige Offenheit womöglich erst mal unhöflich. Ich habe beispielsweise von Hamburger Touristen gehört, die sich beim Wirt über den Köbes beschweren wollten und von diesem lediglich ein »Sie wollen sich beschweren? Dann müssen Sie mehr essen« zu hören bekamen. Ja, auch lustige Wortspiele liegen in der Kölner Natur.

Traditionell geht die ruppige Art des Köbes wohl auf die Tatsache zurück, dass früher die Brauknechte neben ihrer Ausbildung auch noch im Schankraum bedienen mussten. Dass so ein Junge natürlich keinen großen Bock auf so was hat, wenn er gerade erst den Braukessel reinigte, eigentlich Feierabend hätte und die Freundin ein bisschen lieb haben wollte, ist nachvollziehbar. Ein Köbes, der was auf sich hält, hält auch an dieser Tradition fest. Er ist so lange ruppig, bis er die Freundin lieb haben kann.

Und wenn Sie ihn mal lachen sehen wollen, seien Sie einfach genauso ehrlich und schlagfertig wie er. Für einen lustigen Sprüche-Austausch sind die meisten immer zu haben. Aber Vorsicht: Sie begeben sich damit auf ein Terrain, auf dem er sich auskennt wie kein Zweiter. Sind Ihre Sprüche nicht mindestens so gut wie seine, werden Sie bei der weiteren Kölsch-Zuteilung im Raum nicht mehr berücksichtigt.

Weil sich hier Himmel und Erde vereinigen

Ganz ehrlich, manchmal freue ich mich ja schon, wenn ich diese Stadt für eine Weile verlassen muss. Dann, wenn es Richtung Süden geht. Entweder heim ins Saarland oder noch weiter südlich, Freunde in Baden, Württemberg oder München besuchen. Der Grund: die Würze im Essen. Ja, meine Damen und Herren, durch diese, unsere Republik verläuft eine Gewürzgrenze. Je weiter nördlich man isst, umso weniger Gewürz findet man im Essen. Vielleicht der heimliche Grund, warum es mich nie nach Hamburg oder Berlin gezogen hat. Köln liegt fast genau auf der Grenzlinie und ist gewürztechnisch dementsprechend hin- und hergerissen. Mal passt's, mal nicht. Wurstsorten, beispielsweise, die nicht Salami, Schinken oder Mettwurst heißen, schmecken alle gleich. Selbst die Paprikawurst schmeckt nach Bierschinken, also nach nichts. Da muss ich dann doch mal sagen: Wohl dem, der sich vegetarisch ernährt. Er lässt Wurst und Schinken weg und kann sich auf Paprika und Bier konzentrieren.

Auch die Tatsache, dass man sich hier schon mal gerne über Knoblauch im Essen echauffiert, irritiert anfangs einen Menschen, der an der Grenze zu Frankreich aufgewachsen ist und für den Schnecken und Froschschenkel quasi zum täglich Brot gehörten.

Womöglich wird man noch weiter nördlich, in Hamburg etwa, für die Herstellung von Aioli zu nicht privaten Zwecken mit einem Anker um den Hals im Hafenbecken versenkt.

Trotzdem habe ich hier nun schon 20 Jahre überlebt und das nicht zuletzt auch wegen der dann letztes Endes doch recht leckeren rheinischen Küche.

Ganz weit vorne dabei mein persönlicher rheinischer Favorit: Himmel un Ääd. Natürlich vermischt man auch im Saarland Kartoffeln und Äpfel. Auf die Idee, diesen Mischmasch mit gebratenen Flönz – also Blutwurst – zu kombinieren, sodass dieses Gericht dem einfach gestrickten Gaumen durchaus einen bodenständigen kulinarischen Orgasmus bereiten kann, kam da niemand. Zumindest niemand, den ich kenne. Unbedingt probieren, wenn sie hier sind. Auch Vegetarier sollten da ruhig mal über ihren Schatten springen. Stellen Sie sich einfach vor, das Schwarze in dem Gericht wären Auberginen-Schalen. Das beste Himmel un Ääd gibt's meiner Meinung nach im Päffgen in der Friesenstraße und in Peters Brauhaus.

Fast hereingefallen wäre ich in den ersten Wochen auf die kölsche Eigenart, ihren Gerichten lustige Namen zu geben, die nichts mit dem zu tun haben, was am Ende auf dem Teller liegt. Wer erwartet schon ein Roggenbrötchen mit altem Gouda, saurer Gurke, Zwiebeln und Senf, wenn er einen Halven Hahn bestellt. Gut betuchten, angeberischen Köln-Besuchern muss ich leider auch vom Ordern des Kölschen Kaviar abraten. Statt vor der ersehnten Stör-Brut sitzen Sie dann nämlich lediglich vor einem proletarisch geprägten Roggenbrötchen mit Butter, Senf, Flönz und Zwiebeln. Roggenbrötchen hören hier übrigens auf den Namen »Röggelchen«.

Auch bei Ähzezupp ist Vorsicht geboten. Wer hier einen Reißverschluss für Ärztekittel erwartet, wird enttäuscht sein. Es handelt sich nämlich um eine sehr deftige und leckere Erbsensuppe, in der es meist gilt, ein Stück Schweinebauch oder Bockwurst vor dem Ertrinken zu retten.

Man kann diese Stadt natürlich auch nicht wieder verlassen, ohne mindestens drei Rievkooche gegessen zu haben. Egal, ob mit Apfelkompott, Tatar, Matjes oder gar Lachs (als Trost für die Enttäuschung beim Anblick des Kölschen Kaviar). Immer lecker, immer gut, passt auch immer mal zwischendrin noch rein. Also, einer zumindest.

Pferdefreunde sollten natürlich auch die Krone der rheinischen Küche kosten: Suurbrode. Der echte Sauerbraten wird aus Pferd zubereitet, allerdings nur noch selten in den Brauhäusern so angeboten. Wohl aus Rücksicht gegenüber den kleinen Mädchen, die oft weinend vor ihrem Teller saßen, wenn Papa das Essen bestellte. Meistens wird der Sauerbraten auch hier aus Rindfleisch zubereitet, was ebenfalls ganz gut passt. Ich habe ja auch schon Leute auf Rindern reiten sehen.

Bevor ich jetzt vollkommen albern werde, schließe ich dieses Kapitel mit dem Hinweis: Wagen Sie das Abenteuer »Rheinische Küche«. Bestellen Sie Dinge, von denen Sie auf den ersten Blick nicht wissen, was es sein könnte. Lecker isses immer. Und schauen Sie ruhig auch mal etwas außerhalb des Zentrums in kleinen Eckkneipen auf die Speisekarte. Manchmal erwischt man da noch was, was die Mutter der Wirtin noch selbst in der Küche zubereitet. Und das lohnt sich. Auch wenn man hier und da noch nachsalzen muss. Mahlzeit.

GRUND NR. 25

Weil hier Schokolade aus dem Brunnen fließt

Futura, die Göttin der Zukunft, hätte ihre helle Freude an diesem Gebäude. Es wirkt wie ein riesiges Raumschiff, das auf seiner Reise vom Orionnebel nach Alpha Centauri mal kurz im Rheinauhafen zum Tanken angelegt hat. Den Lagerraum angefüllt mit exotischen

Kostbarkeiten, gesammelt während der Zwischenlandung auf fremden Planeten, um Jung und Alt damit in Staunen zu versetzen. Dem kölschen Terraner ist natürlich klar: Ich fabuliere über das Schokoladenmuseum. Das einzige seiner Art weltweit. Der 1993 für 53 Millionen Mark zu Glas und Metall gewordene Traum des »Stollwerck«-Firmenchefs Hans Imhoff.

Hans Imhoff sanierte nicht nur die traditionsreiche marode Schokoladenfabrik und erhielt damit viele Arbeitsplätze, nein, er schenkte den Kölnern auch diese Einzigartigkeit, die er aus eigener Tasche finanzierte. Ne jode Jung, der Herr Imhoff. Über 650.000 Besucher werden jährlich sehr anschaulich mit der Geschichte der Schokoladenkultur und -herstellung konfrontiert. Darunter zahlreiche Wochenendväter, so wie ich es auch einmal war. Meine Tochter war acht Jahre alt, als wir die Zoo-Alternative besuchten. Die Fische im Aquarium kannte sie eh schon alle mit Vornamen. Dementsprechend freute sie sich darauf, die Schokolade kennenzulernen. Mir war eher so lala, da ich nichts Besonderes erwartete. Ich sollte mich täuschen. Es war fast noch spannender, als dem Treiben der Paviane zuzusehen, bei dem man als Vater auch schon gerne mal in Erklärungsnöte gerät, oder den Seelöwen beim Betteln um ihr Mittagessen. Und nicht nur für die Tochter. Obwohl ich von dem Besuch eines der Verköstigungsseminare »Schokolade und Wein«, »Schokolade und Tequila« oder »Schokolade und Rum« abgesehen hatte. Das Fernbleiben von letzterem Seminar fiel mir am schwersten, aber es sollte auch so ein wundervoller Nachmittag werden.

Im kleinen Tropenhaus kann man echte Kakaobäume anfassen, bewundert Trinkgefäße aus dem vorkolumbianischen Mittelamerika oder solche aus Silber und Porzellan, aus denen reiche Fürsten und Könige ihre Konkubinen mit heißer Schokolade übergossen (ups, Fantasie durchgegangen). Man lernt, was Olmeken, Maya und Azteken mit der Kakaofrucht so alles anstellten, wie der Osterhase gegossen wird und bestaunt den Herstellungsprozess von

Schokoladentafeln auf einer im Miniformat nachgebauten Produktionsanlage. Doch all das ist nichts gegen die Attraktion, vor der sich zu Stoßzeiten schon mal lange Eltern-Kind-Schlangen bilden. Der Grund, warum mir beim Eintreten so viele Kinder entgegenkamen, die ihre Eltern mit Tränen in den Augen anflehten, doch noch einmal zurückgehen zu dürfen. Ein Stück Wirklichkeit gewordenes Schlaraffenland: der Schokoladenbrunnen: drei Meter hoch, hässlich wie die Nacht, aber lecker wie Sau. Goldene Kakaofrüchte zur … Kakaofrucht geformt, prangen über einem Becken, in das hektoliterweise heiße Schokolade fließt. Antibakteriell gemachte Mitarbeiter tauchen kleine Waffeln hinein und halten sie vor glänzende Kinder- und Elternaugen. Ich hasse Schlangestehen, aber was tut man nicht alles fürs Kind. Dreimal stellten wir uns hinten an, Wartezeit jedes Mal ungefähr zehn Minuten. Ja, es war Stoßzeit. Hallo?!? Sonntagnachmittag, Regen?!? Aber die Langeweile in der Schlange hatte sich gelohnt. Als wir draußen auf der Brücke über der Hafeneinfahrt standen, nahm mich die Tochter lange, lange in den Arm. Ja, ich war Über-Papa. Sie liebte mich an diesem Tag. Und dafür liebe ich das Schokoladenmuseum und natürlich auch Köln. Und ganz doll meine Tochter.

GRUND NR. 26

Weil hier auch noch ein Stück Kiez gegen die hippen Partyspots bestehen kann

Früher hatte der Zuhälter noch die charmante Berufsbezeichnung Lude. Köln hatte einige von diesen Luden und manche von ihnen waren mindestens so bekannt und beliebt wie Volksschauspieler Willy Millowitsch. Aber dazu mehr in einem anderen Kapitel.

Die Luden der 60er und 70er waren jedenfalls noch halbwegs bodenständige und ehrliche Jungs, die, statt ihre Nutten mit Drogen vollzupumpen, ihnen Champagner ausgaben und nur von Boxern verprügeln ließen, die sie auch im Ring gut fanden.

Zu dieser Zeit gab es einige Kneipen in Köln, denen die dauerhafte Anwesenheit dieser, gerne auch als »halbseiden« bezeichneten, Berufsgruppe eine doch ganz besondere Atmosphäre verliehen. Natürlich wurden dort auch nicht ganz legale Geschäfte gemacht. In erster Linie ging es jedoch den rastlosen Einzelunternehmern dieses unsicheren Wirtschaftszweigs darum, einen Hort der Ruhe zu finden. Eine Heimat. Einen Platz, an dem man einfach nur Mensch sein kann. Ja, auch der Lude ist nur ein Kölner wie du und ich. Auch er hat mal das Bedürfnis, einfach nur ein Kölsch zu trinken oder lustig Karneval zu feiern. Und da sucht er sich halt auch 'ne einfache Kneipe aus, wo er sich mit einfachen Menschen trifft. Mit einfachen Kölnern, anderen einfachen, ehrlichen Luden und mit fleißigen Nutten.

Natürlich gab es in den Kiez-Kneipen schneller mal auf die Fresse als beispielsweise in der Cafeteria der evangelischen Erwachsenenbildung. Aber auch das gehörte dazu. Und aufs Maul bekam immer nur der, der Stunk machte. Schließlich hatten sich die Jungs ja diesen Platz ausgesucht, um mal Ruhe zu haben von all den Grabenkämpfen um Bordsteine oder Bettkanten.

Einer der meistfrequentierten Rückzugsorte der gesamten Ludenbranche war das »Klein-Köln«. Das erste Lokal, das in dieser Stadt eine Tag-und-Nacht-Konzession erhielt. Perfekt zugeschnitten also auf das Berufsbild des Luden.

Seit über 75 Jahren gibt es die Kiez-Kneipe schon in der Friesenstraße. Es ist die letzte in Köln.

In den 60ern wurde sie als Boxer-Kneipe berühmt. Der damalige Inhaber, Dieter Becker, der wegen seiner rundlichen Form auch »dä Schmahl« (typisch kölscher Humor) genannt wurde, war leidenschaftlicher Fan dieser Sportart und machte das Klein-Köln zum offiziellen Wiege-Lokal. Den Vorgang kennen wir alle. So was wird heutzutage im Fernsehen übertragen. Einer der Klitschko-Brüder steht links auf der Waage, daneben sein circa einen halben Meter kleinerer Herausforderer, beide kucken grimmig in die Kamera, versichern, sich gegenseitig umzuhauen, und geben dann Autogramme.

So ähnlich muss das damals gewesen sein, nur dass nicht nur die versammelte Presse um die Kontrahenten herumstand, sondern auch Schäfers Nas, Dummse Tünn und andere Ludengrößen mit lustigen kölschen Spitznamen. Die Boxer hießen damals nicht Klitschko, sondern Peter »de Aap« Müller oder René Weller. Später dann auch mal Henry Maske oder Dariusz Michalczewski. Nach dem Wiegen ging's in den Ring und hinterher zum Arzt und danach dann wieder ins »Klein-Köln«, wo man feierte bis der Arzt nachkam. Und falls nicht, half man sich halt gegenseitig aus der Bredouille.

Auch heute weht noch der Wind der Fäuste, die damals flogen, durchs Etablissement. Bilder der alten Stammgäste, die mit ihren Lieblingsboxern Siege und Niederlagen feierten, künden von den guten, wilden Zeiten. Wild geht es immer noch dort zu. Gefeiert wird grundsätzlich die ganze Nacht durch. Vorwiegend zu kölscher Musik und Schlager. Wenn jemand außerhalb der Karnevalszeit wissen will, wie man in Köln feiert, dem empfehle ich: Nicht zu warm anziehen und ab ins Klein-Köln.

Weil hier die Grenze zwischen jung und alt, reich und arm, prominent und aprominent nicht existiert

Natürlich gibt es in Köln auch gastronomische Rückzugsgebiete, in denen die Medienfuzzis, Prominente aller Buchstabenkategorien und die Geissens mal unter sich sind. Aber im Allgemeinen bevorzugen auch diese Gesellschaftsgruppen in Köln eher die bodenständige Art, sich verköstigen zu lassen. Meist passiert das in den traditionellen Kölsch-Kneipen. Ich glaube, dass das schon eine typische Kölner Besonderheit ist. An einem Tisch kloppen Rentner eine Runde Skat und diskutieren über die drohende Kölschpreiserhöhung, einen Tisch weiter sitzen Hella von Sinnen, Conny Scheel, Hugo Egon Balder und Harald Schmidt und freuen sich ihres Lebens. Oder Heiner Lauterbach, Oli Pocher und die Kelly Family. Oder Thore Schölermann, Jana Julie Kilka, Lena Meyer-Landrut und Alice Schwarzer. Letztere aber nur, weil sonst kein Tisch mehr frei war.

Und ebenfalls eine kölsche Besonderheit: Gleich daneben feiert eine Gruppe überschminkter Abiturientinnen die bestandene Führerscheinprüfung. Hier werden die neuesten Handy-Apps verglichen, dort über den neuen Stürmer des FC diskutiert und da drüben ein neues TV-Konzept entwickelt. Und keiner macht sich Gedanken über den anderen oder darüber, ob er nicht vielleicht besser in einem hippen In-Spot sitzen sollte. Nein, alle fühlen sich wie zu Hause.

Der Weiße Holunder in der Gladbacher Straße ist so eine Kneipe. Die Eingangstür scheint eine Art Wurmloch zu sein, durch das man in eine andere Zeit reist. Unweigerlich fragt man sich, ob das tatsächlich Obama war, der neulich Berlin besucht hat, und nicht Kennedy. Zehn Minuten danach ist man sich absolut sicher, dass es den Amerikanern nie gelingen wird, auf dem Mond zu landen. Einen Goldregen später fragt man den Nachbarn an der Theke, ob er weiß, wann Conny Froboess ihre neue Platte rausbringt, und fünf Kölsch danach findet man sich am Stammtisch wieder, zwischen einem Rentnerehepaar, zwei Grafikdesignern, vier Jurastudentinnen und einem Musiker, der nicht genannt werden will. Man singt gemeinsam *Oh, Du wunderschöner deutscher Rhein*, lässt sich dabei von einem Akkordeonspieler begleiten, der mal kurz vorbeischaute, und schunkelt sich in kölsche Glückseligkeit. Oder man wirft einen Euro in die Musikbox, falls mal gerade kein Akkordeonist oder auch

Gitarrist zur Hand ist. Im Weißen Holunder sieht es aus wie im Wohnzimmer einer Rentner-WG, in die jeder seine eigenen alten Möbel, Bilder und sonstige Devotionalien der 50er und 60er eingebracht hat. Im Glasschrank hinter der Theke stehen nur Liköre und Schnäpse jener Zeit. Cognac Hardy, Lufthansa-Cocktail und besagter Goldregen gehören dazu.

Das Ehepaar Margot und Karl Schiesberg hat hier in 22 Jahren eine Kneipenlegende geschaffen, in der die kölsche Herzlichkeit und Wärme ihr Zuhause gefunden haben. Sie ist Anziehungspunkt für Gäste jeglicher Alters- und Gehaltsklasse mit regelmäßigen Konzerten aller Musikrichtungen außer Dubstep und Techno. Sie ist beliebter Drehort für zahlreiche Fernsehproduktionen. Sie ist anmietbare, skurrile Lokation für allerlei Feierlichkeiten. Und sie hat nun den Besitzer gewechselt.

Ja, leider sind Karl und Margot seit März in Rente. Allerdings haben sie sich noch persönlich um einen Nachfolger gekümmert. Ich gehe also davon aus, dass das Lokal im Sinne der beiden weitergeführt wird und bedenkenlos empfohlen werden kann.

Natürlich gilt das auch für all die anderen sogenannten Kult-Kneipen dieser Stadt, in denen diese ur-kölsche Atmosphäre herrscht, die so viele unterschiedliche Menschen an einen Tisch bringt. Das Lommerzheim in Deutz gehört dazu. Genauso wie der Golden Kappes in Nippes, Oma Kleinmann und Bei Lena. Jedes Veedel besitzt so einen Platz, an dem man alles findet, was diese Stadt ausmacht. Von A wie »Alaaf« über H wie »Hätz« bis zu Z wie »Zesamme«.

Weil es hier einmal ehrliche Kneipen
zum Wohlfühlen gab

Natürlich gibt es sie noch immer. Aber ich schreibe bewusst »gab«, denn die ehrlichen Kneipen sind nicht mehr das, was sie mal waren. Ja, ich bin sauer. Ihnen wurde etwas essenziell Wichtiges genommen. Etwas, was zu diesen Kneipen gehört wie der Flipper im Eck oder der besoffene Bassist darunter.

Eine Kneipe wird zur Lieblingskneipe, weil man die Menschen dort gut findet, den Wirt, die Gäste. Weil einem die Atmosphäre liegt. Weil man dort würfeln kann oder Skat kloppen, Flipper spielen oder Kicker. Weil der Tequila aus dem Fass kommt. Weil der Wirt die Frikadelle mit der Hand auf den Teller legt. Weil das Klo nicht abschließbar ist. Weil die Kacheln von den Wänden fallen. Weil man mit ungeschminkten Frauen knutschen oder einfach nur dummes Zeug labern kann. Oder weil alles zusammen – kurz: weil alles so ist, wie's ist. Weil alle sind, wie sie sind. Und so sollte das gefälligst auch bleiben. Die einzige Änderung, die man toleriert, ist der plötzliche Tod eines Stammgastes. (Was in ehrlichen Kneipen schon mal öfter passiert, denn ehrliche Kneipen werden meist von wild lebenden, ehrlichen Menschen zur Stammkneipe erkoren.) Es gibt nichts Schlimmeres für die Gäste, als wenn durch äußere Einflüsse womöglich genau das anders wird, was sie gut fanden. Entweder, es kommt ein neuer Besitzer, der leider eine Folk-Rock-Allergie hat, oder der Wirt selbst kommt plötzlich auf die tolle Idee, irgendwas verschlimmbessern zu müssen. Pustekuchen. In einer Lieblingskneipe hat sich nichts zu ändern. Und wenn doch, dann muss der Herr Wirt halt mit den Konsequenzen rechnen: Man sucht sich eine neue Stammkneipe.

Bisher hat das auch immer funktioniert. *Das* ist jetzt vorbei. Mit einem einzigen Gesetz änderte sich nicht nur *eine* gute Kneipe, sondern *alle*. – Da kommt die Hurra-wir-bringen-euch-alle-ein-ge-sundes-Leben-Fraktion daher und nichts ist mehr, wie es war. – Ich will kein gesundes Leben. Vor allem nicht nach Vorschrift. Ich will ein ehrliches Leben. Ein echtes, eines mit Spaß. Von mir aus auch mit Husten am Morgen. Wer gesund leben will, soll Möhren essen. Am besten zu Hause im Kreise der Familie. Und dabei das Beten nicht vergessen, dass einem nicht am Tisch eine Möhrenscheibe in die Luftröhre gerät und er erstickt. Oder, dass die Katze beim Herumtollen keinen Dachziegel lostritt, der runterfällt und Babywippe samt HiPP-Konsumenten zertrümmert. Oder dass man nicht aus Versehen auf einen frischen Hundehaufen tritt, ausrutscht und mit dem Auge genau ins Eis am Stiel des Jüngsten fällt. – Wollt ihr alles verbieten, was unser Leben gefährdet? Dann fangt doch mal mit Waffen an. Oder mit Autos, Fabrikschornsteinen. Wenn ich mir mal zwei Tage lang die Haare nicht wasche, kommt da mehr Feinstaub raus, als in einer ehrlichen Kneipe die ganze Woche über an Teer und Nikotin verquarzt wird.

Ich bin selbst in einer Kneipe aufgewachsen, die lediglich mit Hilfe eines einzigen 40-Zentimeter-Ventilators entlüftet wurde. Manchmal, wenn richtig Betrieb war und die Rentner sich hinter ihrem Zigarrenqualm heimlich unbemerkt in die Karten kuckten, konnte ich als kleiner Bub oben im Qualm nicht mal mehr das Gesicht meiner Mutter erkennen. Die stand da übrigens elf Jahre drin, wird bald 81, war noch nie im Krankenhaus und erfreut sich bester Gesundheit. Ich übrigens auch. – Was ich damit sagen will: Es trifft einen oder es trifft einen nicht. Ich bin mir sicher, dass es auch schon zu Urzeiten Jäger gab, die mit der Keule einen Säbelzahntiger erschlagen wollten und beim Ausholen aus Versehen einen Sammler getroffen haben. Das ganze Leben ist ein Risiko. War es schon immer. Also lasst uns leben, so gut es geht. So denke ich, und deshalb fühle ich mich in Köln so wohl. »Et kütt wie et kütt« lautet Artikel 2 des Kölschen Grundgesetzes, das den Kölnern in die Wiege gelegt wird.

Und daran ändern auch keine von Menschenhand geschaffenen Gesetze etwas, die das Leben vielleicht sicherer, aber keinesfalls lebenswerter machen. So. Das war meine ehrliche Meinung und jetzt zu den … ja, natürlich … immer noch ehrlichen Kneipen (mit nicht mehr ganz so heimeliger Atmosphäre). Ehrlich, weil es meist auf das Nötigste reduziert ist: ein Raum, ein paar Stühle, Tische, Hocker, eine Theke, vielleicht ein Flipper, Kicker, Billard oder Dart, Menschen, die ihr Rückgrat nicht im Designersakko eingenäht haben. Wobei ich nicht ausschließen will, dass auch mal … Wenn man wenigstens noch mit seinem Glas in der Hand vor die Tür gehen dürfte. Aber nein, da rufen ja die Nachbarn schon gleich die Bullerei … – Okay, schon gut. Zurück in die Kneipe.

Ich liebe diese Lokationen, weil man meistens spannende Menschen kennenlernt. Verkorkste Existenzen, deren spannende Ideen keiner haben wollte. Erfolglose Künstler, die keiner versteht. Erfolgreiche Künstler, die erfolglose unverstandene Künstler bewundern, Studenten auf der Suche nach dem Leben, Medienfuzzis auf der Suche nach dem *ehrlichen* Leben, Lebenskünstler auf der Suche nach einem Partner für die Nacht, Nachtschwärmer auf der Suche nach einem Leben ohne Electro. Schauspieler, Musiker, Motorradschrauber, Kundschaft von Motorradschraubern, Fußballfanatiker, Fußballignoranten – Menschen, die Spaß haben wollen, Menschen, die sich auf das Wesentliche konzentrieren: das Leben. Natürlich trifft man jetzt nicht in einer einzigen Kneipe das komplette punky People-Panoptikum da oben, aber einige davon in jeder hier aufgeführten. Immer.

Zum Beispiel im Kajtek, einer polnischen Wodkabar in der Südstadt. Max, der Wirt, sieht aus, als hätte ihn Leo Tolstoi persönlich hinter die Theke geschrieben, und er wirkt auf den ersten Blick darüber etwas ungehalten. Fast wie ein echter Köbes. Nur stiller. Das ändert sich aber augenblicklich, fragt man ihn nach seinen Wodka-Specials. Er lächelt sein sehr osteuropäisches Lächeln, hinter dem sich jahrhundertealtes Wodka-Wissen zu verbergen scheint, öffnet den Giftschrank und verrät gerne einige Wodka-Geheimnisse. Eines davon ist das vom Apfelstrudel-Wodka. Er schmeckt in der Tat original wie Apfelstrudel, man schmeckt jede einzelne Rosine. Halt! Man glaubt, jede einzelne Rosine zu schmecken. Das Geheimnis ist: Er mixt den Wodka mit Apfelsaft. Fertig. Verdammte Geschmacksnervengaukelei. Woraus sein Sibirien-Duft, der Max-Gold-Wodka oder die zahlreichen anderen Kreationen zusammengesetzt sind, sollten Sie ihn am besten selbst fragen. Einzig beim Honig-Kräuter-Wodka könnte ich auf Wunsch noch einen Tipp geben.

Das Kajtek ist recht klein, und ich könnte mir vorstellen, dass es so auch als Dorfkneipe irgendwo hinter Lublin durchgehen würde. Kann's aber nicht genau sagen. Ich war noch nie dort. Unter den Gästen findet man alle Altersklassen, die ohne Begleitung ihrer Eltern ein Lokal aufsuchen dürfen. Interessanterweise sind dort manchmal recht viele Frauen im Zweier-, Dreier- und Viererpack anzutreffen. Wodka scheint sich zum Frauen-Drink gemausert zu haben. Am Wochenende verirrt sich auch schon mal etwas Partyvolk dorthin, um sich Mut für den Clubabend anzutrinken, damit man aus dem bevorstehenden melodiebefreiten Vierviertakt-soundansammlungsabend auch noch etwas Gutes ziehen kann. Wenn nicht Wodka, trinkt man polnisches Bier vom Fass oder Kölsch. Die polnischen Leckereien, die Max neuerdings wieder selbst kocht, schaffen ein gesundes Fundament für kurzweilige lange Nächte. Manchmal auch mit Livemusik am Ecktisch.

Musiker zum Anfassen findet man auch ein paar Straßen weiter im »Zentrum fürs Wesentliche«, wie das »Backes« in der Kurfürstenstraße auch heißt. Manchmal machen sie dort Musik, manchmal trinken sie aber auch nur und philosophieren übers Musikmachen. Oder eben über andere wesentliche Dinge wie Liebe, Lust und Rauchverbot. Einige Gäste erwecken den Eindruck, als hockten sie seit der Eröffnung vor 30 Jahren an der Theke. Der Eindruck ist richtig. Die Menschen hier waren damals in der Friedensbewegung

aktiv, haben Häuser besetzt oder die Kölner mit Punk-Frisuren er-
schreckt. Sie sind ruhiger geworden, aber der revolutionäre Geist ist
noch zu spüren. Spätestens an Karneval, wenn sich alle voller Verve,
sehr glaubwürdig und textsicher *Verdamp lang her* ins Ohr brüllen.

Aber es muss nicht immer BAP sein, wenn man in Köln Zeit-
reisen antreten will. Auch die Jazz-Freunde können sich durch einfaches Betreten des »Metronom« in die Glanzzeiten ihrer Lieblingsmusik begeben. – Etwas versteckt hinter dem Barbarossaplatz in der
Weyerstraße findet man diesen, wohl bekanntesten Hort der mu-
sikalischen Improvisationskunst in Köln. Die meisten der wenigen
Quadratmeter gehören der unglaublichen Schallplattensammlung.
Der Rest einer Theke dem Plattenspieler, ein paar Bänken, Hockern
und den Künstlern, Studenten, Pädagogen, Ex-Pädagogen, Rechts-
anwälten und sonstigen Jazzliebhabern nicht nur dieser Stadt. Bei
Guinness und einer der zahlreichen Whisky-Sorten lauscht man
den Jazzgrößen auf ihrer Suche nach musikalischer Erleuchtung
und findet dabei oft die eigene spirituelle im Gespräch mit wild-
fremden Gleichgesinnten aller Altersstufen. Hat man einen Platten-
wunsch oder will etwas über die beiden Unzertrennlichen – Whisky
und Jazz – erfahren, redet man mit Mike, dem Inhaber. Er gibt sich
viel Mühe, die Atmosphäre, die Ex-Inhaber Chris Bishop hier mit
seiner riesigen Plattensammlung und seinem ebenso riesigen Fachwissen geschaffen hat, aufrechtzuhalten. Es gelingt ihm oft, aber
manchmal hat man das Gefühl, sein Wissen klingt angelesen. Chris
hatte es sich in vielen Jahren erlebt. Wie auch immer. Hingehen.
Alle zwei Wochen Dienstag gibt's live Jazz.

Der klingt manchmal auch in Nippes stilgetreu aus einem Keller.
Aber nicht nur. Das Programm im Heimathirsch ist ebenso viel-
fältig wie die Interessen von William Blask, dem Inhaber. In Sachen
Kultur ist er einer der aktivsten Wirte Kölns, organisiert Konzerte,
Events, Lesungen und, und, und. Vorzugsweise in Nippes. Seinem
Veedel. Zentrale ist eben der Heimathirsch, wenige Meter von der
U-Bahn-Station Florastraße entfernt. Die Kellertreppe führt hinab

in einen Mini-Schankraum. Stammgäste von Williams vorheriger Kneipe, der wohnzimmergroßen 1/4 Bar, fühlen sich hier zu Hause. Man ist auf Tuchfühlung mit Gästen und Wirt. Das erleichtert Bestellung wie Kommunikation gleichermaßen. Im Nebenraum befindet sich der »Saal« mit ein paar Sofas, Sitzkissen und der Bühne, die Platz genug für ein Klavier, ein Drumset, Bass, Gitarre, Sänger, Bläsersatz und eine Leinwand bietet. Mit Bläsern ist es allerdings schon richtig eng da oben. Wenn nicht gerade Sommerpause ist (Juni bis September), wird im Heimathirsch täglich wechselndes Programm geboten. Montag Jazz; Dienstag Heimatabend mit Kurzfilmen von Kölner Filmemachern, Bands oder DJ; Mittwoch ist Blaue Stunde, heißt: Musik, mal Konserve, mal live unplugged; Donnerstag Comedy, Theater, Gesellschaftsspiele; Freitag und Samstag wieder Musik, mal DJ, mal Instrumentalisten. Wir sehen uns.

Vielleicht aber auch im Low Budget auf der Aachener Straße. Auch im Low kann man sich den Abend sehr abwechslungsreich gestalten. Zum Beispiel mit Trinken. Oder mit anderen Gestalten einen der beiden Kicker auf der ehemaligen Kegelbahn belagern, oder am Billardtisch mit Kunststößen angeben, die man nicht beherrscht. Man kann sich aber auch bei der Offenen Wunde zum Hansel machen. Jeden zweiten Samstag im Monat hat man bei dieser Open-Mic-Sessions die Gelegenheit dazu. Zwischendrin bei Lothar einen Tequila vom Fass zu schnappen und dann Thekengespräche führen. Mit Freunden oder Fremden. Sorry, Fremde gibt's natürlich auch hier nicht. Wie überall in Kölner Kneipen. Zumindest nicht für lange. Die Musik, die Lothar auflegt, heißt meist Indie oder Punkrock. Manchmal Kölsch-Rock. Livemusik gibt's auch. Unplugged an der Theke oder auf der Ex-Kegelbahn. Je nach Größe der Combo.

Alle ehrlichen Lokationen hier detailliert aufzuführen, in denen man dem wilden Leben begegnen kann, würde den Rahmen dieses Buches sprengen. Deshalb empfehle ich in aller Kürze: Das Umbruch zum Beispiel, das zu den wenigen Kneipen gehört, die sich auf der zur Partymeile verkommenden Zülpicher Straße weigern, Party-People gerechte Musik, Einrichtung und Gäste zu liefern. Oder das Blue Shell, Luxemburger Straße, Ecke Hochstadenstraße mit seinen regelmäßigen Rock-Konzerten und Events. Gegenüber das kleine, feine Stereo Wonderland. Funky Musik, funky Gäste. Und nicht zuletzt – auch weil es meist eine der letzten nächtlichen Anlaufstationen ist – das Durst. Aber Achtung! Hier ist der Name Programm. Hier findet man die Essenz der viel weiter oben aufgezählten, positiv Wahnsinnigen Kölns. Im Durst herrscht eine wirklich, sagen wir mal, sehr spezielle Atmosphäre. Prost.

So. Das wurde jetzt wohl das längste Kapitel dieses Buches. Die Gründe dafür lesen sich mit Sicherheit heraus. Danke für die Geduld. Ich verspreche, die nächsten werden kürzer.

GRUND NR. 29

Weil man hier essen kann wie bei Muttern

Hunger? Da gibt's Abertausende Möglichkeiten in dieser Stadt, Abhilfe zu schaffen. Restaurants mit Spezialitäten aus aller Herren Länder, ums mal traditionell auszudrücken. Wie in all den anderen Städten Deutschlands, Europas, ja, womöglich in der ganzen Welt. Bevor ich zu den beiden Restaurants komme, die man garantiert in der Art nirgendwo anders findet, noch ein paar hurtige Tipps für den eiligen Leser, der sich beim Essen Zeit lassen will.

Viele italienische Restaurants werden meistens von Indern betrieben, die für wenig Geld einen pakistanischen Koch engagiert haben. Wer zum italienischen Essen auch italienisch reden will, sollte bei Massimo einen Platz an einem der Stehtische vorbestellen. Die Rosticceria in der Alteburger Straße bietet auf kleinstem Raum teilweise recht kreative Variationen italienischer Klassiker an. Täglich wechselnd, authentisch, nette Gespräche mit Gästen, Kellnern und dem Chef inklusive. Auch die Weine sind empfehlenswert. Selbst der Hauswein reicht schon, um glücklich zu sein.

Der beste Chinese der Stadt ist, meiner Meinung nach, der China-Imbiss King Wah in der Maastrichter Straße, knapp hundert Meter vom Ring entfernt. Man kann sich die Wartezeit mit »Flinke Köche werfen frische Zutaten in den Wok«-Kucken vertreiben. Das macht Spaß und manchmal findet man's sogar schade, dass das Essen so schnell fertig ist.

Als die Stand-up-Show *NightWash* noch im original Waschsalon in der Brüsseler Straße aufgezeichnet wurde, waren gegenüber im burmesischen Restaurant Mandalay einmal die Woche die wenigen Tische fürs After-Show-Essen der Lustigmänner reserviert. Eines meiner Top-Ten-Restaurants, ein Familienbetrieb und – wie mir eine Freundin versicherte, die einige Wochen in Burma verbrachte – absolut authentisch.

Verspür ich aber Lust auf Essen wie bei Muttern, gibt's nur zwei Türen in Köln, die ich ansteuere. Die von »Oma Kleinmann« und die von »Bei Lena«. Beide zählen zu der Kategorie von Lokationen, in denen man den gesamten Querschnitt der Kölner Bevölkerung antreffen kann. Also Künstler, Promis, Medienfuzzis, Studenten, Taxifahrer, Angestellte und Arbeiter. Die Restaurants unterscheiden sich also wesentlich. Speziell durch die Essenszeiten.

»Oma Kleinmann« liegt mitten auf der Zülpicher Straße. Die letzte Bastion rustikaler kölscher Gemütlichkeit zwischen Cocktailbars und Dönerbuden. 1949 von Willi und Paula Kleinmann eröffnet, strahlt sie auch heute noch im renovierten Zustand den Charme der 50er aus. Bis 2003 wurde »Oma Kleinmann« von der Familie geführt. In der Küche stand immer Paula Kleinmann, die Oma halt, schälte Kartoffeln, rührte Soßen an und warf Schnitzel in die Pfanne oder schob Gänsekeulen in den Ofen. Selbst als Enkel Ralf 2003 beschloss, sich auf seine Footballkarriere zu konzentrieren, und das Lokal an die Familie Wolf übergab, stand Paula weiter in der Küche und sorgte dafür, dass sich weder Geschmack noch

Brennwert der bürgerlichen Speisen änderten. Erst mit 87 Jahren hörte Oma Kleinmann auf, Kartoffeln zu schälen, und ging in Rente. Sie starb 2009 im Alter von 95 Jahren. Geändert hat sich seitdem glücklicherweise nichts.

Wer in Köln Schnitzel oder Gans essen geht, geht zu »Oma Kleinmann«. Und das sind nicht wenige. Tischreservierung kann ich nur empfehlen, geduldigen Spontangästen wird aber auch gerne geholfen. Ganz Hungrige bekommen das tellergroße Panierte auch mal an der Theke serviert. Allerdings nur zwischen 17.00 und 23.00 Uhr.

Wer davor oder danach Hunger hat, muss »Bei Lena« einkehren. Nicht etwa jene Lena Meyer-Landrut, die uns den ESC-Sieg beschert hat – ich bezweifle, dass die junge Dame kochen kann –, nein, bei der Lena, die in Wahrheit Ziska Brandusic heißt. Lena ist 71 Jahre jung und von 11.00 Uhr morgens bis 3.00 Uhr nachts Geschäftsführerin, einzige Köchin, Kellnerin und Gesprächspartnerin für Jung und Alt in »Bei Lena am Mediapark«. Der Name ist etwas irreführend, denn Lena ist nicht mehr direkt am Mediapark, sondern ein paar Häuser weiter, ums Eck am Hansaring.

Das alte Souterrainrestaurant am Mediapark war 21 Jahre lang die beliebteste Futterkrippe für hungrige Kölner Nachtschwärmer. Bürgerlich charmant wie das Esszimmer einer saarländischen Bergarbeiterfamilie in den 60ern. Rustikal zweckmäßig ausgestattet. Basketballspieler sah man selten dort, denn sie hätten gebückt essen müssen. Dafür hielten die Kölner Taxifahrer vor der Tür, um schnell mal 'ne Gulaschsuppe zu schnappen. Schauspieler aßen nach der kaum besuchten Vorstellung ihren Frust in sich rein, Jürgen Domian versuchte regelmäßig nach seiner Sendung, das Leid der Welt mit Lenas Bratkartoffeln zu verdrängen, Musiker saßen nach dem Gig an den Tischen und machten den Techniker für den »scheiß Sound« verantwortlich, und Comedians feierten die Lachkrämpfe ihres Publikums mit Schnitzelbergen, Bratkartoffeln und Salat. Und Kölsch natürlich. Man konnte sich durch die Küchentüre davon überzeugen, dass Lena auch tatsächlich alles selbst frisch zubereitete, und wenn man in einer Ecke saß, von der aus einem der Blick verwehrt war, so sagten einem die »Fleischhammer-trifft-auf-Fleisch-das-auf-schwerem-Holztisch-liegt«-Geräusche, dass die Bestellung in Arbeit ist. Wenn sie das Essen an den Tisch brachte, setzte sie sich immer gerne dazu und war neugierig, aber nie aufdringlich. So war das. Bis sie 2010 das gepachtete Souterrain kündigte und das Restaurant in ihre gekauften Räume am Hansaplatz verlegte.

Seit dem Umzug hatte es sich für mich nicht ergeben, nachts mal so richtig Hunger zu haben. Also setz ich mich für dieses Buch in ein Taxi, um zu testen, ob sich irgendwas geändert hat. Ich nehm's schon mal vorweg: Die Speisekarte hat immer noch den schicken 60er-Jahre-Raststätten-Look und es stehen dieselben Gerichte darauf wie seit 24 Jahren. Schnitzel und Bratkartoffeln sind weiterhin die leckersten von Köln. Ja, noch ein bisschen besser als bei »Oma Kleinmann«. Egal, ob mit oder ohne Soße. Ich hatte mit. Mein lieber Freund Peter, der mit mir Test aß, hatte ohne. Ich geh also mal davon aus, dass sich auch an den Suppen und sonstigen Kartoffelvariationen nichts geändert hat. Schließlich kocht Lena immer noch selbst. Davon kann man sich jetzt von jedem Platz aus überzeugen. Sie steht in einer zum Gästeraum offenen Küche, schält ihre 15 Kilo Kartoffeln am Tag und prügelt vehement auf wehrloses Fleisch ein, um es pfannengefügig zu machen.

Ich tippe mal, das mit der offenen Küche hat was mit ihrer Kontaktfreudigkeit zu tun. Denn auch die ist weiterhin ungebrochen. – Kommen wir zum Schade. Schade, dass das rustikale Ambiente des Souterrains flöten ging, obwohl sie die komplette Einrichtung mitgenommen hat. Der Raum ist so hoch, dass Basketballspieler sogar ihren Korb aufhängen könnten. Wo früher lediglich zwei kleine Fenster Einblick gewährten, die zudem noch mit Häkelgardinchen versehen waren, fühlt man sich jetzt hinter dem riesigen Schaufenster doch beobachtet. Selbst nachts um zwei. Die Stadt schläft nie, und möglicherweise könnte ja der Fitnesstrainer bei seinem morgendlichen Lauf sehen, dass man sich nicht an die Diät hält. Wer auch nicht mehr dort hält, sind die Taxifahrer. Erstens, weil man nicht mehr so einfach mal für 'ne Weile auf der Straße parken kann. Zweitens wegen des Ambiente. Das verriet mir jedenfalls der Fahrer, der mich an diesem Abend zu Lena brachte. Früher hat er in der Vorweihnachtszeit mit seinen Kumpels dort die Kaffeekasse verprasst – seit dem Umzug nicht mehr.

Inwiefern sich die sonstigen früheren Stammgäste noch ins Schaufenster wagen, kann ich nicht sagen. Peter, ein Nachbar von Lena, und ich waren die einzigen Gäste. Halb elf Uhr nachts war aber auch noch ein wenig früh für ein Essen »Bei Lena«. Ich würde ihr einen vollen Laden sehr gönnen, denn was bürgerliche Küche angeht, ist sie meiner Ansicht nach weiterhin in Köln unschlagbar. Peter war es, der nach dem Essen den passenden Satz fand: Gut, dass Rach noch nicht hier war.

GRUND NR. 30

Weil hier nicht nur die Funkenmariechen durch die Nächte tanzen

Vor drei Jahren bin ich in einen Kölner Vorort mit, sagen wir mal, eher dörflichem Charakter gezogen. Dummerweise konnte ich mir immer noch nicht angewöhnen, ein Auto zu kaufen. Wer hier draußen kein Auto hat, ist natürlich auf Bus und Bahn angewiesen. Mit Bus und Bahn kommt man auch recht schnell in die Stadt. Tagsüber und am frühen Abend. Aus der Stadt raus kommt man allerdings nur bis kurz bevor das Kölner Nachtleben so richtig beginnt. So kam es mir leider ein klein wenig abhanden, das Nachtleben. Da es aber trotz überwiegender Abwesenheit meiner Person ein Grund ist, diese Stadt zu lieben, wollte ich natürlich auch über das Geschehen während der dunklen Stunden berichten. Glücklicherweise gibt es in meinem Freundeskreis genügend Menschen, die den Tag gerne zur Nacht machen. Meist um auszuschlafen, weil sie nachts Lustigeres zu tun haben.

Aus der langen Liste dieser Freunde fiel meine Wahl interessanterweise auf eine der bestaussehenden Frauen, die ich persönlich kenne. Das hat natürlich in erster Linie den Grund, dass sie das Kölner Nachtleben nicht nur aus dem Effeff kennt, sondern es auch aktiv mitgestaltet. Sie ist ein echt kölsches Mädchen, Ende 20, Model, Schauspielerin, Ideengeberin, Muse, Kellnerin, extrem nachtaktiv, und ich geh noch zweimal zurück ins Bad und kontrolliere, ob die Frisur sitzt, bevor ich mich auf den Weg zu ihr mache. Warum auch immer. Ich könnte ihr Vater sein. Na ja, auch Väter wollen ab und zu mal gut aussehen. Treffpunkt jedenfalls: 16.00 Uhr im Bauturm Café. Punkt halb fünf bin ich da.

Untermalt von zwei Alibiapfelsaftschorlen und vier Kölsch erfahre ich alles, was ich wissen muss, um mein Leben zu ändern, sobald ich wieder in der Innenstadt wohne. Beziehungsweise um das alte Leben wieder neu aufzurollen: Ich muss mich lediglich liften lassen, ein Zehnjahresabo bei McFit abschließen und mir eine tragbare Beatmungsanlage zulegen.

Und natürlich fleißig mitschreiben, was sie erzählt. Zum Beispiel, dass einer meiner ehemaligen Lieblingsclubs durchaus immer noch angesagt ist: die Scheinbar in der Brüsseler Straße. Zu 70 Prozent aus Theke bestehend, über die immer noch hervorragende Cocktails ans durchaus flirtbereite, kurz vor dem Bachelor stehende Publikum gereicht werden. Miniaturtanzfläche, auf der man sich je nach Wochentag zu Soul, Funk, 60s und anderen angesagten Grooves den Bewegungen der Mittänzer anpassen sollte. Sonst blaue Flecke.

Wohl noch kleiner und mir vollkommen neu: Coco Schmitz. Der Micro-Club befindet sich im Keller des Salon Schmitz, der einst eine Metzgerei war und heute ein beliebter Hotspot ist, den man zum Staunen und Bestauntwerden aufsucht. Richtig rappelvoll wird's im Coco Schmitz, wenn die SHIZE-Party steigt. Pop, Trash und 90er-R&B gelten dann als shize geil.

In die Barracuda Bar in der Bismarckstraße geht man in erster Linie zum Trinken. Freunde der House- und Electro-Tanzmusik nutzen aber auch gerne die kleine Tanzfläche. Überwiegend zum Tanzen, wie mir versichert wurde. Allerdings hat sie einen Nachteil. Die Wände sind komplett verspiegelt. Heißt, wenn man spätnachts glaubt, total toll zu tanzen, und sich durch Zufall im Spiegel entdeckt, kann man auch schon mal schnell in Depressionen verfallen. Speziell wenn man über 40 ist. Das macht aber nichts, denn wie Frau Syndicus berichtet, ist es in der Kölner Partykultur nicht mehr wichtig, gut auszusehen, sondern einfach nur abzutanzen. Ich klicke innerlich »Gefällt mir«.

Wer sich trotzdem nicht gerne selbst beim Tanzen zusieht, geht möglicherweise ins Reineke Fuchs, Aachener Straße. Im ehemaligen Lauschgift (kenn ich noch, hurra!) wird meist ebenfalls zu House und Electro, aber auch zu gelegentlicher Livemusik abgetanzt. Reineke Fuchs ist auch einer der Floors, auf denen die legendäre »Silberschwein-Party« stattfindet. Eine Partyreihe, bei der seit 2004 alle tanzbaren Musikrichtungen an wechselnden Locations die Lautsprechermembranen verbiegen.

Frau Syndicus gerät ins Schwärmen. Von der KitKatClub-Party zum Beispiel. Nur viermal im Jahr hat man Gelegenheit, sich in die Schlange der Groove-Hungrigen vorm Alten Wartesaal am Hauptbahnhof einzureihen. Sie reicht oft vom Eingang Alter Wartesaal bis zum Eingang Brauhaus Gaffel am Dom. Das sind circa 150 Meter. Das Personal versorgt das geduldige Partyvolk jedoch mit dem Nötigsten. Kölsch. Interessant dürfte dieser Menschenauflauf am Hauptbahnhof speziell für pubertierende Touristen sein. Die Kölner KitKatClub-Party ist ein Ableger des legendären Berliner KitKatClubs, der für seine sexuelle Freizügigkeit bekannt ist. Wer mehr als 20 Zentimeter Stoff am Leib hat, kommt nicht rein. (Ich notiere: 20 Zentimeter reichen allemal.)

Abschließend vielleicht noch ein Fakt, der mich positiv überraschte. Es gibt wohl keine Konkurrenz unter den Partyveranstaltern und DJs in Köln. Im Gegenteil. Man arbeitet zusammen. Zahlt man beispielsweise in Club A den kompletten Eintritt, so darf man in Laden B, C und/oder D zum ermäßigten Preis Spaß haben. Find ich dufte.

So. Frau Syndicus legt jetzt gleich auf www.674.fm Musik auf und ich sehe zu, dass ich die nächste Bahn nach Hause erwische. Muss noch die Tonne rausrollen. Morgen ist Biomüll.

Kapitel 4

LUUR ENS

Heimat der Liebesschlösser –
Die Hohenzollernbrücke

Weil keine andere Stadt
eine nach ihr benannte Farbe hat

Man kann es sich so richtig vorstellen. Es ist 11.58 Uhr, 1929. Seit Stunden wird im Rathaus palavert. Die Herrschaften des Kölner Rats haben Hunger, von draußen schleicht sich der verlockende Duft von Sauerbraten durch die Fensterritzen, aber ihr Oberbürgermeister lässt sie nicht eher gehen, bis entschieden ist, welche Farbe die neue Mülheimer Brücke bekommt. Das heißt: bis alle seinen Vorschlag angenommen haben. Die meisten Stadtverordneten sind aber immer noch sauer, weil der alte Gaugitscher (Schlitzohr) schon beim Bau der Brücke mit den Kommunisten geklüngelt hat. Alle haben für eine Bogenbrücke gestimmt, nur der Herr Adenauer wollte natürlich eine Hängebrücke haben. Weil sie » … das Eingangstor für Köln vom Industriegebiet aus sein wird und deshalb für die Auswärtigen beim Besuch einen positiven ersten Eindruck machen sollte.« (www.stadt-koeln.de/1/oberbuergermeister/konrad-adenauer-preis/konrad-adenauer/06944/)

Leider muss die Ratsherrschaft auch noch zähneknirschend zugeben, dass der Mann recht behalten hat. Die Mülheimer Brücke ist eine schicke Variante geworden, sich dem linksrheinischen Zentrum zu nähern. Außerdem war sie auch noch die größte Kabelbrücke der Welt und längste Hängebrücke des europäischen Festlands. Bei so vielen Rekorden für seine Stadt kommt auch der grimmigste Sozialdemokrat nicht mehr gegen den Stolz auf sein Kölle an.

Aber das mit der Farbe geht nun wohl doch zu weit. Natürlich kommen für Köln nur Rot oder Weiß infrage. Pustekuchen. Adenauers Lieblingsfarbe war wohl Grün. Immerhin wurden in seiner Amtszeit Innerer und Äußerer Grüngürtel sowie die damals größte Sportanlage Deutschlands, das Müngersdorfer Stadion, angelegt (noch ein Rekord). Köln sollte grün werden, lange bevor man im Deutschen Bundestag anfängt zu stricken. Selbst die Brücken.

Wie es Adenauer letzten Endes gelungen ist, die Stadtverordneten zu überzeugen, konnte ich nicht rausfinden. Ich tippe mal, der alte Fuchs hat beim Koch in der Rathauskantine mit voller Absicht den leckeren Sauerbraten bestellt und die Fenster im Sitzungssaal auf Kipp gestellt. Nur so kann es ihm gelungen sein, dieses hässliche Grün beim Rat durchzusetzen. Mit einem schicken Grasgrün wär die Mülheimer Brücke tatsächlich das perfekte Bindeglied zwischen links- und rechtsrheinischen Uferwiesen gewesen. Aber nein, es wurde eine Farbe, die weder Grün noch Türkis ist und an Schimmelbefall erinnert. Bestenfalls an Grünspan. Irgendwie war das Licht wohl nicht so toll, als Adenauer sich die Farbe in den Bayerwerken ausgesucht hat.

Da die Kölner ihren alten Oberbürgermeister so lieb haben, wurden gleich Nägel mit Köpfen gemacht. Alle Stahlbrücken in Köln erhielten den schicken (hihi) grünen Anstrich und bis heute schmetterten die Politiker sämtliche Vorschläge der Architekten, doch bitte mal Blau, Rot oder Pink zu nehmen, ab. Man bricht hier halt nicht so gerne mit alten Traditionen. Selbst wenn sie hässlich sind. Außerdem hat Adenauers Sturheit damals seine Heimatstadt, unser aller Köln, zum wiederholten Mal über die Grenzen Deutschlands hinaus bekannt gemacht. Weltweit sorgt das sogenannte »Kölner Brückengrün« seitdem für lange Ratssitzungen und knurrende Stadtratsmägen.

Nachtrag der Schönheit wegen: Selbst wenn ich das Grün richtig hässlich finde, so ist doch die Hohenzollernbrücke in meinen Augen eine der schönsten Möglichkeiten, über den Rhein zu gelangen. Möglicherweise, weil sie mir drei Jahre lang, jeden Abend vorm Schlafengehen, zugewinkt hat. Sie ist die einzige Brücke Kölns, die nicht im Krieg von den Alliierten zerstört wurde. Das hat die Wehrmacht selbst übernommen. Über hundert Jahre ist sie alt. Selbst die ICE-Züge zollen diesem Alter Respekt und überqueren sie nur im Schritttempo. Symbolisch für die Einfahrt in eine Stadt, in der keine Eile herrscht.

Weil es hier das Eis gibt, das niemals schmilzt

Ich bin kein großer Tageszeitungsleser, deshalb dauerte es damals im Jahr 2001 etwas länger, bis ich sie entdeckte. Dabei ist eine zehn Meter hohe umgestülpte Eistüte eigentlich kaum zu übersehen. Zumindest, wenn man seinen Blick zum Dach der Neumarkt Galerie, der damals noch recht frischen Shoppingmall, richtet. Das macht der Schaufenster-bummelnde Passant allerdings nur sehr selten, da er nun mal nicht dazu neigt, nach oben zu blicken. Schließlich bummelt er ja Schaufenster und die sind halt auf Augenhöhe. Wohl aus werbetechnischen Gründen.

Mir fiel sie zum ersten Mal im Spätsommer 2001 auf, die Tüte. Glaub ich zumindest. Es muss Spätsommer gewesen sein, denn ich saß schwitzend in der Stadtbahn, die sich aus Richtung Heumarkt dem Neumarkt näherte. Gelangweilt blickte ich an einer bauchfrei beshirteten ehemaligen Mittvierzigerin vorbei aus dem Fenster, um ein Stoßgebet gen Himmel zu senden. Der Gott der Modeschöpfer möge ihnen doch bitte wieder die Idee zu weit geschnittenen Blusen und dicken Wollpullovern eingeben. Ja, bitte auch im Sommer. Meine Gedanken waren noch nicht ganz beim »Sommer«, da streifte mein Blick besagte Eistüte. Zuerst dachte ich, dass sich ein paar Düsseldorfer Kunststudenten über Nacht in die Stadt geschlichen hätten, um den Kölnern einen Streich zu spielen. So wie man früher auf der Kirmes schon mal gerne den kleinen dicken Jungs am Rande des Autoscooters die Softeistüte auf den Kopf stülpte, um sich dann lachend mit den Kumpels um die Mädchen zu kümmern. (Anmerkung: Ich war übrigens als Kind recht klein und dick.) Später erfuhr ich dann von informierten Freunden, dass ich a) hinterm Mond lebe und b) die Eistüte im März 2001 die Kölner Bevölkerung in zwei Lager gespalten hat. In dem einen sprach man von Verschandelung des schönen Neumarkts, ja sogar des gesamten Stadtbilds, und regte sich darüber auf, dass die Eistüte keine Kunst, sondern in Tütenform gebastelter Kinderquatsch sei, den auch minderjährige Düsseldorfer Kunststudenten zustande gebracht hätten. – Das andere Lager hingegen diskutierte über die bevorstehende Kölsch-Preiserhöhung. Nun, um beide Lager ist es mittlerweile still geworden. Die Kölsch-Preise sind seither mehrfach gestiegen, ohne dass es deswegen zu Massenkundgebungen kam, und das Eis am Neumarkt schmilzt immer noch an der Fassade entlang.

Für mich und wohl auch für die meisten Kölner gehört sie zum spannenden Stadtbild wie der Telekom-Turm, der KölnTriangle (Hinweis für die Kölner: Das ist das hohe runde Gebäude in Deutz) oder der Kölner Dom. Letzterer hatte übrigens auch den Pop-Art-Künstler Claes Oldenburg und seine Ehefrau Coosje van Bruggen zur Erstellung der drei Tonnen schweren Eistüten-Skulptur inspiriert.

Warum es ausgerechnet eine umgestülpte Eistüte geworden ist, erklärt Oldenburg auf seiner Website (oldenburgvanbruggen.com/largescaleprojects/droppedcone.htm) folgendermaßen: »Kölns Skyline ist angefüllt mit Kirchtürmen, überragt vom mächtigen Dom. Von der Straße sehen die alle aus wie große Eistüten, die auch oft vor den beliebten Kölner Eisdielen hängen. Letzten Endes musste es auf jeden Fall die Eistüte sein, als wir feststellten, dass die Buchstaben des Wortes »cone« auch im englischen Namen der Stadt vorkommen.« Und weil Kunstwerke ja auch immer eine tiefer gründende Aussage haben sollen, bezeichnete Coosje van Bruggen die Eistüte als Symbol für das »Füllhorn des Konsums« und ein »Zeichen der Vergänglichkeit«.

Seit ich das weiß, lecke ich mein Eis mit viel mehr Ehrfurcht. Bevorzugt übrigens in der Gelateria Marco Polo am Alten Markt.

Nachtrag der Erleichterung wegen: Ich bin froh, dass die Künstler nicht französischsprachig waren. Kaum vorzustellen, wie der Neumarkt dann aussehen würde. Immerhin kommen die Buchstaben des Wortes »conne« ja auch im französischen Namen unserer Stadt vor.

Weil man hier auf einem Bodendenkmal grillen kann

Neben den zahlreichen Vorzügen des Single-Daseins aus Überzeugung hat es leider auch einen Nachteil: Man muss sich alle paar Jahre einen neuen Freundeskreis suchen. Immer dann, wenn sich die aktuellen Freunde verlieben, heiraten und Kinder kriegen. Denn in gleicher Reihenfolge ändern sich dann auch meistens die Interessen und Gesprächsthemen. Wobei sich das Thema Kinder durchaus über Jahre hinweg ziehen kann. Für einen Mann, dessen Tochter auf dem Weg zur 26. Geburtstagsfeier ist, wird das im Laufe der Zeit redundant. Auf die Art verliere ich zurzeit gerade die vierte Generation von Freunden an Familie und Kinder.

Nun gibt's für einen 53-Jährigen zwei Möglichkeiten. Entweder ich ruf die alten Kumpels an, die schon geschieden sind, oder suche mir einen neuen, jüngeren Freundeskreis. Die Variante mit dem Seniorenheim lass ich jetzt mal außer Acht. Da die alten Kumpels aber immer noch im Heimatdorf im Saarland leben und man sich aufm Dorf nicht scheiden lässt, bleibt nur die zweite Version.

Der regelmäßige Wechsel in einen jüngeren Freundeskreis hat natürlich auch Vorteile. Erstens weiß man immer, welche Computerspiele gerade aktuell sind, zweitens stellt man erfreut fest, dass lange verloren geglaubte Witze wieder neu entdeckt werden, und drittens, dass auch die Kölner Jugend an uralten Traditionen festhält. Eine davon heißt: Grillen am Rhein. Wie schon seit Jahrhunderten nimmt man dazu eine Gitarre mit, Würstchen, Fleisch, ein Pittermännchen, einen Wegwerfgrill und Bluetooth-Lautsprecher, in die sich jeder mit dem iPhone einloggen kann. Falls mal jemand in die Gitarre kotzt. Und dann geht's aufs Bodendenkmal.

Es heißt Poller Wiesen, liegt auf dem rechten Rheinufer zwischen Severinsbrücke und Rodenkirchener Brücke und ist eines der beliebtesten Freizeitgebiete der Kölner. 2005 wurden die Poller Wiesen aufgrund ihrer historischen Bedeutung in die Bodendenkmalliste des Landes Nordrhein-Westfalen aufgenommen. Schuld daran sind unter anderem noch Reste der sogenannten Poller Köpfe. Einer Uferbefestigung, die man um 1560 aufbaute, aus Angst, der Rhein könnte sich einen neuen Weg quer durch Poll und Mülheim suchen. Daran stört sich aber niemand mehr, der hier heute nach Erholung, Ruhe, Fettabbau oder Unterhaltung sucht. Wahrscheinlich wissen das sowieso die wenigsten. Mir war's auch neu.

Wie auch immer. Bevor man sich auf die Poller Wiesen begibt, sollte man sich darüber im Klaren sein, was man dort unternehmen will. Es gibt nämlich zwei Bereiche, deren Grenze die Südbrücke bildet. Stromabwärts ist viel wilde Wiese, um wild zu grillen, weniger wild zu chillen, Drachen steigen zu lassen oder den Schafen beim Kötteln zuzukucken. Südlich der Brücke findet eher organisiertes Freizeitvergnügen statt. Es gibt einen Tennisclub, eine Sportanlage mit Fußball- und Volleyballfeldern, einer Laufbahn und Weitsprungkasten, einen Ruder- *und* Tennisclub. Wenn der Ball auf dem Fußballplatz mal ganz weit fliegt, landet er auf dem Campingplatz der Stadt Köln. Der ist nämlich dahinter. Und überall kann man einkehren, essen und trinken.

Die Poller Wiesen sind aber nicht nur Tummelplatz für einsame Inlineskater, Hobbyfußballclubs oder Anglerkumpels. Sie dienen auch als Versammlungsort für zahlreiche Gleichgesinnte jeglicher Glaubensrichtung. Egal, ob katholische oder evangelische Jugend, Antifa-Bewegung oder Techno-Jünger, sie alle waren schon zu Tausenden hier, um sich an diesem stillen Ort, mitten in der brodelnden Weltstadt, gegenseitig in ihrem Glauben zu bestärken, den richtigen Glauben zu haben.

Doch am schönsten ist es auf den Poller Wiesen, wenn im Einweggrill die weißen Holzkohlestückchen mit letzter Kraft ein irgendwann heruntergefallenes Stück Bauchspeck erwärmen, der Gitarrist zum letzten Mal versucht, die Akkorde von *Knockin' on Heaven's Door* zusammenzukriegen, während alle anderen um das leere Pittermännchen am Rheinufer liegen und auf den Sonnenaufgang warten. So lange, bis irgendjemand fragt: »Sagt mal, wo ist eigentlich der Uli?«

Weil es hier auch sehr mediterran sein kann

Der Kölner an sich bewegt sich nur sehr ungern aus seinem Veedel heraus. Denn dort hat er alles, was er braucht, die Menschen, die er liebt, und die Menschen, mit denen er sich streiten kann. Über die Grenzen des Veedels hinaus geht's höchstens mal, wenn man eine neue Stereoanlage braucht, der Rosenmontagszug nicht von selbst vorbeikommt oder wenn man Freunde besucht, die in einem anderen Veedel leben und das natürlich auch nur sehr ungern verlassen. Oft ist es der Mittelweg und man trifft sich am Dom. Manchmal aber auch nicht. Manchmal nimmt man den Weg ins Ungewisse auch gerne auf sich. Eine Geburtstagsparty steht an. Der Kumpel kann nicht weg, weil sein Hund sich nicht von seinem Stammbaum weg traut. Die Band hat Probe. Die eigene Xbox ist kaputt. Das sind so die drei Hauptgründe, weswegen man sich mal aufrappelt, sein Veedel zu verlassen.

Ich wäre zum Beispiel nie auf die Idee gekommen, nach Rodenkirchen zu fahren, würden da nicht Freunde von mir leben, die ich ab und zu aus einem dieser Gründe besuche. Beim ersten Mal war's die Geburtstagsparty unseres damaligen Schlagzeugers Friedemann. Er ist Grafik- und Multimediadesigner, Maler, Bildhauer und schlägt das Zeug nur, um die Muskeln vom Bilderhauen zu entspannen. Also als Hobby. Friedemann lebt und arbeitet in der Wachsfabrik. Eine ehemalige … Wachsfabrik halt, die, nachdem der letzte Docht dort durch die Kerze gezogen war, von der Stadt renoviert und in subventionierte Wohnungen für Künstler unterteilt wurde. Ein dreifach Hoch auf die Kölner Kunstfürsorge. Die Wohnungen dienen gleichzeitig auch als Atelier und das Erste, was einem einfällt, wenn man sie betritt, ist: Geil-o-mat! Damals dachte ich schon: Oh, Rodenkirchen hat ja auch was Nettes. Ich wusste ja nicht, dass ich mich eigentlich noch quasi außerhalb von Rodenkirchen befand, ich Ignorant. Erst bei meinem nächsten Besuch sollte ich die wahre Schönheit dieses Ortes kennenlernen.

Der Hund meines Freundes Ludger traut sich zwar von seinem Stammbaum weg, hat aber eine Autoallergie. Also, fahr ich zu Ludger ins Zentrum von Rodenkirchen. Die engen Straßen erinnern ein wenig an Weindörfer an der Mosel. Oder der Ahr. Oder am Rhein. Macht eher Sinn. Schicke kleine Häuschen, sauber und fein. Ludger wird von seinem Hund runtergebracht und führt mich zum Leinpfad, *dem* Rheinuferflanierweg numero uno in Rodenkirchen. An der Maternus-Kapelle, die dort seit dem 10. Jahrhundert steht, geht's entlang ins Fischerviertel. Ich bin beeindruckt. Die Anlegestellen, die kleinen Boote, die von den Wellen des Rheins rhythmisch an den Steg geschubst werden, die eng zusammengebauten Häuser, das alles auch noch ins Orange der untergehenden Juni-Sonne getaucht: Ich fühl mich wie in einem Fischerdorf in Südfrankreich. Wir bewegen den Hund dazu, mit uns über den schmalen Steg zum Albatros zu gehen. Hausboot, rustikale Kölsch-Kneipe und Restaurant mit Fischermanns-Atmosphäre in einem. Wir sitzen auf dem Achterdeck, freuen uns an der Aussicht aufs Fischerviertel und schwärmen von den alten Zeiten, als Fernsehen noch lustig war. Ein Ausflug dorthin ist fast wie Urlaub. Und wenn man vom Fischerviertel den

Leinpfad ein wenig flussaufwärts spaziert, kommt man an einen der schönsten Rheinstrände außerhalb Italiens. Die Rodenkirchener Riviera trägt ihren Beinamen fürwahr zu Recht.

Nachtrag der Vollständigkeit halber: Mein dritter Besuch in Rodenkirchen war übrigens weniger spektakulär. Einzig interessant daran dürfte sein, dass ich Marc in fünf Spielen FIFA 12 dreimal besiegt habe. Warum muss der auch immer Schalke nehmen …?!?

GRUND NR. 35

Weil es darum am Rhein so schön ist

Fast anderthalb Jahre wohnte ich schon in Köln, bis ich zum ersten Mal die Rheinpromenade betrat. Nun muss ich zu meiner Entschuldigung sagen, dass ich damals draußen in Pesch wohnte, und da fährt man mal eher zum Escher See als an den Rhein. Erst meine Freundin aus Stuttgart überredete mich, den weiten Weg in die Altstadt anzutreten. Typisch Touri halt.

Wir gingen an der Philharmonie vorbei, und das Erste, was ich dachte, als wir die Stufen hinunter zur Promenade erreichten, war: Urig, du Vollidiot, warum warst du noch nie hier? – Ganz ehrlich, ich hatte Köln so eine Rheinpromenade nicht zugetraut. Sie ist nicht sonderlich schick. Aber sie ist Leben. Frisch Verliebte sitzen Hand in Hand auf der Mauer, lecken gemeinsam an einer Eistüte, Familien haben ihre Decken auf den Wiesen ausgebreitet und teilen Melonenstücke untereinander auf, Straßenmusiker locken den Gästen der Außengastronomie mit lustiger Musik und traurigen Augen die Eurostücke aus der Tasche in ihren Hut, Kinder planschen im Rheingartenbrunnen, Skater überholen Jogger, Radfahrer auf ihrem Weg nach Rodenkirchen die Skater und die Schiffe der Köln-Düsseldorfer Rheinschifffahrtsgesellschaft tuten das Ihre dazu. So zumindest zeigt sich die Rheinpromenade entlang der Altstadt. Auf den restlichen Teilstücken geht's ruhiger zu. Linksrheinisch erstreckt sie sich von der Zoobrücke bis zur Severinsbrücke. Wer will, kann dann am Schokoladenmuseum vorbei weiter bis in den Rheinauhafen gehen, joggen, skaten oder radeln. Oder gar bis Rodenkirchen. Oder nach Godorf, Chemiefabriken bekucken.

Damals, Mitte der 90er, bei meinem ersten Rheinpromenadenbesuch, lohnte sich der Weg über die Hohenzollernbrücke auf die andere Rheinseite nur, wenn man sich von dort mal das klassische Panorama mit Dom, Groß St. Martin und der Altstadt ansehen wollte. Am besten natürlich dann, wenn die Sonne zwischen den Domtürmen verschwindet. Zwar gab es auch dort eine Promenade, die war aber eher grau und unbeliebt. Zumal außer Tanzbrunnen und Hyatt-Hotel keine Lokalität zum Verweilen einlud.

Doch seit Mitte der 2000er ändert sich das. Möglicherweise wollte man ja lediglich den Mitarbeitern eines der größten Arbeitgeber in Köln ein angenehmes Ambiente für die Mittagspause verschaffen. RTL ist 2010 von der Aachener Straße in einen riesigen, neu geschaffenen Gebäudekomplex ans Rheinufer nach Deutz gezogen. Selbst wenn der ursprüngliche Grund nur ein so profaner sein sollte: Köln entdeckt seine andere Seite und verschönert sie entsprechend. Das rechtsrheinische Ufer soll nicht nur eine Promenade erhalten. Nein. Ein Boulevard soll es werden. Von Mülheim bis zu den Poller Wiesen soll er sich erstrecken. Mit Plätzen zum Entspannen, Bars, künstlichen Stränden, einer künstlichen Dünenlandschaft und zahlreichen nackten Weib... 'Schuldigung, Fantasie durchgegangen.

Schon jetzt sieht man die Fortschritte. Der Cologne Beach Club ist bei schönem Wetter mehr als Ersatz für den geplatzten Urlaub auf Sylt. Auf 3.500 Quadratmetern watet man durch 1.100 Tonnen feinsten Strandsand, schnappt sich einen Cocktail, sucht einen Liegestuhl und chillt mit den anderen 2.500 entspannten Domstädtern und RTL-Angestellten in den Sonnenuntergang.

Wenn es den Kölner Stadtplanern tatsächlich gelingen sollte, alle Pläne umzusetzen, die mir bei der Recherche so begegnet sind, kann ich nur raten: Jetzt auf die Schäl Sick ziehen. Noch sind die Mieten dort halbwegs günstig.

Weil man hier dem Auto auch schon mal Flügel verleiht

Seit 1930 befindet sich in Köln-Niehl der Hauptsitz der Ford-Werke Deutschland. Seit 1998 ist es auch der Sitz von Ford Europe. Jeden Tag werden dort circa 1.500 Ford Fiesta in Roboterhandarbeit hergestellt. Ich würde die Ford-Werke jetzt nicht unbedingt zu den Touristenattraktionen in Köln zählen wollen, aber sie liefern einen der Gründe, diese Stadt zu lieben. Bevor ich zu dem komme, sei aber noch der Vollständigkeit halber erwähnt, dass der Kfz-orientierte Köln-Besucher natürlich auch die Möglichkeit hat, das Ford-Werk zu besichtigen. Führungen finden montags bis freitags jeweils um 9.00 Uhr und um 13.00 Uhr statt. Maximale Teilnehmerzahl ist 40. Ich schätze mal, Personen. Warum das Mindestalter allerdings 16 Jahre beträgt, erschließt sich mir nicht ganz. Womöglich, weil einem hier Einblick in unlackierte, nackte Karosserien oder in den Herstellungsprozess elektrisch gesteuerter Liegesitze gewährt wird.

So viel zur Vollständigkeit. Zurück zur Liebe. Der Kölner liebt seine Ford-Werke, mal abgesehen von den zahlreichen Arbeitsplätzen dort, natürlich wegen des Fiesta. Nicht etwa wegen des Fiesta grundsätzlich, weil es so ein praktisches Abi-Geschenk für die Kinder mittelreicher Eltern ist, sondern wegen dieses einen Fiesta. Des goldenen. Des geflügelten, der auf dem Turm des Kölner Stadtmuseums steht und allen Besuchern verdeutlicht, wie tolerant der Kölner seinen Künstlern gegenüber ist.

Ja, ich geb es zu. Als ich das Werk zum ersten Mal sah, ging es mir ähnlich wie dem damaligen Regierungspräsidenten Franz-Josef Antwerpes, als der Aktionskünstler HA Schult 1991 seine Skulptur im Rahmen der Aktion »Fetisch Auto« auf dem altehrwürdigen Gebäudedach platzierte: Ich fand das Ding hässlich. Zumindest teilweise. Die Flügel gefielen mir, aber warum konnte Herr Schult die nicht an eine alte Corvette oder einen 59er Ford Thunderbird kleben? Ach ja, stimmt. Die Ford-Werke Köln, die Heimat des Fiesta.

Heute habe ich mich nicht nur dran gewöhnt, nein, ich finde die Kombination neuzeitliches, motorgetriebenes Flügelauto und altehrwürdiges Gemäuer sogar richtig gut. Immerhin ist das Zeughaus, in dem sich das Stadtmuseum befindet, eines der ältesten Gebäude Kölns. Erbaut zwischen 1594 und 1606. Darauf nun halt der Ford Fiesta BE 13, Baujahr 1989. Übrigens das Jahr, in dem ich die Liebe meines Lebens kennenlernte. Aber kurz danach kam dann ja auch Köln. Egal. Wo war ich? Ach ja.

Obwohl Herr Antwerpes das geflügelte Auto zu seinem persönlichen Feindbild erklärte, blieb es dort oben stehen. Glücklicherweise mischte sich nämlich die Landesregierung in den Streit zwischen Kunstliebhabern und Regierungspräsident ein und entschied: Das Auto bleibt auf dem Dach. Gülden und mit Flügeln. Bei Wind, Wetter und Karneval. Punkt. Womöglich kam es deshalb zu dem Entschluss, weil Herr Antwerpes grundsätzlich alles zum Feindbild erklärte, was er nicht persönlich initiiert hatte, sodass man seinem Tun einfach mal einen Riegel vorschieben wollte. Aber das ist nur eine Mutmaßung meinerseits. Eigentlich war Herr Antwerpes ein nettes, streitwilliges Schlitzohr, das für seine humanitäre Hilfe in Kuba immerhin von Fidel Castro mit dem Orden der Freundschaft ausgezeichnet wurde. Aber ich schweife wieder ab.

Das Flügelauto hat jedenfalls mehr zur Imagesteigerung der Kunststadt Köln beigetragen als Franz-Josef Antwerpes mit seinen Auftritten als Hans Styx in der Beikircher-Inszenierung von *Orpheus in der Unterwelt* an der Kölner Oper. Vielleicht hätte er sich besser mal von HA Schult lackieren lassen sollen. Oder die Flügel stutzen lassen. Und damit wären wir auch wieder beim Fiesta. Der wurde nämlich im November 2012 aus Renovierungsgründen vom Turmdach gehoben. Turm wie Auto wurden restauriert und sind seit April 2013 wieder als unzertrennliches Kunstwerk zu besichtigen. Sehr zur Freude von Besuchern, uns Kölnern und natürlich HA Schult. Abschließend fühle ich mich noch durch die momentane Benzinpreislage zu folgender Warnung angeregt: An alle potenziellen Sprit-Diebe mit sehr langen Leitern: Der Tank des Wagens ist natürlich leer.

GRUND NR. 37

Weil Köln vielleicht doch die nördlichste Stadt Italiens ist

Möglicherweise liegt es ja an meinen frankophilen Neigungen, aber ich war nie ein Freund von Italien als Urlaubsland. Das hat sich erst 2008 geändert, als ich auf einer Motorradtour nach Korsika einen Abstecher nach Sardinien machte und anschließend die Gelegenheit nutzte, meine sehr geschätzte Freundin Dina in Rom zu besuchen. Sie kennt die Stadt wie ihre Westentasche und machte mich mit ihr und ihren Menschen bekannt.

Noch nie hatte ich beim Anblick einer Stadt, die nicht Köln heißt, Tränen in den Augen. Dort war es so. Noch nie fühlte ich mich in einer Stadt, die nicht Köln heißt, auf Anhieb so wohl. Dort war es so. Noch nie habe ich mich in einer Stadt, die nicht Köln, Stuttgart, Offenburg, München, Berlin oder Frankfurt heißt, im Kreise von Freunden so fröhlich hackedicht getrunken. Dort war es so. Eigentlich klar. Immerhin ist Köln ja nun lange Jahre eine offizielle Filiale von Rom gewesen. Noch heute stößt man auf deutliche Hinweise darauf.

Zum Beispiel am Brüsseler Platz. Sobald die Temperaturen es zulassen, wird er zur Piazza Santa Maria. Kommunikationsfreudige

Kölner nehmen dort ihren Aperitivo, den After-Work-Drink oder das Einstandsgetränk für die bevorstehende Partynacht. Manche kommen auch nur dorthin, um da zu sein und zu bleiben. Bis in die späte Nacht. So entsteht ein klein wenig Trastevere-Atmosphäre. Leider sehen das die Anwohner nicht ganz so entspannt. Aufgrund der Lage des kleinen Platzes an der St.-Michael-Kirche, umringt von mehrstöckigen Wohnhäusern, gab es schon ziemlichen Ärger mit den Anwohnern. Die Geräuschkulisse hat's halt in sich. Doch – und das ist ming Kölle – die Verantwortlichen der Stadt haben den enormen gesellschaftlichen Wert einer solchen Entwicklung erkannt und tun alles dafür, beide Parteien zufriedenzustellen. Ja, man richtete sogar ein Alternativ-Angebot ein. Das »Kulturdeck am Aachener Weiher«, nicht allzu weit vom Brüsseler Platz entfernt, ist ebenso angesagt, und spätestens um Mitternacht herrscht Ruhe an St. Michael.

Genauso beliebter Treffpunkt für Menschen mit dem Bedürfnis nach Open-Air-Kommunikation ist sommers auch der Rathenauplatz. Mit weniger Anwohnerklagen, da der Platz um einiges größer ist und offener von der Lage als der Brüsseler. Zudem halten die riesigen Baumkronen der alten Platanen ringsherum die zahlreichen Gesprächsfetzen davon ab, in die offenen Fenster der Anwohner zu huschen und dort deren Nachtruhe oder wahlweise das TV-Programm zu stören. Im Unterschied zum Brüsseler Platz fühlt man sich hier bereits tagsüber regional um viele Kilometer nach Süden versetzt. Allerdings eher in den Süden Frankreichs. Kleine Grüppchen von Pétanque-Spielern, die in aller Seelenruhe ihre schweren Wurfkugeln der Zielkugel näher bringen, erinnern an Kaffeepausen während der Motorradtouren durch die Provence. Das Lachen der Kinder auf dem Spielplatz, das heimliche Liebespaar, das sich hinter ihren Milchkaffees im Biergarten versteckt, in Bücher vertiefte Studenten auf den Parkbänken tun das Ihrige dazu.

Und wenn die Pétanque-Spieler die Suche nach ihrer kleinen Kugel aufgegeben haben und sich müde vom vielen Bücken ins rückengerechte Bett legen, nehmen die überwiegend studentischen Bewohner des Kwartier Latäng ihren Platz ein und verleihen dem Park einen Hauch von Savoir-vivre. Das sich übrigens, wie ich seit meinem Rombesuch nun weiß, kaum vom Dolce Vita unterscheidet. Und auch nur wenig vom kölsche Lääve.

Eine römische Freundin von Dina hatte mich beim Abendessen in der Tiber-Stadt gefragt, was meiner Ansicht nach der Unterschied zwischen Paris und Rom sei. Unter dem Einfluss des vorangegangenen Abends antwortete ich: Paris ist die Welt, Rom ist das Leben. Heute ist mir danach, hinzuzufügen: Und Köln ist dat Hätz.

GRUND NR. 38

Weil man hier an jeder Ecke nicht nur über Heiterkeit stolpert

In der Bundeshauptstadt der Fröhlichkeit herrschte in all den Jahrhunderten ihres Bestehens nicht immer nur gute Laune. Speziell in einer Bevölkerungsgruppe, die bereits im Jahr 321 zum ersten Mal in einer Urkunde erwähnt wurde. 20 Jahre später wurde das Gotteshaus dieser Gruppe mit kaiserlichen Privilegien ausgestattet. Es war eine Synagoge. In ihr versammelte sich die erste jüdische Gemeinde Kölns. Sie war vorzugsweise in einem Viertel nahe dem heutigen Rathaus angesiedelt und hatte in der Tat nicht viel zu lachen. Immer wieder kam es im Laufe der Jahrhunderte zu Pogromen. Sie gipfelten 1349 in der sogenannten Judenschlacht. Die Kölner machten die Juden für die Pest verantwortlich, drangen ins Judenviertel ein und ermordeten die meisten Einwohner. 1424 vertrieb man sie aus der Stadt. Erst im 18. Jahrhundert entstand unter der französischen Verwaltung eine neue jüdische Gemeinde. Bis Mitte des 19. Jahrhunderts hatten die jüdischen Mitbürger wesentlichen Anteil am wissenschaftlichen, wirtschaftlichen und kulturellen Aufschwung unserer Stadt. Auch in den folgenden Jahrhunderten sah alles ganz prima aus. Bis der nationalsozialistische Virus auch den, eigentlich für seine Skepsis gegenüber Neuerungen bekannten, Kölner befiel. Tatsächlich wurde den Kölnern sogar von Konrad Adenauer und Heinrich Böll nach dem Krieg noch ein gewisser Widerstandsgeist attestiert, es änderte aber nichts an der Tatsache, dass die Hetze gegen das Judentum selbst in antisemitischen Stücken des Hänneschen-Theaters und sogar im Karneval Einzug hielt. Nichts also, worauf man in Köln stolz sein kann. Doch es entspricht dem Kölner Naturell, dass man nicht versucht, das alles unter den Tisch zu kehren. Im Gegenteil. Man ist sich hier seiner Fehler durchaus bewusst und steht dazu. Auch zu den wirklich üblen.

Anfang der 90er-Jahre brachte der in Köln lebende Künstler Gunter Demnig diese positive kölsche Eigenschaft in Form der sogenannten Stolpersteine auf die Straße. Es handelt sich dabei um Pflastersteine mit Messingplattenaufsatz, auf denen Namen, Daten und Schicksale stehen. Sie erinnern an Juden, Sinti und Roma, Homosexuelle, politisch Verfolgte, die vom Nazi-Regime ermordet wurden. Und zwar an dem Ort, an dem sie zuletzt gelebt haben: Vor ihren ehemaligen Wohnungen und Häusern. Kaum ein Kölner war gegen dieses Projekt. Lediglich ein Rechtsanwalt klagte, weil er durch den Stein vor seinem Haus den Wert des Kastens gemindert sah. Aber ansonsten hat man hier kein Problem damit, auf Schritt und Tritt an die Fehltritte von damals erinnert zu werden. Im Gegenteil.

Gunter Demnig hat mittlerweile in zahlreichen Städten Deutschlands, Österreichs, Ungarns, Tschechiens, Polens, der Niederlande und Norwegens Stolpersteine verlegt. Lediglich München, Augsburg und Pirmasens verweigern die Stolpersteine.

Das Projekt gilt als größtes dezentrales Denkmal der Welt. Und nicht nur das sollte ein Grund für die Kölner sein, stolz zu sein.

Nachtrag, der Wahrheit halber: Die ersten Stolpersteine hat Gunter Demnig in Berlin verlegt. Aber ich bin mir absolut sicher, dass ihm dabei auch noch weitere Kölner behilflich waren.

Weil hier der Humor manchmal auch hölzern sein kann

Was dem Augsburger seine Puppenkiste, das ist dem Kölner sein Hänneschen-Theater. Unterschied Nummer eins: In Augsburg hängen die Puppen am Faden, in Köln stecken sie auf einem Stock. Unterschied Nummer zwei: Die Augsburger Puppenkiste feierte ihre größten Erfolge in den 60er- und 70er-Jahren, das Hänneschen-Theater immer. Unterschied Nummer drei: Das Kölner Puppentheater ist 140 Jahre älter als die Konkurrenz aus Augsburg. Dafür sind dort die Gags auch schon mal etwas jünger.

Nicht falsch verstehen. Ich bin halt nun mal mit den Mumins, Jim Knopf, Lukas, einer Lokomotive mit Emotionen, dem Kater Mikesch, Klecksi, dem Tintenfisch, dem kleinen dicken Ritter, einem harmlosen Löwen, der Blechbüchsen-Armee, einem singenden, dicken Walross auf einer Eisscholle, einem sprechenden Schwein, einem Dinosaurier mit Sprachfehler und einem Pinguin in der Mupfel aufgewachsen. Ich weigere mich, diese Helden meiner Kindheit von einem Polizisten mit Schnäuzer, einem Kasperle, das Hänneschen heißt, einer Gretel, die sich Bärbelchen nennt, und einem Seppel, der Speimanes im Pass stehen hat, überflügeln zu lassen und dabei womöglich noch 90 Minuten lang auf das Krokodil zu warten, das ein Dackel ist. Deshalb war ich in den 20 Jahren, die ich hier lebe, noch nicht ein einziges Mal in dieser Pflichtveranstaltung für jeden Kölner.

Ich weiß von Taufen, bei denen der Pfarrer dem Täufling das Taufwasser mit einer Eintrittskarte vom Hänneschen-Theater abtrocknete und sie der glücklichen Mutter dann schenkte. Von Dealern, die Müttern vorm Friseurladen auflauern, um ihnen das begehrte Stück Papier, das ihnen den Eintritt in die Welt des Hänneschen gewährt, unter der Hand zu Schwarzmarktpreisen zu verkaufen. Ja, in letzter Zeit soll es sogar vereinzelt schon türkische

Hochzeiten geben, bei denen dem Brautpaar statt Geldscheinen Eintrittskarten fürs Hänneschen-Theater ans Revers gesteckt werden. All das weiß ich. Und ich weiß auch, dass man sich nicht als Kölner bezeichnen darf, wenn man nicht wenigstens einmal im Leben Tünnes und Schäl mit einem Stock im Arsch über die Bühne hat hüpfen sehen. Ja, ich weiß. Ich weigere mich trotzdem. Ich will nicht. Aber das Hänneschen-Theater ist trotzdem ein Grund für mich, Köln zu lieben. Weil ich weiß, dass die Kölner es lieben. Und weil ich die Kölner liebe, habe ich es dann halt auch ein bisschen lieb. Selbst, ohne es jetzt näher kennengelernt zu haben. Aber wer weiß, wenn mich jemand ganz, ganz lieb fragt, komm ich ja vielleicht mal mit.

Weil man in Köln die entspanntesten Aussichten hat

Klar, die beste Aussicht von ganz Kölle hat man natürlich vom Kölner Dom aus … Nachteil: Man sieht den Dom nicht.

Wie aber schon die Bläck Fööss im Spanienlied (*Et Spanien Leed*) zu berichten wussten, ist »die Aussicht op dä Dom« weitaus wichtiger für den Kölner als die vum Dom. Was soll er da auch schon Tolles sehen? Mit etwas Glück seinen Balkon. Aber sonst?

Will man also einen Überblick über seine Stadt *inklusive* Dom haben, muss man sich Alternativen suchen. Was tun? Der Colonius ist dicht, vom Kölnturm sieht man zu viel von der Schäl Sick und auf dem KölnTriangle (noch mal für die Kölner: Das ist das hohe, runde Gebäude drüben auf der Schäl Sick) steht man hinter einer Glaswand.

Da bleibt nur eines: erst mal entspannen. Das macht man hier sowieso sehr gerne. Will man dabei »die Aussicht op dä Dom« nicht missen, besucht man vorzugsweise zwei Lokationen.

Kölns höchstgelegener Strand hat die perfekte Lage für gestresste Schildergassen-Shopper. Wenige Meter von der wuseligen Einkaufszone kann man auf dem Dach des ARAL-Parkhauses die müden Füße von feinstem Strandsand massieren lassen. Sky Beach ist vor ein paar Jahren vom höher gelegenen Dach des Kaufhof-Parkhauses in die Cäcilienstraße gezogen. Dadurch hat die Rundumsicht zwar ein klein wenig gelitten, Kölns wichtigstes Bauwerk ist von dort allerdings gut zu erkennen. Auch noch durch die dunkelsten Sonnenbrillengläser.

Der Vorteil des Umzugs: Der Wind fegt den Sand nicht mehr so wild über den Strand. Speziell surfbrettaffine Chiller werden das begrüßen. Wuchs doch früher mit jedem Windstoß das Bedürfnis, das Brett zu schnappen und sich in die Wellen zu stürzen. Was ja nun mal nicht geht in Köln. Die Folge: innere Unruhe. An Entspannung war nicht zu denken. Das ist jetzt anders. Chillige Beats blubbern über Liegestühle, Strandkörbe oder Hollywoodschaukeln und bringen den Puls von Schildergassen- auf Sonnenuntergangsniveau. Samstags legt ein DJ auf, und wer den Strand für sich ganz allein haben will, kann ihn auch anmieten. Dafür muss man wahrscheinlich etwas tiefer in die Tasche greifen als für die zwei Euro Eintritt, ist aber dann auch ein von allen Geburtstags- oder Hochzeitsgästen bewunderter Gastgeber. Damit man nicht vor verschlossener Aufzugstür steht, sollte man vor einem Besuch auf der Website, Facebook oder Twitter vorbeischauen. Geöffnet ist nämlich nur bei schönem Wetter. Was ja irgendwie auch Sinn macht. Von Liegestuhl-Reservierung per Handtuch ist abzusehen.

Noch aussichtsreicher, weil mit fast ungestörtem 360-Grad-Blickfeld, ist die Sky Lounge auf dem Dach von Kölns entspanntestem Hotel, dem Savoy in der Turiner Straße. Lediglich das Häuschen mit dem Liftantrieb versperrt die Sicht auf eine wenig interessante Häuserzeile. Ansonsten kann man von seinem schicken Lounge-Sessel aus fast alle Gebäude raten, die dem Kölner heilig sind. Natürlich auch den Dom. Den kann man sogar fast anfassen, hat man gaaaaanz lange Arme. Das Savoy liegt quasi ums Eck vom Kölner Heiligtum. Die Öffnungszeiten sind natürlich auch hier vom Wetter abhängig. Einfach an der Rezeption fragen. Wenn geöffnet ist, wird dort oben auch stilechtes Barbecue zubereitet. Nicht unbedingt zu Pommesbuden-Preisen, aber trotzdem sehr lecker. Hat man mir berichtet. Leider korrespondierten die Kölner Wetterlage 2013 und mein Terminkalender nicht wirklich miteinander, sodass ich mich nicht selbst davon überzeugen konnte. Da das Essen im Savoy grundsätzlich gut ist, glaub ich mal den Berichterstattungen. Ah, fast vergessen. Das Meer, das dem Strand im Sky Beach fehlt, finden Sie im Savoy. Zumindest ein Stück davon. Trinken Sie viel Wasser, wenn Sie dort sind, und nutzen Sie dann die Herrentoilette im Empfangsbereich. Steht man am Pissoir, blickt man auf ein großes Meerwasseraquarium mit den zugehörigen Bewohnern. Und: Ja, ich habe auch schon Frauen dort erwischt, die fasziniert das Unterwassertreiben beobachteten.

Alt und Jung verstehen sich gut in
Köln – Museum Ludwig und der Dom.

Kapitel 5

COOLE KULTUR

Weil Kultur hier nicht elitär ist

Wir schreiben das Jahr 56 n. Chr. Da sitzt ein Ubier an der Rheinpromenade auf der Schäl Sick und kuckt lächelnd, voll tiefem inneren Frieden auf einen leeren Hügel auf der anderen Rheinseite.
Nicht wissend, dass dort irgendwann mal der Dom stehen wird,
fragt er sich gerade, woher wohl dieses Glücksgefühl beim Anblick
des Hügels kommen mag, da reißt ihn eine Stimme aus den Gedanken: »Hallo, Ubier, das ist ja mal ein Panorama hier. Darf ich
mich zu dir setzen?« Er dreht sich um und vor ihm steht Agrippina,
die Frau des römischen Kaisers. – »Ävver sicher dat«, antwortet
der Ubier. »Do bes doch dat Agrippina, die Madam vum Kaiser,
oder?!?« – »Ja«, bestätigt Agrippina, setzt sich zu ihm und seufzt.
Mitfühlsam, wie der Ubier nun mal so ist, meint er: »Wat es? Wat
deit dich dröcke dunn, Mädche? Erus domet.« Klagt Agrippina:
»Ach, weißt du, Ubier, ich fahr am Samstag nach Rom zum Shoppen und ich werde diesen Anblick hier unglaublich vermissen.« –
»Dat jläuv ich, su jet jit et söns nirjens op d'r janze Welt«, nickt der
Ubier mit Blick auf sein Colonia. Da kommt Agrippina eine Idee:
»Ubier, willst du mir nicht ein Bild davon malen. Das könnte ich
dann in meinem Cubiculum aufhängen.« – »Mohle? Ich?«, wundert
sich der Ubier. »Ja, warum nicht. In jedem Menschen steckt ein
Künstler. Versuch's doch mal. Ich komm morgen vorbei und hol mir
das Bild ab.« – »Ald morje? Unger su ne Druck kann ich nit arbigge.
Ävver övvermorje.« – »Na gut, dann übermorgen.«

Gesagt, getan. Der Ubier schlachtet ein Schaf, spannt die Haut
auf eine Staffelei und malt das Panorama Colonia. Und jeder, der
vorbeikommt, sagt: »Wow. Toll.« – Auch Agrippina ist begeistert,
als sie das Bild abholt. Der Ubier hat jedes einzelne Haus, den
Hafen, den Rhein perfekt abgebildet. »Nur eine Frage hab ich«,
wundert sich die Kaiserin. »Warum hast du da auf dem Hügel die

beiden Türme hingemalt? Der ist doch leer?!?« – »Kein Ahnung«, entgegnet der Ubier. »Dat kom so övver mich. Jefällt et d'r net?« Meint Agrippina: »Doch. Im Gegenteil. Es gibt dem Ganzen noch das gewisse Etwas. Das Tüpfelchen auf dem I. Ihr solltet vielleicht was da hinbauen.« – »Baue?!? Mir Ubier? Baue? Dat kann dauere …«, entgegnet der Ubier.

Agrippina gibt ihm einen Sack voll Münzen, lässt sich noch ein Autogramm aufs Bild malen und reist zufrieden nach Rom. Mit einem sehnsuchtsvollen Lächeln im Gesicht hängt sie ihr geliebtes Panorama Colonia im Cubiculum auf. Und dort würde es noch heute hängen, hätte ihr missratener Sohn nicht die Stadt angezündet. Der Ubier aber wird ein bekannter Künstler und muss fortan jeden Tag ein Bild vom Panorama Colonia malen. Mit Autogramm.

So oder so ähnlich wurde eventuell das Interesse der Kölner an der Kunst geweckt. Kunst und Kultur gehören seit Jahrhunderten zu dieser Stadt wie Kölsch und Kabänes. Und weil man hier so gerne lacht, ist man vor allem der avantgardistischen Kunst gegenüber sehr aufgeschlossen. Kaum eine andere Stadt in Deutschland kann mit so vielen Galerien angeben wie Köln. Aus dem »Kunstmarkt«, der hier erfunden wurde, entwickelte sich die älteste Kunstmesse der Welt, die Art Cologne. Cologne Fine Art und Art.fair 21 folgten. Die Kölner Oper ist eines der führenden internationalen diesbezüglichen Häuser. Die Philharmonie lockt mit ihren unvergleichlichen Akustik-Stars aus Klassik, Jazz, Folk und Pop an.

Die Kunst lebt in Köln. Auch und vor allem fernab von Art Cologne, Museum Ludwig und den zahlreichen Galerien. Was man woanders als Subkultur bezeichnet, ist hier der Alltag. Köln ist kreativ. Pro Tag entstehen, übern Daumen geschätzt, 200 neue Projekte und 834.000 Ideen für Projekte. Wohin man auch geht, man entkommt ihnen nicht.

Die Kölner Bucht ist Auffangbecken für Künstler jeglichen Genres. Hier begegnet man den bunten Hunden aus all den Hochsauerland-Dörfern, der niedersächsischen Provinz und den gesamtdeutschen Klein- und Großstädten, in denen gutes Aussehen wichtiger ist als gutes Leben. Hier finden sie die Toleranz, die sie zur freien Entfaltung ihrer künstlerischen Persönlichkeit brauchen. Hier treffen sie auf Gleichgeschaltete aus England, Frankreich, Belgien, Afrika, Südamerika, den USA, Neuseeland, Japan, Korea und dem Saarland. Sie malen, hauen Bild, schaffen neue Musik, faszinieren mit Multimediawerken, spielen Schau, machen lachen und/oder Literatur. Ohne sich erst mal um den kommerziellen Erfolg zu scheren. Schließlich hat man ja den Taxi-Schein gemacht. Man kennt sich untereinander, beeinflusst sich gegenseitig. Befreit von jeglichem Konkurrenzdenken entstehen gemeinsame Projekte in Eigeninitiative. Und die Kölner danken es ihnen. Er zollt dem Künstler Respekt. Selbst die wildesten Werke werden. In Köln kann jeder Künstler überleben. Und sei er auch noch so arm.

GRUND NR. 42

Weil hier vieles Banane ist

Graffiti-Künstler und Sprayer, die sich als solche bezeichnen, aber lediglich »Carolin isch liehbe disch« hinbekommen, gibt's so viele, wie es leere Wände gibt. Aber nur einer hat mit seiner Spray-Kunst so viel für die weltweite Bekanntheit seiner (Wahl-)Heimatstadt getan wie Thomas Baumgärtel, der »Bananensprayer«. Als ich 1993 nach Köln kam und während einer nächtlichen Kneipen-Tour an einer seiner Bananen vorbeilief, dachte ich: Mein Gott, die Kölner Revoluzzer … Etwas Besseres als 'ne Banane fällt ihnen wohl nicht ein? – Damals war ich mir ja noch nicht darüber bewusst, dass ich von bildender Kunst keine Ahnung habe, befand mich allerdings in guter Gesellschaft. Denn als Baumgärtel 1986 seine ersten Bananen an die Fassaden von Kunstgalerien sprühte, hagelte es Proteste, Verhaftungen und Strafanzeigen.

Heute ist Baumgärtel ein anerkannter Vertreter der Pop-Art, der weitaus vielseitiger ist, als seine Banane vermuten lässt, obwohl die mehlig-süße Südfrucht immer im Zentrum seiner Werke steht. Zum Beispiel bei der sogenannten »Dombanane«, einer 14 Meter langen und vier Tonnen schweren Fruchtstatue, die er 1998 dem Kölner Dom zu seinem 750. Geburtstag vor die Tür legte. Seine Sprüh-Banane ist mittlerweile zum begehrten Gütesiegel für Museen und Galerien geworden. Ja, sogar zum inoffiziellen Logo der Kunstszene. Und zwar rund um den Globus. Dem kunstinteressierten Köln-Besucher sei also gesagt: Überall dort, wo die Banane an der Wand prangt, lohnt sich ein Besuch. Wobei ich das dem Kunstinteressierten eigentlich nicht zu sagen brauche, denn der weiß das ja.

Aber auch weniger Kunstbeflissene können sich an Baumgärtels Lebenswerk erfreuen. Einfach so. Zum Beispiel wenn man sich mal verlaufen hat und auf der Suche nach dem Dom in eine der wenigen dunklen Ecken der Innenstadt geraten ist. Der Stadtplan: nutzlos. An den entscheidenden Kreuzungen fehlen die Straßennamensschilder. Kalter Schweiß tropft von der Stirn. Bis man dann, an einer ansonsten grauen Fassade, die Banane entdeckt und eben keinen Totenkopf wie in anderer Städte dunklen Ecken. Augenblicklich verschwindet die Angst, weicht dem angenehm entspannten Gefühl der Sicherheit. Bilder tauchen auf. Aus der Kindheit vielleicht. Man fühlt sich sofort an zu Hause erinnert. An Weihnachten womöglich. Den mit Engelchen und Sternen bedruckten Pappteller, angefüllt mit Keksen, Orangen und eben einer Banane. Oder an den Mauerfall. Was ja auch ein schöner Moment war.

Wer sich dafür bei Thomas Baumgärtel mal persönlich bedanken will, der sollte sich nach Mülheim begeben und den Rhein hinabwandern. Irgendwann findet man dort sein Atelier. Und wahrscheinlich auch ihn, falls er nicht gerade irgendwo vor Kreativität sprüht.

Abschließend muss ich noch erwähnen, dass es natürlich auch dunkle Ecken in der Kölner City gibt, an denen man keine beruhigenden Sprüh-Bananen findet. Allerdings sind die dunklen Ecken dort nur deshalb dunkel, weil sie im Schatten des Doms liegen. Und das mit den fehlenden Straßennamensschildern an manchen Kreuzungen ist auch nicht böse gemeint. Man geht einfach davon aus, dass jeder weiß, dass alle Wege zum Dom führen.

Weil man hier parkende Autos ungestraft einbetonieren darf

Ich gestehe: Als ich den Klotz zum ersten Mal sah, dachte ich, es sei eine übrig gebliebene Panzersperre. Die letzte Bastion des totalen Krieges, die von den alliierten Befreiern beim Einmarsch übersehen wurde. Von den Stadtvätern erhalten als Mahnmal gegen den Kriegswahnsinn, um das herum die Stadt wieder aufgebaut wurde. Möglicherweise sogar nach dem Vorbild dieses dunkelgrauen Betonkarrees. Erst Jahre später wurde mir bewusst, welch ein Kretin ich bin.

Bei der 15 Tonnen schweren Beton-Plastik, die seit 1989 auf dem Mittelstreifen des Hohenzollernrings zu bewundern ist, handelt es sich nämlich um ein über die Grenzen Kölns hinaus bekanntes Kunstwerk des Kölner Malers, Bildhauers und Aktionskünstlers Wolf Vostell. Gut, Wolf Vostell ist eigentlich Leverkusener, aber wenn es um das Wohl seiner Stadt geht, adoptiert der tolerante Kölner auch schon mal Menschen aus der eher ungeliebten Nachbarstadt. Sofern sie nicht vorher bei Bayer Fußball gespielt haben. Zudem wohnte Vostell bis 1971 in der Domstadt.

Nun kann man sich fragen: Hat Vostell seine Wahlheimat etwa gar nicht geliebt oder warum stellt er so 'n hässliches Ding dahin? – Das Gegenteil ist der Fall. Wie wir ja gelernt haben, war Köln schon immer eine Stadt, die revolutionär denkenden Künstlern

Platz für die Umsetzung ihrer wilden Ideen bot. Denn der Kölner an sich denkt ja auch schon mal gerne quer und freut sich, wenn dann jemand kommt und derartige Gedanken auch umsetzt. Zumindest der Teil der Bevölkerung, der sich in erster Linie um die kommenden Kölsch-Preiserhöhungen sorgt. Der andere Teil zeigte sich damals 1969, als Vostell seine Plastik »Ruhender Verkehr« installierte, eher echauffiert. Wenn man den Hintergrund des Werkes kennt, weiß, was unter der Betondecke steckt, und zudem noch, wo das Kunstwerk ursprünglich seinen Platz hatte, kann man die Aufregung vielleicht sogar nachvollziehen. Zumindest die der Anwohner in der engen Domstraße.

Dort parkte Vostell nämlich seinen gebrauchten, noch fahrtüchtigen Opel Kapitän L mit dem amtlichen Kennzeichen K-HM 175 vorschriftsmäßig in einer freien Parklücke. Anschließend ließ er ihn von Baufachleuten verschalen und schließlich mit dem mehrfach erwähnten Stahlbeton übergießen. Am 11. Tag der Aktion stellte Vostell eine Parkuhr neben das Werk und ließ die Verschalung entfernen. Fertig war das Werk mit »idealer gesellschaftlicher Relevanz«. Vostell wollte mit dem »eingefrorenen Auto mitten zwischen den verkehrstüchtigen« das »alogische Element« ins Bewusstsein rufen. Ob er den Zeitraum der Arbeit wegen der besonderen Beziehung der Kölner zur Zahl Elf gewählt hat, ist bis heute nicht geklärt.

Selbst wenn es so gewesen wäre, hätte es jedoch kaum dazu beitragen können, die aufgebrachten Domstraßen-Bewohner zu beruhigen. Wie gesagt, die Domstraße ist relativ schmal. Der Opel Kapitän L der Baujahre 59 bis 63, um den es sich hier handelt, konnte alleine schon mal mit einem Radstand von 2,80 Metern aufwarten. Gehen wir mal von einer circa zehn Zentimeter dicken Betonschicht auf jeder Seite aus, sind wir schon bei 3,00 Metern. Das ist breiter als ein UPS-Lieferwagen. Man beruhigte sich erst, als sich herausstellte, dass die Plastik auch in anderen Städten ausgestellt werden sollte.

So fand sie dann erst 20 Jahre später über den Umweg Paris und Berlin wieder nach Hause. Um weitere Aufregungen unter der Bevölkerung zu vermeiden, entschied der durchaus kunstoffene Stadtrat, sie auf besagtem Mittelstreifen endzulagern. Dort stört sie seitdem niemanden mehr, irritiert höchstens noch den uninformierten Besucher oder Neu-Kölner.

Wolf Vostell verließ Köln 1971 etwas angezickt, weil er sich in der Domstadt nicht genügend gewürdigt und unterstützt fand. Seine letzte Idee, die Kunstmetropole Köln noch außergewöhnlicher zu gestalten, war sein Beitrag zur Diskussion um den Neubau für die Sammlung Ludwig. Vostell wollte das Museum in Form einer durchsichtigen Luftpumpe an die Hohenzollernbrücke hängen. Der Ventilansatz der Luftpumpe sollte als Projektor gestaltet sein, mit dem die Bilder des Museums auf die Wolkendecke über Köln projiziert werden. – Und somit endet dieses Unterkapitel auch, wie es begonnen hat. Mit einem Geständnis. Ich gestehe, ich hätte das gerne gesehen und finde es sehr schade, dass die sprichwörtliche Toleranz der Kölner hier doch ihre Grenzen fand.

GRUND NR. 44

Weil Köln den HA-Effekt hat

Heute ist der Tag der Geständnisse. Es ist vielleicht ein bisschen spät dafür, aber vielleicht haben Sie es auch schon so bemerkt: Ich habe keine Ahnung von bildender Kunst. Deshalb überlasse ich diesbezügliche Kritiken oder Ehrungen Kölner bildender Künstler lieber anderen Kollegen. Gebildeteren. Allerdings kann ich, wie jeder andere auch, sagen, ob mir ein Kunstwerk gefällt oder nicht und ob es meiner Ansicht nach dazu beiträgt, Köln noch liebenswerter zu machen. Das ist, wie ich glaube, dem Mann gelungen, der dieser Stadt ein Auto und eine Weltkugel geschenkt hat: HA Schult.

Seit 1990 lebt der in Parchim geborene Aktionskünstler in Köln. Ein Imi also, den manche Kölner gerne als einen der Ihren bezeichnen. Immerhin trägt er mit seinen spektakulären Arbeiten dazu bei, das Image Kölns als Zentrum avantgardistischer Kunst weltweit zu festigen, selbst wenn nur wenige Kölner alle seine Werke kennen. Stellvertretend seien hier die »Trash People« genannt. Das sind 1.000, aus Schrott gepresste, 1,80 Meter große Figuren, die sich seit 1996 auf ihrer Reise um die Welt befinden. In Containern, nehme ich an. Der exotischste Ausstellungsort war sicherlich 2011 die Antarktis. Wobei dem aufmerksamen Kölner die »Trash People« mit Sicherheit nicht entgangen sind, als sie 2006 den Roncalliplatz vor dem Dom bevölkerten. Aber nun sind sie halt weiter unterwegs und somit aus dem Sinn. Es gibt Wichtigeres im Gedächtnis zu behalten. Zum Beispiel der letzte Sieg des FC gegen Gladbach im Jahr 2008 oder eben die beiden Installationen von Schult, die der Stadt Köln erhalten blieben und die alle beide durchaus zum Zweitwahrzeichen neben dem Dom taugen. Dem bereits ausführlich beschriebenen goldenen Flügelauto auf dem Turm des Städtischen Museums ist das vielleicht sogar schon gelungen. Mit an Sicherheit grenzender Wahrscheinlichkeit (!) wäre es jedoch schon lange von Schults schönster Arbeit überflügelt worden, wenn die Stadtväter nicht die Ansicht vertreten würden, dass *ein* Wahrzeichen für die Stadt genügt.

Die Rede ist von der Weltkugel. Ein tonnenschwerer Globus mit circa acht Metern Durchmesser. Gefertigt aus einem Stahlgerüst, das die Längen- und Breitengrade darstellt, überzogen mit bunten Neon-Leuchten in Form der Kontinente. Dort, wo sich die Koordinaten von Köln befinden, ragt ein überdimensionaler Neon-Mensch hervor, der große Ähnlichkeit mit dem wartenden Ampelmännchen aufweist. 1996 wurde die Kugel mit Hilfe eines Helikopters auf dem 70 Meter hohen Pylonen der Severinsbrücke installiert, wo sie dem einfahrenden Besucher speziell nachts eindrucksvoll vermittelte: »Wunderschönen guten Abend, lieber Köln-Besucher.

Du fährst hier gerade in den bunt-schillernden Nabel der Welt. Viel Spaß dabei!« Die Weltkugel war unübersehbar. Ein perfekter Platz für ein perfektes Kunstwerk.

Aber wie so vieles, was dem Kölner sein Stadtbild verändert, so löste auch die Weltkugel an ihrem Standort heftige Diskussionen aus. Und wieder war die Bevölkerung in zwei Lager geteilt. Die einen wollten »dat Dingen weg«, weil es die Brücke verschandelt, die anderen wollten lieber die drohende Kölsch-Preiserhöhung verhindern. Friede kehrte erst ein, als im Jahr 2000 der Vertrag zwischen der Stadt Köln und HA Schult auslief. Der Stadtrat ergriff die Chance, lehnte eine Verlängerung ab und argumentierte mit anfallenden Kosten, Verkehrssicherheit und Denkmalschutzgründen.

Die Kölner Bürgerschaft war zwar nun wieder vereint, dafür drohte ein wütender HA Schult, der Stadt für immer den Rücken zu kehren, sollte sein Kunstwerk für ebenso immer in den Katakomben der Stadtwerke verrosten.

Zum Glück konnte das verhindert werden. Und wer hat das verhindert? Nein, nicht die Schweizer. Es war die »Sterbekasse der Beamten und Arbeiter im Bezirke der Königlichen Eisenbahndirektion zu Breslau«. So hieß nämlich bei ihrer Gründung die DEVK Versicherung. Diese einigte sich mit Stadt und Künstler und ließ das Werk schließlich auf dem Dach ihrer Kölner Zentrale anbringen. Linksrheinisch etwas außerhalb des Zentrums, in der Nähe der Zoobrücke. Von dort verbreitet die Weltkugel nun ihre Botschaft dem verkehrsgerecht 80 km/h fahrenden Autofahrer, der mal über den Brückenrand hinausschauen will. Zwar nicht mehr ganz so vehement, aber immer noch sehr eindrucksvoll.

Böse Zungen behaupten übrigens, dass HA Schult zu dieser Arbeit von der fülligen Figur seiner damaligen Muse, Elke Koska, inspiriert wurde. Was natürlich Quatsch ist. Ich habe die Behauptung nur aufgestellt, um auf Frau Koska zu kommen. Huldigt man HA Schults Arbeit, so darf sie nicht unerwähnt bleiben. Elke Koska war bis 2001 mit Schult liiert und unterstützt ihn auch weiterhin bei Organisation und Planung seiner Aktionen. Frau Koska mag es bunt, und sie mag Blumen. Kurz: Sie hat durchaus Ähnlichkeit mit einer wandelnden Bundesgartenschau. Sie zieht mehr Blicke auf sich als alle Models einer Staffel von *Germany's Next Topmodel* zusammen und nimmt auch ähnlich viel Platz ein. Trotzdem wäre es wohl nicht ganz fair, zu behaupten, sie wäre deshalb aus ihrer Wohnung in der Deutzer Brücke in eine 300 Quadratmeter große Halle im Rodenkirchener Industriegebiet gezogen. Nein, vielmehr teilt sie ihre Wohnung mit Abertausenden von Möbeln, Teekannen, Blumen und wechselnden Hunden aus Tierheimen oder Versuchsanstalten, denen sie einen schicken Lebensabend bereitet.

Frau Koska ist selbst ein Kunstwerk und man kann sie getrost als Kölner Original Dortmunder Herkunft bezeichnen. Ja, auch wenn ich mich wiederhole, aber Köln zieht nun mal Menschen wie sie magisch an, denn die Kölner akzeptieren auch das Bunte im Mitmenschen. Und am.

Weil man hier manchmal
ein ganz schönes Theater macht

Wer in Köln einen Freundeskreis hat, der über den Friseur hinausgeht, der zählt mit ziemlicher Sicherheit auch einige Schauspieler dazu. In Deutschland gibt es zwischen 20.000 und 25.000 Schauspieler. Gefühlt die Hälfte davon lebt und arbeitet in Köln. Diejenigen von ihnen, die keinen Job als Kurierfahrer, Kellner oder Friseur bekommen, arbeiten überwiegend in einem der zahlreichen freien Theater. Auf den subventionierten Bühnen ist halt nun mal nicht genug Platz für alle. Und das ist auch gut so. Denn nur so entsteht eine kreative freie Theaterszene, frei vom Druck, den Sitzkissen-Abonnenten Honig ums Maul spielen zu müssen. Wobei ich der Ehrlichkeit halber auch erwähnen muss, dass die Plätze im Ensemble des Schauspiels Köln nicht nur wegen der Sicherheit des Einkommens begehrt sind. Das Theater wurde in den Spielzeiten 2009/10 und 2010/11 von Kritikern zum besten Theater in der Kategorie »Überzeugende Gesamtleistung« und 2011 gar zum »Theater des Jahres« gewählt.

Dagegen ist für ein freies Theater natürlich nicht so leicht anzukommen. Und doch gelingt es einigen immer wieder mit Kreativität, Experimentierfreude und ungewöhnlichen Inszenierungen von Klassikern, ihr Publikum zu gewinnen.

Der eingebildete Kranke war das erste Stück, das ich im Bauturm Theater gesehen habe. Eine sehr flotte, dem Comedy-Trend der 90er folgende Inszenierung von Klaus Prangenberg. In der Hauptrolle eine faszinierende – frisch von der Schauspielschule kommende – Annette Frier. Dank großartiger Schauspieler und Regisseure gelingen dem Bauturm Theater immer wieder kommerziell erfolgreiche Produktionen. Die Komödie *Frau Müller muss weg* zum Beispiel ist seit über zwei Jahren ausverkauft.

Den eher experimentellen Weg beschreitet man auf der Studiobühne, dem Theater der Universität Köln. Das älteste Universitätstheater Deutschlands. 1920 eröffnet, entwickelte es sich in den 1960ern weg vom reinen Aufführungsort für darstellende Künste hin zum Aktionsfeld für Projektarbeiten und experimentellen Multimedia-Werken. Künstler und Zuschauer sollen hier zu einem Blick über die eigenen Grenzen hinaus ermuntert werden. Im Programm sind Eigenproduktionen des studiobühne.ensemble, Gastspiele nationaler und internationaler Theatergruppen und das jährlich stattfindende binationale Festival Theaterszene Europa.

Die Studiobühne ist auch Heimat zahlreicher freier Theater-Gruppen. Darunter die Theater- und Performancegruppe ANALOG. 2004 fanden sich um den Regisseur und Schauspieler Daniel Schüßler Künstler mit dem Ziel zusammen, die Kölner mit spartenübergreifenden politisch-utopischen Performances, Aktionen und Theaterinszenierungen für sich zu gewinnen. Es ist ihnen gelungen. Mit einer ganz eigenen Ästhetik. Mit gewaltigen Bildern, der aktiven Auseinandersetzung mit verschiedenen Kunstformen wie Schauspiel, Musik, Video, Film und Tanz. Aufwühlend für Darsteller wie Zuschauer gleichermaßen.

Natürlich kann man sich noch von vielen weiteren Gruppen der freien Theaterszene in Köln aufwühlen lassen, ich möchte abschließend aber lediglich zwei Theater erwähnen, weil sie noch eine Besonderheit für mich darstellen. Zum einen das COMEDIA Theater, in dem recht aufwendige Produktionen für Kinder und Jugendliche aufgeführt werden. Und das Theater Der Keller. Das Keller-Theater zählte über viele Jahre zu den unter den Schauspielern beliebtesten. Die angeschlossene Schauspielschule hatte den besten Ruf in der Szene. Im Oktober 2012 konnte eine Insolvenz gerade noch verhindert werden. Derzeit immer noch gefährdet ist es seit Kurzem unter neuer Leitung, und es bleibt zu hoffen, dass dieses kleine legendäre Stück Kultur der Stadt in alter Qualität erhalten bleibt.

Puh, geschafft. Das Problem bei diesem Thema: Ich mag experimentelles Theater. Ich mag, was zwischen Performer und Zuschauer passiert. Beide gehen an ihre Grenzen. Ich mag es, mich zu fragen: Was will man mir hier sagen? Und ich mag es, was diesbezüglich in dieser Stadt passiert. Allerdings – dem aufmerksamen Leser ist das sicher nicht entgangen – hab ich keine Ahnung davon. Okay. Weiter.

GRUND NR. 46

Weil auch mal die ganze Stadt
ein einziges Hotel sein kann

Natürlich gibt es auch Schauspieler, Regisseure und Autoren in Köln, denen es selbst im freien Theater zu eng geworden ist. Gefunden haben sie sich in dem 2003 von Oliver Krietsch-Matzura und

Malte Jelden gegründeten Verein DRAMA KÖLN e. V. Das Konzept: Theater sollte nicht vor festgeschraubten Stuhlreihen stattfinden, sondern in ganz Köln. Anfangs ging man in sogenannte temporäre theatrale Zonen: leerstehende Büros und Hallen, Galerien oder 2004 aufs Dach des Hotels Crown Plaza am Rudolfplatz. Ich fand damals Platz auf einem der alten Sofas und war von dem Konzept ziemlich fasziniert. Man war Teil des Stückes, saß quasi mitten auf der Bühne in der Deko. Und das auch noch mit Domblick, Kölsch und Aschenbecher. Eine spannende Art der Kommunikation zwischen Künstlern und Kölnern.

Die Aufführungsorte sind nicht einfach nur Kulisse. Sie greifen in das Geschehen ein, beeinflussen es, verändern den Inhalt. Der Zuschauer wird Teil des Stückes, das mal speziell auf den jeweiligen Ort zugeschrieben, mal an einer Rahmenhandlung entlang improvisiert ist. 2007 stieß die in Hamburg geborene Regisseurin Philine Velhagen dazu. Ihrem Einfluss haben wir zu verdanken, dass wir den Schauspielern von DRAMA KÖLN unvermutet auch mal auf der Straße, auf Plätzen, im Hauseingang oder gar in der eigenen Wohnung begegnen können. Unter Philines Einfluss, ja, ich darf Philine sagen, wurde der Begriff »Theater« weiter ausgedehnt. Die Projekte bewegen sich weg von der bloßen Inszenierung von Stücken hin zur Interaktion mit den Bürgern.

2008 stellte man sich die Fragen: Welche Wünsche haben die Kölner? Was sagen die Wünsche über die Stadt, ihre Vergangenheit, Gegenwart und Zukunft aus? Sind Kölner Wünsche einmalig? Oder sind sie wie überall?

Man sammelte diese Wünsche zwei Monate lang auf Wochenmärkten, vor Schulen, auch neben dem größten Bordell Europas. Ein Autorenteam machte daraus Reden an die Öffentlichkeit, die ein Hase (Kostüm natürlich) mit Megafon an öffentlichen Plätzen Kölns hielt.

»We watch you watch« – eine meiner Lieblingsaktionen – ließ die Gedanken der Passanten laut werden. Die mit Kopfhörern ausgestatteten Zuschauer saßen am Chlodwigplatz. Schauspieler improvisierten die Gedanken vorbeigehender Passanten, sodass eine harmlos aussehende Einkaufstüte mit Blumenkohl auch schon mal Spekulationen über die Entsorgung des abgetrennten Kopfes eines untreuen Ehemanns zuließ.

Im Gespräch verrät mir Philine, wie gesagt Hamburgerin, in München studiert, dass ihrer Ansicht nach in keiner anderen Stadt so ein Projekt wie DRAMA KÖLN derart erfolgreich sein könnte. Der Grund: Die Kölner sind bereit, Neues zu akzeptieren. Ich nicke und denke an Artikel 5 des Kölschen Grundgesetzes: Et bliev nix, wie et wor. Was so viel bedeutet wie: Sei offen für Neuerungen.

Ob das auch auf die aktuelle Aktion HOTEL KÖLN zutreffen wird oder ob selbst der neugierige Kölner hier sagt: »Artikel 9 – Wat soll dä Käu?«, wird sich erst herausstellen, wenn sich dieses Buch bereits im Druck befindet.

Die Idee: Die ganze Stadt ist ein Hotel. Es gibt eine feste Rezeption, an der man seinen Wohnungsschlüssel abgibt. Dafür erhält der Gast den eines anderen Kölners. Geplant ist, dass 600 Kölner für ein, zwei oder drei Tage ihre Wohnungen tauschen. Vielleicht trifft man sich sogar in der mobilen Hotelbar, dem mobiilen Hotelfriseur, oder der mobilen Hotelboutique, die sich an wechselnden Orten in der Stadt befinden, und tanzt zur Live-Musik.

Der Gedanke dahinter: Theater ohne Schauspieler. Die Kölner selbst sind die Darsteller und die Geschichte dazu passiert im Kopf, sobald man durch die längsten Hotelflure, die je ein Hotel besaß, flaniert und schließlich die fremde Wohnung betritt.

Ich finde es sehr spannend und werde meinen Schlüssel abgeben. Ob die Aktion jetzt unbedingt die Arbeitsmarktlage für Schauspieler zwingend verbessert, steht natürlich auf einem anderen Blatt. Obwohl, da hier ja eh jeder zweite Schauspieler ist …

Weil hier was mit Medien gemacht wird

Konrad Adenauer ist schuld. Ob mit Absicht oder rein zufällig kann ich nicht sagen. Jedenfalls holte er 1928 die Pressa nach Köln, eine sechs Monate dauernde Journalistenausstellung. Offenbar hat's den Herrschaften hier so gut gefallen, dass sie nicht mehr weg wollten. Köln ist die wichtigste Medienstadt Deutschlands geworden (erneutes Hurra, schon wieder ein Grund, stolz zu sein).

Sechs TV-Sender, darunter der größte private sowie der größte öffentlich-rechtliche, vier Radiostationen, fünf Zeitungs-, 17 Zeitschriftenverlage und 15 Online-Nachrichtendienste sitzen in Köln. Dazu kommt noch der »Schwarze Brad«, ein öffentlicher Ausrufer, sowie kaum noch zählbare Produktionsfirmen und Agenturen. In den Studios des Coloneum werden internationale Kino-Produktionen hergestellt. *Pinocchio, Die fabelhafte Welt der Amélie, Der Medicus, A dangerous method, Hindenburg, Der Vorleser*: Durch all diese Filme weht ein Hauch von Köln-Ossendorf. – Über 55.000 Menschen sind hier in der Medienbranche tätig. Der Rest arbeitet in der Zuliefererindustrie. Also als Köbes im Brauhaus oder beim Pizzadienst.

In Köln wurde und wird Fernsehgeschichte geschrieben. Manchmal sogar ohne Autoren. *Der Preis ist heiß, Familienduell, Der heiße Stuhl, Ilona Christen, Bärbel Schäfer, Familien im Brennpunkt, Richterin Barbara Salesch, Betrugsfälle, SoKo Köln, Big Brother, 50667 Köln, Verdachtsfälle, Privatdetektive im Einsatz, Alarm für Cobra 11* und, und, und … Die ganze bunte Welt, die aus ihrem Fernseher quillt, wird hier angemalt. Das hat Vor-, aber auch Nachteile.

Ein Nachteil ist zum Beispiel, dass man in der Schildergasse nicht einkaufen darf, bevor man nicht mindestens viermal seine Meinung zu einem tagesaktuellen Thema in die Kamera eines mobilen Reporterteams gesprochen hat. Vorsicht hierbei: Oft sind es Fangfragen, mit denen man sich dann bei Stefan Raab vor der Nation blamieren darf. Also genau nachdenken, bevor man antwortet. Besser noch: russisch sprechen.

Überwiegen tun jedoch die Vorteile: So spart zum Beispiel die Stadt eine Menge Strom. Da auch nachts an jeder zweiten Ecke eine Straßenszene für *Alarm für Cobra 11, Tatort Köln* oder *SoKo Köln* gedreht wird, hält man eine zusätzliche Straßenbeleuchtung zu Recht für redundant und lässt sie einfach aus. Die zahlreichen 40.000-Watt-Scheinwerfer reichen allemal.

Ein ganz großer Vorteil ist natürlich: Als normaler Einschaltquotenlieferant findet man zahlreiche Gelegenheiten, sich mal Auge in Auge bei den Verantwortlichen beispielsweise für das tolle TV-Programm zu bedanken, ihnen Anregungen für Verbesserungen zu geben oder sich direkt beim zuständigen Redakteur für die neue Castingshow zu bewerben. Medienvertreter mögen das und halten sich deshalb immer geballt an denselben Orten auf. So muss der TV-Fan nicht lange nach ihnen suchen. Das Feynsinn am Rathenauplatz ist so ein Ort. Oder der Salon Schmitz in der Aachener. Das Hallmackenreuther am Brüsseler Platz. Allerdings ändern sich diese Orte alle paar Jahre. Deshalb nachfolgend ein paar Hinweise, an denen man einen aktuellen Medientreff erkennt.

1. Die Gäste sitzen sich meist zu zweit an einem Tisch gegenüber. Einer hat eine Konzeptmappe vor sich liegen und redet auf den anderen ein. Der wiederum checkt währenddessen seine E-Mails auf iPhone oder Blackberry. Achtung: Auf die Smartphone-Version sollten Sie achten. Betrifft Ihr Anliegen ein privates TV-Programm, so wenden Sie sich an den/die iPhone-UserIn. Für Belange das öffentlich-rechtliche Programm betreffend, sprechen Sie die Herrschaften mit Blackberry an.

2. Ist es vor 14.00 Uhr, steht vor den Gästen ein Latte macchiato oder eine Bionade. Eventuell ein paar Kekse. Nach 14.00 Uhr Kölsch oder Rotwein. Eventuell ein paar Erdnüsse. *Achtung!* Sollten sie vor 14.00 Uhr einen einzelnen Gast an einem Tisch sehen, der

einen Rotwein vor sich stehen hat und mit verzweifeltem Blick alle paar Minuten sein Smartphone auf eingehende Nachrichten checkt, so handelt es sich um einen TV-Autor, der auf einen Auftrag wartet. Sprechen Sie ihn nicht an. Er kann nichts für Sie tun. Geben Sie ihm fünf Euro, damit er den Rotwein bezahlen kann.

3. Lauschen Sie ein wenig dem Gespräch. Jammert einer der Tischpartner, dass sich keiner mehr was Ungewöhnliches traut und die Verantwortlichen nur noch auf die Quote kucken, haben Sie es mit 90-prozentiger Sicherheit mit TV-Machern zu tun. Nicken alle anderen am Tisch auch dann noch zustimmend und trinken ihren Rotwein auf ex aus, handelt es sich bei dem Jammernden um den Unterhaltungschef eines Senders. Die anderen am Tisch sind freie TV-Produzenten.

4. Auf der ganz sicheren Seite sind Sie allerdings, wenn Sie bis zur Verabschiedung warten. Sagen beide: »Wir müssen dringend mal wieder was zusammen machen«, lassen Sie sie ziehen. Es sind ebenfalls TV-Autoren, die sich gerade für immer voneinander verabschiedet haben. Sagt aber einer von ihnen: »Ich ruf dich dann nächste Woche an«, handeln Sie. Das ist Ihr Mann. Er ist mit großer Wahrscheinlichkeit verantwortlich für die komplette Abendunterhaltung eines TV-Senders. Und er freut sich über jeden, der ihn direkt anspricht. Man kann ihn nämlich nur direkt ansprechen, da es sich bei seinem Smartphone um eine Attrappe handelt. Viel Erfolg beim Gespräch.

Zum Schluss lüfte ich jetzt noch das Geheimnis, warum sich Fremde in Köln so schnell wohlfühlen: Da hier so viele TV-Serien, Doku-Soaps und Scripted Entertainment-Formate gedreht werden, aber auf professionelle Schauspieler verzichtet wird, hat jeder Kölner Bürger bereits in vier bis sechs verschiedenen TV-Reihen mitgespielt. Läuft man also als Fremder durch diese Stadt, fühlt man sich auf Anhieb wie zu Hause, weil man die ganzen Gesichter aus dem eigenen Wohnzimmer kennt. So. Jetzt isses raus.

Weil hier der Ort ist, in dem Deutschlands
Sachen zum Lachen gemacht werden

Eigentlich hatte das Schicksal für mich vorgesehen, dass ich bis ins hohe Rentenalter Bestellnummern für Bremsbeläge, Auspuffrohre und Nebelscheinwerfer auswendig lerne und irgendwann Automarken am Geruch der Sitzbezüge erkennen kann. Ich wollte es aber anders, schmiss den Job als Autozubehörverkäufer und wurde lustig. Und weil Köln auf dem Weg war, sich von der Hauptstadt der Fröhlichkeit zur Hauptstadt der kommerziell nutzbaren Lustigkeit zu entwickeln, kam ich hierher. Und Gott sah es, riss die Seite, auf der mein Schicksal notiert war, heraus und legte stattdessen einen Zettel hinein, auf dem er handschriftlich vermerkte: *Es war gut so.* Allah, Shiva und Buddha kamen hinzu, lasen es und nickten bestätigend.

Ich durfte für so fantastische Sendungen wie *RTL Samstag Nacht*, *TV-Kaiser*, *die Wochenshow*, *Clever* und noch ein paar andere arbeiten. Ich lernte viele famose Menschen kennen und diese Stadt lieben. Und die Stadt liebt mich. Denn sie ist lustig.

Hier wird so viel gelacht wie nirgendwo anders. Und immer, wenn es heißt: »Du kannst die Comedy nicht neu erfinden«, kommt von irgendwo ein Johann König daher und widerlegt diese Theorie. In Köln ist man geradeheraus, denkt aber oft und gerne quer. Leider ist das dem aktuellen TV-Programm – bis auf wenige Ausnahmen – nicht mehr anzumerken. Allzu oft wählt man dort den schnellen, leicht verdaulichen Witz statt der dritten Ebene, deren Entdeckung den Zuschauer möglicherweise in überraschte Heiterkeit versetzen könnte.

Wohl dem, der in dieser Stadt lebt. Hier tummelt sich der komödiantische Untergrund der Nation auf zig offenen Bühnen, in Kneipen und auf Kleinkunstbühnen. Wer will, erlebt hier ein pausenloses Pointenfeuerwerk, gezündet von wahren Wortakrobaten, denen der Weg vor die TV-Kameras wohl dauerhaft versperrt bleiben dürfte. Grund: zu eckig, zu kantig, zu intelligent, zu lustig. Zwei Namen kommen mir dabei gerade beispielhaft in den Sinn: der unglaubliche Heinz und Lutz von Rosenberg Lipinsky. Leute, wenn ihr die Namen auf einem Plakat seht: Hingehen.

In Köln geht man dann zum Beispiel ins Bürgerhaus Stollwerk in der Südstadt. Oder ins Senftöpfchen. Das ist ein bisschen elitär, aber ein wunderschönes Theater. – Wem es nicht so auf Möblierung und Innenausstattung ankommt, der geht ins ARTheater in Ehrenfeld. Oder man geht zum Lachen in den Keller. Der befindet sich im Atelier Theater in der Roonstraße. Während des Sommers verschenkt man dort auch Comedy-Kostproben auf der Miniatur-Bühne im Lokal. *Gratis – und nicht umsonst* kann man dem Comedy-Nachwuchs bei seinen ersten Schritten zusehen oder auch dem ein oder anderen Erfolgscomedian bestätigen, dass seine neue Nummer sehr lustig ist. Oder halt auch mal nicht so. – Ähnliches erlebt man bei den *Comedy Mixed Shows* im Wohnzimmertheater in der Probsteigasse. Erwarten Sie von der Größe des Theaters ungefähr das, was der Name andeutet.

Ich schreib jetzt mal hier »Stopp«. Alle Kleinkunstbühnen in Köln aufzuzählen, führt eh mal wieder zu weit. Einfach mal umsehen. Dort wo man lacht, dort lass dich ruhig nieder. Am besten kommen Sie dazu im Oktober in die Stadt. Dann stehen hier die Lachsalven-Kanoniere Schlange. Seit 1991 ist das Köln Comedy Festival das Maß aller Dinge in Sachen Lachen machen. Comedians, die hier bestehen, werden auch in Leipzig, Hannover, Berlin oder München ihre Erfolge feiern können. Oh, habe ich München geschrieben? Ich meine natürlich Frankfurt. Beziehungsweise Paderborn. Ich wünsche allen Beteiligten jedenfalls viel Spaß dabei.

Weil es hier mehr Lieder über eine einzige Stadt und seine Bewohner gibt als über alle anderen Städte dieser Welt zusammen

Früher, als man noch Langspielplatten kaufte und sich nicht per Internet über Neuerscheinungen vorab über den Inhalt informieren konnte, kaufte man Platten gerne schon mal aufgrund des schicken Covers. 1979 hielt ich so eine Schallplatte in Händen. Das Cover fand ich irgendwie gut. Es war eine Illustration mit verschiedenen Szenen, die rings um einen Bierdeckel gezeichnet waren. Menschen unterm Sonnenschirm, Musiker, die aus einem Stahlhelm klettern, ein kleiner Junge mit qualmender Kippe im Mund, ein Indianer, der mit einem Geschäftsmann verhandelt, dahinter ganz klein der Kölner Dom.

Auf dem Bierdeckel waren sieben Striche, vier Kreuze und 1,60 vermerkt. Da ich auch den Bandnamen recht lustig fand, kaufte ich das gute Stück. Ich hörte Stücke wie *Weia Oweia*, *Putschblos*, *Jän han*, *Ich han nen Deckel* und *Kaffeebud*. Es war meine erste Begegnung mit den Bläck Fööss und Kölsch-Rock. Ich verstand zwar kaum ein Wort, war aber begeistert. Die Idee, Popmusik mit Mundart-Texten zu versehen, fand ich großartig. Zum Glück gab's im Innencover ein kleines Kölschlexikon und alle Texte zum Nachlesen. So lernte ich Kölsch, und dass der Bandname kein kölsches Englisch ist, sondern »Nackte Füße« bedeutet.

Der Kauf weiterer Bläck-Fööss-Platten war Pflicht, und ich konnte die Jungs aus der Tanzband, in der ich damals die Orgel bediente, überreden, ein paar Songs zu covern. Wir waren mit Sicherheit die erste saarländische Band, die Kölsch-Rock spielte. Leider interessierte das die Saarländer recht wenig. Die Tanzfläche leerte sich regelmäßig bei diesen Songs, und die Stimmung im Saal hielt sich auch in Grenzen. War mir persönlich aber egal, ich blieb dem

Kölsch-Rock treu. Anfang der 80er kamen Jürgen Zeltinger und die erste BAP-Platte dazu. Trotz ansatzweise guter Kölsch-Kenntnisse konnte ich zwar kein Wort von dem verstehen, was Herr Niedecken da so sang, aber das war egal. Headbanging-Songs mit geilen Gitarren-Soli auf halbwegs Deutsch. Auch neu. Auch gut.

Wie breit gefächert die Kölner Musikszene ist, lernte ich allerdings erst, als ich hierherzog. Jeder zweite Kölner ist Musiker. Die andere Hälfte tanzt. Es gibt Abertausende von mal mehr, mal weniger guten Bands. Klar, das hat jede Großstadt. Der Unterschied: Die Musiker hier lieben ihre Stadt. Und dieses Gefühl packen sie in Musik. In Worte, die die Menschen verstehen. Egal ob Pop, Rock, Folk, Hip-Hop, Punk, Reggae … Alle singen op Kölsch. Und warum? Weil sich Kölsch so gut singen lässt wie Englisch. Klar. Wer's nicht glaubt, sollte sich mal die Sachen von Gerd Köster und seiner Band The Piano Has Been Drinking anhören. Tom-Waits-Songs auf Kölsch. Fantastisch. Oder einfach mal ins Gloria Theater gehen wenn Stefan Knittler mit seiner Band und einem kölschen All-Star-Ensemble (P)op Kölsch spielt. Musiker von den Höhnern, Brings, Kasalla und anderen Kölner Top-Ten-Bands bringen dort Welthits die kölschen Tön bei. Manchmal muss man sehr genau hinhören, um einen Unterschied zum Original zu erkennen … wenn man kein Kölner ist.

Am erfolgreichsten sind natürlich die Songs, bei denen der Kölner seiner irischen Seele freien Lauf lassen kann. Bei denen er ausgelassen tanzen oder seinem Gegenüber tief in die Augen blicken oder wahlweise seiner Melancholie freien Lauf lassen kann. Viele Kölner Hits haben ihren Ursprung in irischen Volksliedern. So zum Beispiel die Hymne des FC, deren Wirkung ich ja schon kurz beschrieben habe. Oder sie orientieren sich zumindest stark an irischer Musik. Hier müsste ich jetzt eigentlich eine Liste mit Beispielen aufführen. Da dies den Rahmen dieses Grundes, ja des gesamten Buches sprengen würde, lasse ich es. Einfach mal ein paar Stunden Zeit nehmen, bei iTunes, Amazon und Co. nach Kölsch-

Rock suchen und glücklich werden. Irgendwann wird jeder von dieser Musik gepackt.

Ich persönlich gehöre übrigens zu dem Teil der Kölner Bevölkerung, der sich nach dem Weggang von Sänger Tommy Engel nicht mehr so recht für die Bläck Fööss begeistern kann. Wenn bei mir zu Hause kölsche Tön aus den Lautsprechern kommen, dann wurden sie zumeist von den Singer-Songwritern dieser Stadt eingespielt. Gerd Köster zum Beispiel, Tommy Engel oder dessen Ex-Band L.S.E. – Das S in dieser Band wurde übrigens von Arno Steffen beigesteuert. Der hatte 1983 einen bundesweiten Hit. Der Text lautete: »Ist ja alles supergut, ne. Wunderbar, wunderbar, schön, schön, ja, ja ...« – Ein Song, der zwar auf Hochdeutsch gesungen ist, aber trotzdem viel über die Kölsche Art verrät: Einfach, geradlinig, experimentierfreudig und lustig.

Weil hier die Flucht aus der Realität kultiviert wurde

Den Kölner Karneval liebt man oder man hasst ihn. Man kann ihn aber auch lieben lernen. So wie ich.

Im Alter von zwölf Jahren stieg ich in der Tanzkapelle meines Vaters ein. Wir spielten oft. Natürlich auch an Karneval. In dieser Zeit lernte ich viel. Vor allem über Menschen. Menschen, die das ganze Jahr über mit verkniffenen Gesichtern rumlaufen, zum Lachen andere in den Keller schicken und Ehefrauen verprügeln. Nur an Karneval wird der Schalter umgelegt, nackt auf dem Tisch getanzt, fremde Frauen befummelt und die eigene bestmöglich betrogen. Fand ich nicht so gut. Kurz: Ich mochte Karneval nicht, und ich freute mich, als der Umzug nach Offenburg anstand. Mann, war ich naiv. Jeder weiß, dass Offenburg die Hochburg der alemannischen Fasnet ist. Nur ich nicht. Alemannische Fasnet ist brutal.

Die absolute Anonymität unter den Ganzkopfmasken verführt wohl dazu, Aggressionen, die sich im Laufe des Jahres angestaut haben, in *lustiger* Form abzubauen. Da bekommt man auch schon mal einen Hexenbesenstiel über. Gerne auch praktiziert: fremder Leute Schuhe klauen. Oder Radio-Redaktionen stürmen und verwüsten. – Kurz: Karneval hatte bei mir vollkommen verschissen.

Dementsprechend entfloh ich diesen Tagen auch meistens.

Auch während der ersten beiden Jahre in Köln. Bis ein neuer Autorenkollege bei *RTL Samstag Nacht* auftauchte, der einen wundervollen Sprachwitz und intelligenten Humor in die Sendung einbrachte. Paulus Vennebusch war zudem ein äußerst angenehmer Kollege. Sehr belesen, ruhig, pointiert beim gemeinsamen Witzeschreiben. Er wirkte eher wie ein Literat. Nicht wie ein wilder Witzeschreiber. Umso mehr wunderte ich mich, als er mich an Weiberfastnacht fragte, ob ich nicht abends mit in seine Stammkneipe in der Südstadt kommen will. Karneval feiern. – Karneval feiern? Dieser Mensch feiert Karneval? – Ich machte ihn mit meinem Karnevalshass bekannt. Irgendwie konnte er mich aber überreden. Ich glaube, es war mit dem Satz »In Köln ist alles anders«. Und er hatte recht.

Gegen 21.00 Uhr stiegen wir am Ubierring aus dem Taxi. Die Kneipe war, wie alle Kneipen, rappelvoll. Die ersten drei Kölsch tranken wir noch gemeinsam. Zwei weitere Stangen lang konnte ich ihn noch im Auge behalten. Nach dem fünften Kölsch war mir egal, wo er war, denn ich sah mich auf der Fensterbank stehend, von zwei Damen mittleren Alters rechts und links eingehakt zu *Drink doch ene met* schunkeln. Ja, ich weiß, das ist kein Walzer, aber der Kölner schunkelt zu jedem Takt. Bei *Dat Wasser vun Kölle* war es dann um mich geschehen. Mitten in der Menge sprang ich genau so ausgelassen herum wie alle anderen und bat lauthals den leeven Jott darum, uns Wasser ze jevve. Erfolgreich. Ich war nach zwei Minuten vollkommen durchgeschwitzt. Es wurde eine rauschende Nacht als Freund unter Fremden, die erst gegen halb fünf in der

Frühe endete. Ich stand hackedicht am Straßenrand, und ohne dass ich auch nur mit einem Auge zwinkern musste, hielt ein Taxifahrer vor mir. Er drehte die Scheibe runter und meinte: »Na, Jung, jeiht et no Huss?« – Er brachte mich heil bis zum Hausflur meiner damaligen Wohnung in Köln-Pesch. Danke noch mal dafür, lieber unbekannter Taxifahrer.

Seitdem nehme ich immer mindestens ein, zwei Tage dieser unbekümmerten Fröhlichkeit mit. Denn genau das macht den Unterschied aus. Karneval ist hier schon lange keine Flucht mehr aus der Realität. Er ist die Realität. Beim Karneval in Köln geht es nicht um den Abbau unterdrückter Aggressionen oder einen Freibrief zum wilden Rumvögeln. Zumindest nicht immer. Es ist einfach nur der Höhepunkt einer sowieso vorhandenen Grundfröhlichkeit. Karneval ist immer in den Köpfen der Kölner. Er ist aber vor allem in ihren Herzen. An Karneval sind alle gleich. Es gibt keine Fremden. Jeder ist des anderen Freund. Karneval ist die lustigste Form des Kommunismus und Kultur in Rheinkultur seit über 200 Jahren. Darauf eine Runde Kabänes. Prost.

GRUND NR. 51

Weil man sich hier sogar über die eigene Fröhlichkeit lustig macht

Habe ich eigentlich schon erwähnt, dass in Köln jeder Karneval feiert? Ausnahmslos. Alle. Auch die Intellektuellen. Natürlich ein klein bisschen anders als der Rest der Bevölkerung. Man feiert zum Beispiel zu anderer Musik. Auf einer typischen Intellektuellen-Karnevalsfeier läuft normalerweise zu Beginn ein Hörbuch. *Kinski spricht Villon* zum Beispiel. Dann legt man Pink Floyd auf, später Led Zeppelin, danach die Stones, gefolgt von BAP und den alten Sachen von Brings. Später kommen die neuen Sachen von Brings und die alten Sachen der Bläck Fööss dazu. Erst gegen 5.00 Uhr früh singt man dann gemeinsam mit den Höhnern *Viva Colonia*. Natürlich den Originaltext. Komplett auf Latein. Angeblich wurde BAP nur gegründet, weil eine Gruppe Intellektueller bei Wolfgang Niedecken klingelte und ihn gebeten hat, doch mal ein paar Rocksongs mit nachdenklichen kölschen Texten zu machen. Man wolle halt auch mal was zum Mitsingen haben.

Sie sehen, es ist nicht immer einfach, intellektuell und zeitgleich auch noch fröhlich zu sein. Und trotzdem ist den Kölnern auch dieser Spagat gelungen. 1983 eröffnete Jürgen Becker als Sitzungspräsident »Irokesen-Heinz« die erste Stunksitzung, gegründet von einem Studenten-Kollektiv der Fachhochschule Köln. Man wollte Stunk machen. Stunk gegen den organisierten Sitzungskarneval. Stunk gegen den gereimten Tünnes-und-Schäl-Witz. Stunk gegen das Aufspießen von Funkenmariechen auf die Hände von Gardemajoren. Kurz: Man wollte auch Karneval feiern, aber anders. Alternativ, kabarettistisch. Im Schutze karnevalistischer Narrenfreiheit zog man über alles her, was Establishment war: Staat, Kirche, Weltpolitik, Vater, Mutter oder lokaler Klüngel. Hier wurde deutlich gesagt, was man davon hält. Lustig natürlich. Und stets nett böse. Das Publikum war natürlich ebenso alternativ. Man konnte davon ausgehen, dass die Rastalocken von dem Typ im Kiffer-Kostüm echt waren. Und die Zigarette, die er in der Pause rauchte, hatte er nicht am Kiosk gekauft.

Daran hat sich bis heute nichts geändert. Zumindest kaum. Die Eintrittskarte für die Stunksitzung im E-Werk gehört mittlerweile zu den begehrtesten Papierstücken in Köln. Nur noch übertroffen von der Karte für die Lachende Kölnarena, dem 200-Euro-Schein und einer Rolle Klopapier auf dem Summerjam am Fühlinger See. Je nach Länge der Session geht's entweder im Dezember oder Januar los. Fast täglich eine Sitzung. Immer ausverkauft. Um die 30.000 Kölner haben sich im Schnitt bis Karnevalssonntag dann alternativ amüsiert. Darunter zahlreiche Intellektuelle und Hochalternative. Ja, es heißt, dass sogar der ein oder andere lachende Punker dort echt sein soll. Verkleidung kann, muss aber nicht. Diejenigen, die sich verkleiden, verkleiden sich natürlich alternativ. Heißt: Statt Hasenkostüm trägt man hier Hase-im-Parka-Kostüm. Eventuell noch mit Rasta-Perücke. Geraucht werden darf übrigens schon lange nicht mehr. Das macht aber nix, weil die vier Stunden wie im Flug vergehen.

Federführende Autoren sind die unglaublichen Kollegen Moritz Netenjakob und Dietmar Jacobs. Texte werden von allen Beteiligten geliefert.

Es ist Kabarett, es ist Comedy, es ist kritisch, es ist böse, es ist lustig, es ist abgefahren, es ist einfach nur total geil. Und das alles umrahmt von der Hausband Köbes Underground. Einer grandiosen Combo, in der zehn der besten Musiker Kölns die Instrumente bedienen. Spezialität: kölsche Coverversionen bekannter Hits. Da wird dann aus dem *Son of Preacher Man* auch mal die *Söhne vom Bofrostmann*.

Die Stunksitzung ist Pflichtprogramm für jeden Kritiker althergebrachter Schunkelpolitik.

Kölner Alltag: Karneval

Kapitel 6

GUT GETROFFEN

Weil man nur ums Eck gehen muss, um in einer anderen Welt zu sein

Der Kölner liebt seine Stadt in folgender Reihenfolge: Erst das Schlafzimmer, nee, halt. Erst den Dom, dann sein Schlafzimmer, dann die Küche, das Wohnzimmer, das Bad. Dann sein Veedel und danach den Rest. Die Veedel sind gewachsene Viertel, gefühlte Viertel, die nicht mit der bürokratischen Unterteilung Kölns in 86 Stadtteile zu tun haben. Kein Mensch lebt in der Altstadt-Nord, Neustadt-Süd oder Altstadt-Süd. Man wohnt dort im Kwartier Latäng, dem Belgischen Viertel oder dem Vringsveedel.

Der Hang des Kölners, sich gerne mit anderen Menschen zu beschäftigen, führte wohl dazu, dass er sich rings um seine Wohnung eine eigene kleine Welt geschaffen hat. Man kennt sich, man trifft sich, man hilft sich. Straßenfeste werden organisiert, Vereine gegründet, Mülltonnen kontrolliert. Im Büdchen oder in der Kneipe op d'r Eck werden Weltgeschehen, die Frisur von der Wirtin und das neue Auto vom Vorsitzenden des Sparvereins kommentiert. »Kannste hück ens 'n Stündche mit dat Nicole-Jeannette op dä Spillplatz jonn?« – »Sicher dat. Wat mähste dann?« – »Mer maache ihm e Bröderche.«

Aus Angst, es könnte sich irgendwas ändern, während er weg ist, verlässt der Kölner sein Veedel nur selten. Meist nur, um Möbel zu kaufen, ins Kino zu gehen oder in seinem Veedel auf Mallorca nach dem Rechten zu sehen. Dadurch sind die Veedel natürlich stark von ihren Bewohnern geprägt und jedes einzelne hat seinen ganz eigenen Charme entwickelt.

Mal bürgerlich, mal künstlerisch, mal studentisch. Doch egal, wo man fragt: Jeder wohnt im besten Veedel der Stadt. Nur zwei Dinge haben die Bewohner der verschiedenen Veedel gemeinsam: die Liebe zum großen Ganzen, also Köln. Und: Keiner will jemals aus seinem Veedel wegziehen. In Außenbezirken wie Chorweiler habe ich jetzt mal nicht gefragt.

Im Veedel sind alle gleich. Selbst Prominente sind dort nur Kölner. Und sie lieben es. Günter Wallraff kann vollkommen unmaskiert in seinem Ehrenfeld einkaufen. Und Tom Gerhardt schätzt die Ehrlichkeit von Köln-Kalk und seinen Bewohnern. Nur Hugo Egon Balder ist es scheißegal, wo er wohnt. Aber der ist ja auch Berliner. Dem kann man das verzeihen.

GRUND NR. 53

Weil man hier nicht nur belgische Waffeln viertelt

Das Belgische Viertel ist hip. Hier tanzt der Bär. Ja, genau, manchmal auch der Dietmar. Es liegt zwischen Friesenplatz, dem Ring und der Richard-Wagner-Straße. Das heißt, nimmt man die Brüsseler Straße als Maßstab, verwischt die südliche Grenze irgendwo im Niemandsland an der Roonstraße.

Während auf den Ringen und im Friesenviertel die overdressten Hürther, Bergheimer, Bergisch-Gladbacher und Eifeler nach großstädtischem Amüsement jagen, trifft sich im Belgischen die Genießer-Szene. Lässige, coole, junge Menschen und solche, die sich lässig, cool und jung kleiden. Studenten, Künstler, Medienfuzzis und Menschen, die so tun, als wären sie Medienfuzzis, Künstler oder Studenten. Meist sind das Professoren auf der Suche nach Studentinnen, Künstlerinnen oder ihrer Ehefrau, die einfach mal wieder raus musste.

Den wichtigsten Treffpunkt, den Brüsseler Platz, habe ich bereits ausführlich beschrieben. Von hier aus geht es in die umliegenden Bars und Clubs. Scheinbar, Barracuda-Bar, Reineke Fuchs und wie sie alle heißen. Siehe Grund 3. Doch im Gegensatz zu den Ringen, auf denen tagsüber in erster Linie Einkaufstüten von A nach B geschaukelt werden, spürt man im Belgischen auch schon im Hellen das südländische Flair. Allerdings nicht vor 11.00 Uhr morgens. Schließlich leben hier Künstler, Medienfuzzis und … nein, keine Studenten. Dafür sind die Mieten zu hoch.

Während auf dem Brüsseler Platz der Müllwagen brummt und die Herren in Orange die Partyreste wegfegen, trifft man sich im Kiosk gegenüber, wirft einen Blick in die Zeitung, trinkt Cappuccino mit Honig, isst ein Croissant dazu und berichtet sich gegenseitig vom Stand der Dinge des aktuellen Projekts oder dem Casting des Vortages.

Ab 14.00 Uhr wechselt man auf die Aachener Straße vor den Salon Schmitz, das Bauturm Café (unbedingt den selbst gebackenen Kuchen versuchen) oder die Kaffeerösterei. Dort sitzen dann diejenigen, die verschlafen haben. Der Stand der Dinge des aktuellen Projekts wird ausgetauscht oder die Probleme mit dem Bassisten der Band besprochen. Zwischendrin begrüßt man zahlreiche Freunde, die vorbeilaufen, mit Handschlag, tauscht den aktuellen Stand der Dinge der Projekte aus und erfährt mehr über die neue Scripted-Reality-Serie, die RTL gerade plant. Irgendwas mit »Familienfeiern vor Gericht«. – »Ja, sie suchen noch Autoren.« – »Nein, sie zahlen nicht gut.«

Gegen 17.00 Uhr isst man dann einen Burger bei den Beef-Brothers nebenan. Vegetarier nicht. Die gehen in die Metzgerei (!) Schmitz, direkt neben dem Salon, und essen Möhren. Oder einen der leckersten Salate von ganz Köln. Bei schlechtem Wetter geht's gleich im Anschluss in die »Wohngemeinschaft« auf der Richard-Wagner-Straße oder ins Hallmackenreuther am Brüsseler. Bei Sonnenschein ist es natürlich der Platz selbst. So oder so ähnlich ist der Tagesablauf der Bewohner des Belgischen.

Doch nicht nur sie allein machen das Flair des Viertels aus. Zahlreiche kreative Jungunternehmer haben sich hier in kleinen Lädchen angesiedelt. Modedesigner verkaufen ihr Selbstentworfenes, Goldschmiede fertigen den etwas anderen Hochzeitsring,

Galeristen kümmern sich um den Nachwuchs der bildenden Künste, Unverbesserliche bieten noch echte Schallplatten zum Verkauf an. Und bei FRANTA auf der Maastrichter kann man sich mit Original-US-Designer-Möbeln und Accessoires aus den 1950ern und 60ern ausstatten. Wenn man ganz, ganz viel Geld hat. Wenn nicht, bleibt's beim Nase-an-der-Schaufensterscheibe-Plattdrücken. – So. 17.00 Uhr, ich geh jetzt mal 'n Bacon Burger schnappen.

GRUND NR. 54

Weil ins Kwartier Latäng auch Menschen dürfen, für die Latein ein Fremdwort ist

Gerade, wo ich darüber nachdenke, was ich wohl über das Kwartier Latäng schreiben soll, fällt mir auf, dass es immer die Viertel mit südländischem Flair sind, die es mir angetan haben. Wohl, weil sie zeigen, wie sehr die Menschen hier ihr Leben genießen. Wohl, weil sie zeigen, wie gerne man gemeinsam das Leben genießt. Auch und vor allem im Kwartier Latäng. Man findet hier zwar nicht ganz so viele Lädchen wie im Belgischen, aber kreativ sind die Betreiber mindestens genauso. Wer seinen Laden Tausend fliegende Fische nennt, der hat nicht vor, dort Kommunionsanzüge zu verkaufen.

Dass man sich im Studentenviertel befindet, erkennt man nicht nur an den zahlreichen Buchläden und Kneipen. Es gibt einige Fahrradwerkstätten, das Spielbrett, in dem man sich mit allerlei Zeitvertreib für die Semesterferien eindecken kann, einen Top-Snowboard- und Skaterladen und Art of Dark, ein freundliches kleines Lädchen am Rathenauplatz, in dem sich Freunde von Tod und Vergänglichkeit mit Hexenräucherwerk, Fledermausattrappen, Drachenaschenbecher, Trinkhörnern und allerlei düsterem an- und ausziehbaren Lederkram für das Leben neben dem Exitus ausstatten können.

Weitaus bunter ist das Treiben auf der Zülpicher. Tagsüber wird hier mal hurtig ein Latte macchiato zwischen die Vorlesungen geschoben oder Im Ferkulum eines der besten Gyros verspeist. Überhaupt findet man rings um die Zülpicher zahlreiche gute Imbiss-Läden. Drei davon zählen zu meinen persönlichen Favoriten. Na, mit dem Ferkulum sind's vier. Die Falafel bei Salam am Zülpicher Platz sind so lecker, dass man hier zwischen Freitag- und Sonntagabend auch schon mal am Ende der Schlange verhungern kann. Notfalls sollte man auf vietnamesische Kost umsteigen und nebenan zu Kim Phúc gehen.

Das meiner Ansicht nach beste orientalische Schnellrestaurant des Kwartier Latäng ist das Safin Grillhaus auf der Zülpicher. Direkt neben dem Livemusik-Club MTC. Einem von drei angesagten im Kwartier. Im Luxor, dem ehemaligen Prime Club, der davor schon mal Luxor hieß, hat man sich auf meist internationale Rock-, Pop-, Alternative- und Folk-Rock-Acts spezialisiert. Oft findet man bekannte Bandnamen auf den Plakaten. Eher regional geht's im MTC und auch im Blue Shell zu. Wobei ich das Blue Shell bevorzuge. Das Publikum nähert sich eher meiner Altersklasse und gehört zur ehrlichen Sorte. Die Konzerte der Cowboys on Dope dort sind übrigens legendär. Sollte man mal erlebt haben.

Leider quillt an den Wochenenden das Partyvolk von den überlaufenen Ringen auf die Zülpicher Straße. Immer mehr Bars siedeln sich an, denen der schnelle Euro wichtiger zu sein scheint als Atmosphäre. Kurz: Die Zülpicher mutiert zum Partymeilenableger. Wer's abgefuckter haben will, geht eine Straße weiter in die Kyffhäuser. Der Name scheint hier Programm. Etwas bürgerlicher ist das Ambiente in Gilbers Pinte an der Ecke Roonstraße/Engelbertstraße. Hier treffen sich die, deren Studienzeit schon etwas länger zurückliegt, und die, die gerne studiert hätten, aber nicht wollten. Es geht sehr kölsch zur Sache. Gilbert hat eine riesige Musiksammlung, darunter alles von den Höhnern. Alles vom FC gibt's auf den zwei Fernsehern.

Ein paar Meter weiter in der Engelbertstraße wird der kreative Umgang mit französischem Pfannkuchenteig demonstriert. Das Engelbert hat eine riesige Auswahl an Crêpes-Kreationen. Gecrêpet wird auf dem Pfannenspalier direkt hinter der Theke. Angeblich ist das »Engelbert« auch der Treffpunkt vieler Saarländer, die es hierher ins Reich verschlagen hat. Ist mir aber noch nicht aufgefallen.

Wer sich lieber mit Fingerfood beschäftigt, sollte bis zur Lindenstraße laufen. Am Eck ist meine Lieblings-Tapas-Bar. Boquerones heißt sie, lecker ist sie und klein. Sicherheitshalber Tisch vorbestellen. So wie ich jetzt. Mahlzeit.

Weil hier selbst die Bourgeoisie alternativ lebt

Oder sollte ich vielleicht besser sagen: Umgekehrt?!? – Weil die Alternative jetzt bourgeoise lebt?

Die Südstadt wird von den Menschen bewohnt, die in den 1970ern ein Schild mit den Worten »Wir sind die Leute, vor denen uns unsere Eltern immer gewarnt haben« in der WG-Küche hängen hatten. Man sah es nicht immer auf Anhieb – WG-Küchen wurden damals noch oft mit der Abstellkammer verwechselt –, das machte aber nichts. Hauptsache es hing da und war somit in den Köpfen der WG-Bewohner präsent. – Wir sind die Anderen. Wir verändern diese Spießer-Welt. Wir brauchen keine kurzen Haare. Die Südstadt war die Heimat der Revolution. Hier hingen RAF-Poster im Bad, in Bundeswehrhelmen wurden Blumen gezüchtet, die DKP war mehr als nur eine Briefkastenpartei. Holger Czukay hat hier womöglich seinen ersten Synthesizer zusammengelötet, Karlheinz Stockhausen fand den zwölften Ton, als ihm beim Umzug in die Südstadt das Klavier runterfiel, und Heinrich Böll schrieb sein *Der Zug war pünktlich*, während er am Chlodwigplatz auf die Bahn wartete.

Ob das jetzt alles so stimmt, weiß ich nicht. Ich war damals ja noch kein Kölner. Aber auch heute spürt man noch den Geist des Aufbruchs in der Südstadt. Er sieht nur anders aus. Wenn dort heute jemand nach »Aufbruch« ruft, werden die Kinder zusammengerafft, man bedankt sich beim Gastgeber für den leckeren Schoko-Möhren-Kuchen und den Mate-Tee, schiebt die Fahrräder aus dem Flur und die Kinder in die gleichnamigen Sitze und radelt nach Hause. Meistens so gegen 19.00 Uhr. Zu Hause angekommen, bringt Papa die Kinder ins Hanfmatratzen-Bett, während Mama es sich schon mal mit ihrem neuen Power-Yoga-Buch auf der Couch gemütlich macht. Während sie beim Umblättern davon träumt, mit nur wenigen Bewegungen ihre Reiterhosen in den Griff zu bekommen, setzt Papa die Kopfhörer auf, legt sich die alte *Future Days* von Can auf den Plattenteller und träumt von früher.

Damals hätte er die Matratzen seiner Kinder noch geraucht. Heute bezieht er sie zweimal die Woche mit frischer Bettwäsche. Wegen der Allergien. Damals hing ein Che-Guevara-Poster in der Küche. Heute hängt an derselben Stelle der Einkaufsplan. Natürlich natürlich. Also aus recyceltem Papier. Das Wort »Bio« ist schon in jeder Zeile vorgedruckt. Man braucht nur noch -spülmittel, -kartoffeln oder -windeln dahinterzuschreiben. Er schiebt den Zwillingskinderwagen an den Kneipen vorbei, in denen er früher bis in den frühen Morgen kiffend zur Musik von Frank Zappa oder den frühen Genesis Sponti-Sprüche in die Klo-Kacheln ritzte. Und seine Frau ruft um 22.05 Uhr bei der Polizei an, weil sie sich vom Lärm der Raucher vor ebenjenen Kneipen gestört fühlt. In einer davon hat er sie kennengelernt.

Er trägt einen Pullover, der aussieht, als hätte ihn Jutta Ditfurth während der ersten Legislaturperiode der Grünen im Bundestag noch persönlich gestrickt. Hat sie natürlich nicht, denn er stammt aus einem Fair-Trade-Laden. Wurde unter Einhaltung alle sozialen Standards von fast erwachsenen Jugendlichen, die nachweislich der Pubertät entflohen sind, in Handarbeit gefertigt und mit einer Muli-

Karawane über den Hindukusch, den Irak, die Türkei, den Balkan und Österreich zu Fuß nach Köln gebracht. Wegen der Abgase. Die Tiere wurden alle 50 Kilometer gegen frische ausgetauscht.

Okay, kann sein, dass ich jetzt ein bisschen übertreibe. Möglicherweise laufen mir ja immer nur dieselben drei, vier Familien über den Weg. Tatsache ist: Die Südstadt ist das ökologisch reinste und politisch korrekteste Viertel der Stadt. Da kommt höchstens noch die Flora mit. Wer hier als Ladenbesitzer überleben will, *muss* nachweisen, dass alles biologisch und im Einklang mit der Natur hergestellt, versandt und ausgepackt wurde. Letztes Jahr hat ein prominenter Kölner in der Südstadt den ersten Bioladen für Hunde eröffnet. Keine sechs Monate später hätte er den Job als Schauspieler und Sänger für immer an den Nagel hängen können. Glaub ich. Ich frag ihn mal bei Gelegenheit.

Ich weiß, das klingt jetzt alles ein wenig danach, als würde ich die Südstadt doof finden. Dem ist aber natürlich nicht so. Im Gegenteil. Eigentlich machen die Leute ja alles richtig. Halt nur falsch. Also ein bisschen übertrieben. Meiner Ansicht nach. Außerdem scheint ihnen die gesunde Ernährung gutzutun. Beim Bummel durch die schick gestaltete Severinstraße fällt eine erstaunlich hohe Zahl von ausgesprochen gut aussehenden Frauen und Männern auf. Man ist ständig in Versuchung, eine von ihnen anzusprechen und zu fragen, ob sie nicht mit ins Kino kommen will. Ich bin mir sicher, das ein oder andere Ja würde man bekommen. Und sei's nur wegen des Kinos. Das Odeon ist eines der schönsten der Stadt.

So ein- oder zweimal die Woche geht natürlich auch der Bio-Kölner in seine Stammkneipe. Betritt man dann ein solches Lokal, hat man manchmal das Gefühl, die Zeit sei irgendwo zwischen 1971 und 1986 stehen geblieben. Das ändert sich erst wieder, wenn man am frühen Morgen rausgeht.

Weil es hier erst richtig schön ist,
wenn's eng wird

Wer einmal in Ehrenfeld wohnt, der will da nicht mehr weg. So geht die Mär. Doch es ist weit mehr als das. Es ist die Wahrheit. Sagen die Ehrenfelder die ich persönlich kenne. Ehrenfeld ist das Viertel, in dem man sich in dem engen Straßengewirr am zweitbesten verfahren kann. Besser geht's nur noch in Nippes. Ehrenfeld ist auch das zweitwuseligste Viertel Kölns. Platz eins dieser Disziplin belegt das Insektenhaus im Zoo. Schuld daran ist die Venloer Straße. Die wichtigste Einkaufsstraße in Ehrenfeld. Und warum? Weil auch die wichtigste Straße in Ehrenfeld eine enge Straße ist und entlang dieser engen Straße Tausende Ehrenfelder einkaufen. Dort wird ständig eingekauft. Irgendjemand hat immer was, was er kaufen will. Und weil man an der Venloer Straße nicht einen großen Laden gebaut hat, in dem es alles gibt, sondern Hunderte kleine mit beschränktem Sortiment, sind die Ehrenfelder halt ständig am Rumwuseln, um alle Zutaten für die Ähzezopp zusammenzukriegen. Oder das Couscous, die Köfte, das Irish Stew.

Ehrenfeld ist multikulti. Hier trifft Okzident auf Orient und alle anderen Enden dieser Welt. Der Okzident wird vertreten durch den ärmeren Teil der Bevölkerung. Also Musiker, Schauspieler, Kameraleute, Kostüm- und Maskenbildner, Requisiteure, Autoren und andere Opfer der Medienkrise 2009. Aber die meisten lebten auch schon vorher dort. Ehrenfeld ist ein sehr beliebtes Wohnviertel. Die Mieten sind noch verhalten günstig, über die Einkaufsmöglichkeiten brauchen wir nicht mehr zu reden und das Freizeitangebot ist ebenfalls nicht zu verachten. Freizeitangebot heißt in Köln natürlich: Essen und Trinken. In Ehrenfeld kommt noch Entspannen dazu. Zwischen der Venloer und Vogelsanger Straße findet man einen Ort der Ruhe. Einen Platz, an dem man sich einfach mal nur ein paar Stunden hinlegen kann: die Städtische Badeanstalt Neptunbad. Ja, das klingt nicht nur nach Denkmalschutz, das ist es auch. Das Neptunbad wurde 1912 eröffnet. Bis 1994 liefen so viele Ehrenfelder durchs Wasser, dass es saniert werden sollte. Leider fehlte das Geld und der Hahn wurde zugedreht. Ein paar Jahre fanden dort nur noch sporadisch Veranstaltungen statt. Unter anderem produzierte der WDR 1997 die *Lou van Burg seine Töchter Show* im trockengelegten Schwimmerbecken. Der gebührenfinanzierte Kölner Großsender investierte in den dafür nötigen Umbau des Bades 1,5 Millionen Mark. Das würde nach heutigen Zwangsgebührenmaßstäben heißen: Knapp 100.000 Zuschauer haben diesen Umbau finanziert. Das Ergebnis gesehen haben damals leider noch weniger. Kurz nach dem Start wurde die wilde Witzperformance auch schon wieder eingestellt, das Bad blieb leer.

2002 wurde das Neptunbad von der Claudius Therme GmbH & Co. KG gekauft, modernisiert und 2002 als Premium Sports Club & Spa wieder eröffnet. Seitdem kann man wieder im alten Jugendstil entspannen. Nur schicker. Und ein bisschen teurer als früher.

Will man nach der Sauna nicht gleich wieder zum Einkaufen, besucht man am besten erst mal eines der zahlreichen Bewirtungshäuser. Der Nachteil: Sie sind nicht wie in den Vierteln der Innenstadt auf wenige Straßen konzentriert, sondern im ganzen Viertel verteilt. Viel Spaß beim Suchen.

Na gut. Bummeln Sie mal durch die Thebäerstraße. Für Ehrenfelder Verhältnisse könnte man sie fast als Partymeile bezeichnen, denn hier gibt's gleich zwei Lokalitäten für unterschiedliche Ansprüche. Das Königsblut ist ein Platz zum Chillen. Leckere Cocktails und entspannte Musik tragen dazu bei. Ein paar Meter weiter geht's bodenständiger zu. An der Eingangstür ist eine Klingel, drückt man darauf, wird man kurze Zeit später Mitglied eines Raucherclubs, der in erster Linie aus alteingesessenen Ehrenfeldern und -innen besteht. Gechillt wird dort auch. Allerdings mit Kölsch und Kabänes. Ob die Sache mit dem Raucherclub auch noch bei Veröffentlichung gilt, kann ich jetzt nicht garantieren. Es ist der Stand von Ende Mai 2013. Falls nicht, darf man da bestimmt auf m Klo rauchen.

Etwas größer, genauso bodenständig, aber mit Musikwünschen die per YouTube erfüllt werden, geht's im Zigeunerwagen in der Geisselstraße zu. Mit Wirtsehepaar und Gästen ist man schnell im Gespräch … Wie in jeder Kölner Eckkneipe.

Wer Fußballkucken will, kommt ins Point one auf der Venloer, setzt sich neben mich und hält die Klappe. Und wer Theater, Musik und Kleinkunst sucht, wird am ehesten im ARTheater am Ehrenfeldgürtel fündig.

Vor der Suche nach den Kneipen sollte man sich aber noch unbedingt den weltweit einzigen Leuchtturm ohne Meer ansehen. Das Markenzeichen der ehemaligen Helios-Lampenwerke steht seit dem 19. Jahrhundert in der Heliosstraße. Ursprünglich sollte er in die damalige deutsche Kolonie Sansibar geliefert werden. Dann spielte der Kaiser aber mit den Engländern Inseltausch. Sansibar ging nach England und Deutschland bekam Helgoland. Helgoland hatte aber schon Leuchttürme genug und so blieb er halt in Köln. Und da leuchtet er trotz seiner 44 Meter Höhe zwar niemand sicher nach Hause, ist aber schön anzusehen.

Abschließend rate ich noch, auf jeden Fall mit der U-Bahn nach Ehrenfeld zu fahren. Erstens kann die Parkplatzsuche nach einer Weile schon mal zu Überreaktionen hinterm Steuer führen, und zweitens lohnt es sich, die Haltestellen zwischen Piusstraße und Akazienweg mal genauer anzusehen. Sie wurden nämlich 1989 von bekannten Künstlern gestaltet. Okay, sie sind schon sehr 80er, aber weltweit eine Seltenheit und ein Grund, auf diese Stadt und ihre freien Geister, die solche Arbeiten in Auftrag geben, stolz zu sein. Darauf ein Pittermännchen für alle.

Weil Nippes hier nicht nur
im Schrank steht und verstaubt

Kommen wir nun zur absoluten Nummer eins meiner internen Hit-
parade der »Viertel, in denen man sich ganz super verfahren kann«:
Hier iiiiiissst NIPPES!!!

Grundsätzlich lässt es sich in Köln ganz gut verfahren. Hat wohl
was mit den Ringen, den kleinen Sträßchen und der Einbahnstra-
ßenpolitik zu tun. Verfährt man sich in anderen Großstädten, biegt
man ein paar Mal rechts ab und ist wieder auf dem ursprünglichen Weg. Das funktioniert in Köln nicht. Da ist man, ohne es gemerkt zu haben, auf der anderen Rheinseite oder in der Eifel. Doch
Nippes ist die Krönung. Dort gilt: Immer schön die Tankuhr im
Auge behalten. Auf dem Weg zur Werkstatt, die meinen Kaffeevoll-
automaten betreute, verfuhr ich mich ebenso regelmäßig, wie ich
das Ding dorthin brachte. Hinweis: Finger weg von Jura. Erst als
ich die Jura gegen eine Gaggia austauschte und das Auto gegen
eine neue Chucks-Kollektion, wurde – Achtung Wortspielalarm! –
das Verfahren eingestellt. Mein Verhältnis zu Nippes änderte sich
dramatisch. Ich ging dort nicht mehr hin. Doch Nippes rächte sich
circa zwei Jahre später.

Es war Silvester 1999. Die Millennium-Nacht. Während die Menschen rund um den Globus darauf warteten, dass ihre Computer
abstürzten, die U-Bahnen stehen blieben, Flugzeuge abstürzten und
das Handy explodierte, stand ich mit zahlreichen Freunden auf einer
Dachterrasse in Nippes und bewunderte, wie die Welt Punkt Mitternacht in aller Farbenpracht ihr Ende fand. So dachten wir jedenfalls
und handelten auch danach. Heißt: Wir tranken, als sei dies die vor-
hergesagte letzte Gelegenheit dazu. In-Getränk war White Russian.
Es war die Zeit des Big-Lebowski-Hype. Es gab sogar Menschen auf
dieser Party, die damals regelmäßig zum Bowling gingen.

Wie wir alle wissen, ging die Welt in dieser Nacht nicht unter. Auch die Computer liefen noch, nicht mal die Uhren blieben stehen. Bis ich das realisierte, stand bei meiner der kleine Zeiger auf der Sechs und der große tummelte sich irgendwo zwischen der Zwei und der Drei rum. Die Pärchenbildung fand ohne mich statt, Kalua und Milch waren alle, und weil Wodka pur nicht mein Ding ist, beschloss ich, mir ein Taxi zu rufen. Ha, ha, ha! Ein Taxi. An Silvester. In Nippes. Die Kölner lachen zu Recht. Den Fremden kann ich nur raten: Wenn Sie Silvester in Köln feiern wollen, bringen Sie ihr eigenes Taxi mit.

Nachdem ich zehn-, zwölfmal nur das Besetztzeichen der Taxizentrale (2882) hörte, ging endlich jemand ran. Ich schrie die Adresse in den Hörer (der Rest der Party war bei Earth, Wind and Fire angelangt) und man versprach mir: Ein Wagen ist unterwegs. Für einen Moment glaubte ich, ein herzhaftes Lachen am anderen Ende der Leitung gehört zu haben, legte dann aber auf und ging hinunter, um den Wagen nicht zu verpassen. Wer den Anfang dieses Kapitels aufmerksam gelesen hat, wird es ahnen: »Ein Wagen ist unterwegs« bedeutet in Nippes »Er wird niemals ankommen«. Erst recht nicht an Silvester. Um 3.15 Uhr machte ich mich zu Fuß auf den Nachhauseweg Richtung Roonstraße. – Warum hör ich da die Kölner schon wieder lachen? – Ja, es ist 'ne ordentliche Strecke. Aber interessanterweise verkürzen sich solche Wege oft proportional zum gesteigerten White-Russian-Konsum.

In aller Kürze: Nippes rächte sich gewaltig für meine jahrelange Untreue. Ich verlief mich derart, dass ich zeitweise glaubte, in einer Kleinstadt in der Provence gelandet zu sein. Ja, so schön ist Nippes. Irgendwann entdeckte ich schließlich einen Punkt, an dem ich mich orientieren konnte: das Pascha. – Der Morgen graute, die Welt hatte den Millenniumsübergang überlebt und ich war wieder stocknüchtern, als ich endlich an der Inneren Kanalstraße ankam.

Heute, 13 Jahre später, ist das natürlich alles anders geworden. Seit damals besuche ich Nippes regelmäßig. Meist mit der Bahn, da kann nicht so viel passieren. Ein Abstecher dorthin lohnt sich immer. Der Wilhelmplatz mit seinem Wochenmarkt und der Leipziger Platz vermitteln in der Tat provenzalisches Lebensgefühl. Zahlreiche Kneipen, Bars, Restaurants und kleine Läden zeigen, dass die Nippeser sich ein Stück Lebensart aus der Zeit bewahrt haben, als Nippes noch zur Mairie de Longerich gehörte. Ganze Straßenzüge prahlen noch mit ihren Gründerzeit- und Jugendstilfassaden. Und irgendwo findet man immer ein Stück Grün zum Entspannen.

Hauptstraße ist die Neusser Straße. Muss man sich so vorstellen wie die Venloer Straße in Ehrenfeld in breit. Repräsentanten aller fünf Kontinente kaufen hier Produkte aus aller Herren Länder, oftmals hergestellt von Aller-Herren-Länder-Kindern. Sie merken, was ich durch die Blume sagen will? Genau. Die Neusser gehört nicht zwingend zu *den* Edeleinkaufsmeilen der Stadt. Trotzdem spannend. Und sei's nur wegen des Traditionshauses Em Golde Kappes. Will man das Rezept erfahren, mit dem der FC den Aufstieg schaffen kann, so geht man dorthin. Bei leckeren kölschen Deftigkeiten und Kölsch kann man hier den Alt-Nippesern beim Taktikgespräch lauschen. Wahlweise aber auch den Jung-Nippesern bei der Planung der weiteren Abendgestaltung. Die Akzeptanz solcher traditioneller Kneipen bei jungem Partyvolk wie alteingesessenen Wohnzimmercouch-Theken-Pendlern habe ich sonst auch noch in keiner Stadt erlebt. In Hamburg vielleicht. Aber sonst …

Die Abendplanung kann übrigens schon mal etwas dauern, denn Nippes ist eines der kulturell aktivsten Viertel Kölns.

Schuld daran sind vor allem zwei Leute: William Blask und Pfarrer Thomas Diderichs. Ihnen haben zahlreiche Kölner und Nicht-Kölner Künstler zu verdanken, dass sie sich zum täglich Brot auch noch 'ne Wurst leisten können.

Thomas Diderichs ist Pfarrer der Lutherkirche, einem der seltenen neogotischen Bauten Kölns. Dort wird die evangelische Gemeinde nicht nur regelmäßig an die Notwendigkeiten der 99 Thesen erinnert, nein, auch Ungläubige sind bei den zahlreichen

Konzerten und Events willkommen. Mit Ausnahme des WDR Sinfonieorchesters hat dort wahrscheinlich schon jede Kölner Band vorm Altar getrommelt, gezupft und gesungen. Bekannte nationale und internationale Musik- und Comedy-Acts sowie Lesungen sorgen regelmäßig dafür, dass die Lutherkirche ihren Beinamen Kulturkirche zu Recht tragen kann.

Über die Kellerbühne von William Blasks »Heimathirsch« hab ich mich ja schon weiter vorne begeistert und kann mich somit direkt dem gemeinsamen Projekt von ihm und Thomas Diderich widmen. 2001 hoben sie gemeinsam die »Nippesnacht« aus der Taufe. Die Nippesnacht ist ein Kneipenbummel durch Nippes, der Kultur pur bietet. Sie findet meistens Anfang September nach den Sommerferien statt. In zahlreichen Bars und Kneipen zeigen dann Bands, Comedians, Kabarettisten und Schauspieler das Ergebnis langer Probenkellersessions.

Ein Event, der allen Beteiligten riesigen Spaß macht, auch wenn's mal eng ist im Lokal. Oder vielleicht gerade dann. Rekordnacht war die Nippesnacht 2008. Bei 109 Auftritten standen an 35 Orten über 650 Künstler auf den Bühnen. Und das spricht natürlich auch wieder für Köln als Künstlerstadt. Denn zeitgleich fanden in der gesamten Stadt mit Sicherheit noch Hunderte weitere Events mit Tausenden Künstlern ihre Zuschauer.

Weil man hier so gerne klatschen tun tut

RTL haben wir's zu verdanken. Wäre Deutschlands größter Privatsender in der kleinen Garagenklitsche in Luxembourg geblieben, müssten heute Hunderte Kölner jeden Tag gelangweilt über leere Felder und Wiesen in Hürth und Ossendorf spazieren. So aber sitzen sie an selber Stelle in riesigen TV-Studios auf bequemen

Stühlen, amüsieren sich und klatschen vor Begeisterung über das freundliche »Hallo und herzlich willkommen« aus berufenem Moderatorenmund. Und sie sind glücklich dabei.

Die TV-Industrie ist ein Geschenk für die Kölner. In keiner anderen Stadt können die Bürger ihren Stars so oft so nah sein. Und die Menschen danken es den TV-Machern. Brav klatschen sie an den richtigen Stellen, lachen auf Kommando und geben damit den Protagonisten vor der Kamera die Gewissheit, alles richtig zu machen. Das macht selbstsicher und kommt letzten Endes dem gesamten TV-Programm zugute, also auch den gesamtdeutschen Zuschauern. Ich will jetzt nicht unbedingt von aufopfern reden, aber das Kölner TV-Studio-Publikum gibt alles, damit Sie zu Hause das Gefühl haben: Ja, diese Show, die ich da gerade sehe, ist toll. Sie brauchen sich dafür jetzt nicht bei jedem Kölner einzeln zu bedanken, wenn Sie herkommen. Zum einen machen sie es ja gerne und zum anderen sind die meisten Profizuschauer. Oder zumindest semiprofi.

Die erste Show, für die ich arbeitete, hieß *RTL Samstag Nacht*. Sie wurde im damals größten Studiokomplex Kölns produziert, den MMC Studios in Hürth-Kalscheuren. Also eigentlich nicht wirklich in Köln, sondern weit draußen in einem Industriegebiet. Die Zuschauer von *Ilona Christen, Hans Meiser, Familienduell, Der heiße Stuhl* und *Der Preis ist heiß* wurden oft per Reisebus zum Studiogelände gebracht. Direkt neben unserem Studio wurde *Der Preis ist heiß* aufgezeichnet. Drei Shows pro Tag. Dreimal täglich wurde das Publikum mit Bussen angeliefert. In der riesigen Eingangshalle versorgte man die Wartenden mit Getränken, Würstchen und ihren riesigen Namensschildern. Dann ging's mit großen Augen ins Studio rein und mit roten Händen wieder raus. Viele hatten sich schick gemacht, kamerataugliche neue Garderobe in ihrem Lieblingsversandhaus Quelle, Neckermann oder bei Adler-Moden geordert. Pullis und Blusen in den Farben Altrosa, Blau, Grau und Hellgrau. Beige Kostümchen bei den Damen, hellbeige oder dunkelblaue

Windjacken bei den Herren. Anfangs waren viele Zuschauerinnen auch noch in Weiß gekleidet. Das legte sich aber, nachdem es sich in Köln herumgesprochen hatte, dass Weiß nicht so gut für einen Auftritt vor der Kamera ist. Es reflektiert zu viel Scheinwerferlicht. Seitdem gelten weiße Kleidungsstücke in Köln als verpönt. Nur in Kombination mit Rot überhaupt tragbar.

Doch heutzutage ist das eh alles anders geworden. Der Besuch einer TV-Show ist nicht mehr das festliche Ereignis, das es noch in den Anfangstagen der Kölner Show-Inflation war. Er gehört zum rheinischen Alltag wie Einkaufen, ins Freibad gehen oder Fernsehen kucken. Immer mehr Menschen haben immer mehr Tagesfreizeit und nutzen sie, um sich die Zeit zwischen *Familien im Brennpunkt* und *TV total* mit dem Besuch einer Aufzeichnung von *Zwei bei Kallwass* oder eben *TV Total* zu vertreiben. Das Publikum ist jünger geworden und kleidet sich auch nicht mehr bei Quelle, Neckermann und Adler-Moden ein, sondern bei H&M, Abercrombie & Fitch oder KIK. Manche besuchen zwei, drei Aufzeichnungen pro Woche. Man kennt sich untereinander, plaudert und tauscht Kritiken über neue TV-Formate aus. Ja, es sollen sogar schon Ehen entstanden sein. Das würde mich nicht wundern, da die Stimmung vor den Aufzeichnungen oftmals durch die kostenlose Ausgabe von Sekt gelockert wird. Speziell bei Premieren neuer Formate. Natürlich kommt da auch der ein oder andere in Flirtlaune.

Ich mag diese Zuschauerkultur hier in Köln. Es macht einfach immer wieder Spaß, mit Profis zusammenzuarbeiten. Die Leute hier wissen, dass man das Handy ausschaltet im Studio. Dass man nicht in die Kamera winkt und dass man zu lächeln hat, wenn einem schlecht wird und man vom Stuhl rutscht. Schließlich könnte man ja im Bild sein. Abertausend Mal wurde ihnen das in netter Form vor den Aufzeichnungen von mittlerweile stadtbekannten Warm-Uppern beigebracht. In Köln wird nicht mal mehr ins Handy gewinkt, wenn jemand 'ne Privataufnahme macht. Da hat man sofort ein schlechtes Gewissen.

Diese Professionalität lernt man als Fernsehmacher allerdings erst zu schätzen, wenn man mal woanders produziert hat. In Berlin beispielsweise. Bei der ersten Aufzeichnung einer neuen, sehr aufwendigen Spielshow gab es leider einige logistische Probleme. Die Aufzeichnung begann um 20.00 Uhr und erst gegen 4.00 Uhr morgens konnten wir die letzten Bilder mit den Siegern auf dem Magnetband festhalten. Die Berliner Hobby-Studiobesucher wurden mit der Zeit immer mürrischer und verließen nach und nach einfach das Gelände. Die Folge: Wir mussten die verbliebenen 50 Zuschauer ständig wecken und umsetzen, damit hinter den Protagonisten keine leeren Stuhlreihen das Bild verschandeln.

In Köln wäre das alles kein Problem gewesen. Die Kölner hätten genügend Brötchen und Getränke dabeigehabt, diverse Aufputschmittel, Sitzkissen und natürlich die obligatorische Urinflasche. Ja, mit den Kölnern lässt sich gut Fernsehen machen.

GRUND NR. 59

Weil der Rosenmontagszug
der schönste Umzug der Welt ist

Es ist zum Glück nicht der Fall, aber würde man mich vor die Wahl stellen, nur einen einzigen Karnevalsumzug in Köln besuchen zu dürfen, wäre es natürlich der Rosenmontagszug. Jeder kennt ihn, nicht alle lieben ihn, trotzdem schaltet die Nation ein, wenn an Rosenmontag die lustigen WDR-Moderatoren von ihrem Balkon aus die vorüberziehenden Gruppen kommentieren, Mottos der Wagen erklären und Kölsch trinken. 20 Prozent der deutschen Fernsehzuschauer schauen sich im Durschnitt das farbenfrohe Kostümspalier an. Nur die Kölner natürlich nicht. Kölner TV-Geräte bleiben am Rosenmontag kalt. Klar. Die eine Hälfte von ihnen sitzt auf den Mottowagen, spielt in einer Musikkapelle oder ist Dreigestirn, die andere steht am Straßenrand und wartet auf Kamelle und Bützjer. Mit drei Lagen Pullover und Strumpfhose unterm Prinzessinnenkostüm ist man für den langen Vormittag am wichtigsten Tag im Jahr gerüstet. Und wem es trotzdem zu kalt wird, der wärmt sich halt am Nebenmann. Alle haben sich lieb, singen, tanzen und gratulieren den Zugteilnehmern zu ihren gelungenen Beiträgen zum buntesten Verkehrsstau des Jahres. Selbst die ausländischen Mitbürger, denen solch Gebaren ansonsten fremd ist, haben ihren Spaß am Spektakel. Immer wieder trifft man auf Zuschauergruppen, die beim dreifach kräftigen Alaaf das F am Ende weglassen. Ein weiteres Beispiel gelungener Integration.

Der Kölner Rosenmontagszug ist nicht nur der größte Karnevalsumzug in Deutschland, sondern auch der älteste. Seit 1823 werden auf der sechs Kilometer langen Strecke mittlerweile Hunderttausende Zuschauer jedes Jahr mit 300 Tonnen Süßigkeiten, Blumensträußen, Stoffpuppen und Schokoladentäfelchen fürs Ausharren am Straßenrand belohnt. Man ruft den Helden auf den Wagen den Sammelbegriff »Kamelle« zu, und schon wird man belohnt. Falls Sie es mal selbst versuchen wollen: Das Doppel-L ist wichtig.

Dummerweise leide ich unter dieser seltenen Menschenallergie, die einsetzt, sobald mehr als 100 Individuen zusammenkommen, um ein gemeinsames Ziel zu verfolgen. Ich gehöre zu den 20 Prozent, die sich den Höhepunkt des närrischen Treibens vom WDR ins Wohnzimmer servieren lassen. Allerdings auch nur, damit ich weiß, wann sich der Zug auflöst.

Das Schönste am Rosenmontagszug ist nämlich für mich persönlich die After Zoch Party im Weißbräu. Sie hat sich zum traditionellen Kölner TV-Autorentrinken entwickelt. Die Freude ist groß, da man manche Kollegen schon ein Jahr lang nicht gesehen hat und sie nicht nur wegen der Kostümierung kaum erkennt. »Sag mal, das Kissen unterm Hemd wär ja nicht nötig gewesen, Chris.« – »Das ist kein Kissen, du Arsch.« Es wird gesungen, geschunkelt und sogar getrunken, als wäre ab Aschermittwoch das Lustigsein verboten.

Und erst wenn der letzte Zoch-Wagen wieder in der Garage steht, der letzte Pirat auf dem Klo eingeschlafen und die letzte Pippi Langstrumpf gebützt, erkennt man, dass es an der Zeit ist, nach Hause zu wanken. Also, so gegen 17.00 Uhr. Man nimmt sich noch einmal in den Arm und beschließt die Feierlichkeit mit der traditionellen TV-Macher-Verabschiedung: »Wir müssen unbedingt mal wieder was zusammen machen.« Spätestens nach dem nächsten Rosenmontagszug.

Weil die Schull- und Veedelszöch der schönste Umzug der Welt ist

Es ist zum Glück nicht der Fall, aber würde man mich vor die Wahl stellen, nur einen einzigen Karnevalsumzug in Köln besuchen zu dürfen, wäre es natürlich die Schull- und Veedelszöch an Karnevalssonntag. Auch wenn hier die Germanistenseele von der ohnehin schon etwas kruden Kölner Grammatik noch mal besonders gequält wird. Der Grund: Hier wurden mehrere Züge zu einer Veranstaltung zusammengelegt. Die Schullzöch, an denen bis zu 50 Schulen teilnehmen, und die Veedelszöch. Letztere werden von circa 40 bis 50 Stammtischen, Nachbarschaftsvereinen und Familien der einzelnen Viertel gestaltet. Die Idee zu den Veedelzöch entstand 1932 in einem Bürgerausschuss, dem die Erhaltung und Erneuerung des ursprünglichen Volkskarnevals am Herzen lag. 1933 zog dann auch der erste Veedelszoch los. 1952 wurden Schull- und Veedelzöch dann zusammengefasst.

Im Gegensatz zum Rosenmontagszug, bei dem oft die nationale und internationale Politik aufs Korn genommen wird, geht's bei den Schull- und Veedelszöch eher um kommunale Themen. Das Büdchen, das geschlossen werden soll, der beliebte Lehrer, der versetzt worden ist, oder die Jagd nach einem Studienplatz. Auch hier basteln die teilnehmenden Gruppen das ganze Jahr über an Kostümen und Wagen. Allerdings ohne professionelle Hilfe oder gar einen Sponsor. Lediglich die Kamelle stiftet der Verein der Freunde und Förderer des Kölnischen Brauchtums. Umso fantasievoller setzen die Pänz, Lehrer, Schulklassen, Wirte und Nachbarn ihre Ideen um. Die Wagen sehen noch nach echter Handarbeit aus, und man sieht, dass so mancher Papa zahlreiche Akkus leergeschraubt hat. Astronautenanzüge aus Alufolie und Ritter mit prächtigen Helmen, deren Ursprungszweck »Putzeimer« erst auf den dritten Blick zu erkennen ist.

Eine 40-köpfige Jury prämiert die beste Wagen- und die beste Fußgruppe. Am schwersten hat es aber der Leiter des Rosenmontagszugs, denn er muss einen Preis an die originellste Gruppe vergeben. Alle drei prämierten Gruppen dürfen sich dann noch im Rosenmontagszug einreihen. Allerdings sind die Schulen hierbei außen vor. Man will sie nicht auch noch in der Freizeit dem Leistungsdruck aussetzen. Ja, so sind sie, ming Kölsche. Immer en Hätz für die Pänz. – Ich persönlich habe meinen ersten Besuch bei den Schull- und Veedelzöch in sehr guter Erinnerung. Zeigte er mir doch, dass meine damals achtjährige Tochter einiges von meinen Genen hat. Sie war begeistert vom Zoch und ich bot ihr an, am nächsten Tag mit ihr zum Rosenmontagszug zu gehen. Sie lehnte ab. Da waren ihr zu viele Menschen.

GRUND NR. 61

Weil der Geisterzug der schönste Umzug der Welt ist

Es ist zum Glück nicht der Fall, aber würde man mich vor die Wahl stellen, nur einen einzigen Karnevalsumzug in Köln besuchen zu dürfen, wäre es natürlich der Geisterzug. Er ist der Zoch gewordene eiserne Wille der Kölner, sich durch nichts und niemanden auch nur ein Stück ihrer Lebensart nehmen zu lassen. Er zeigt, wie clever der Kölner sich zu nehmen versteht, was er zum Leben braucht. Er verdeutlicht, wie der Kölner die Probleme dieser Welt angeht. Er ist die »Kölner Lösung«. Und die heißt »Karneval«. Auch für die alternative Szene.

Im Januar 1991 stand die Welt unter Schock. Im Irak brannten die Ölfelder. Der Zweite Golfkrieg wütete im Nahen Osten. Das Drama war perfekt, als dann auch noch der Straßenkarneval verboten wurde. Der Rosenmontagszug wurde abgesagt. Offizielle Begründung: In Kriegszeiten dürfe man nicht ausgelassen feiern. So viel Pietät konnte man in Köln jedoch nicht glauben. Speziell die alternativ Denkenden gingen davon aus, dass man in Wahrheit einfach Angst vor Terroranschlägen hatte. Es gab wohl nicht genügend Sicherheitskräfte im Rheinland, um verstärkten Objektschutz zu leisten und gleichzeitig die Karnevalsumzüge abzusichern. So kamen zwei Dinge zusammen: einmal dieses Kribbeln, das der Kölner am Rosenmontagszug in den Beinen verspürt, der kaum zu unterdrückende Drang, an diesem Tag gemeinsam durch die Stadt zu laufen, und zum anderen der politische Protest. Man plante statt Rosenmontagszug eine Anti-Golfkrieg-Demo. Genauer gesagt: Ein Mann plante es. Erich Hermans konnte das Kölner Friedensplenum, eine Vereinigung von Antimilitaristen und Kriegsgegnern, davon überzeugen, dass es doch die perfekte Situation sei, um die Kölner, ja, die gesamte Welt, auf den Wahnsinn des Krieges hinzuweisen. Alle Augen würden auf Köln gerichtet sein. Das ist natürlich ein Argument, mit dem man jeden Kölner überzeugen kann. Also, nahm man die Sache in Angriff.

Der erste Geisterzug formierte sich, um die geplante Rosenmontagszugstrecke mit Demo-Plakaten und Antikriegsgesängen abzugehen. Das wiederum konnten die traditionellen Karnevalisten nicht mitansehen und reihten sich in den Kölner »Chaotentrupp« ein. Es wurde einer der schönsten und eindrucksvollsten Umzüge der Kölner Umzugsgeschichte. Er endete unter gemeinsamem Absingen des recht unkarnevalistischen Liedes *Schneeflöckchen, Weißröckchen*.

Seitdem zieht jedes Jahr aufs Neue der politische Geist durch die Stadt. Ausnahme war 2012, als die Gelder zur Erfüllung der Auflagen nicht zusammenkamen. Dafür darf man sich jedoch rühmen, den Rekord für die meisten Teilnehmer eines Karnevalsumzugs zu halten. 1996 zogen 60.000 Bettlaken-Träger durch die Stadt. So steht es jedenfalls geschrieben. Ich selbst lebte mich in diesem Jahr gerade mal in der karnevalsfreien Zone Stuttgart ein.

Meine erste Begegnung mit dem Geisterzug fand 1994 eher zufällig statt. Ich war auf dem Weg zu einer Verabredung nicht karnevalistischer Art, da zogen sie an mir vorüber. Dunkelgrau gefärbte Bettlaken-Geister, schwarze Punk-Hexen und blutende Geschöpfe der Finsternis. Umrahmt von Pechfackeln und fast bedrückender Stille. Es war eine beeindruckende, düstere Atmosphäre. Nur eine Samba-Truppe deutete etwas später darauf hin, dass es hier um mehr ging als nur um politischen Protest.

Auch heute steht der Geisterzug immer unter einem aktuellen politischen Thema, das nach karnevalistischen Gesichtspunkten umgesetzt wird. Jeder darf sich ohne Anmeldung einreihen, wenn er sich an die Regeln hält. So ist zum Beispiel aus umweltpolitischen Gründen das Werfen von Kamelle oder dergleichen Karnevalsdevotionalien untersagt. Auch elektronisch verstärkte Musik gilt als verpönt. Stattdessen wird der Zug von zahlreichen Samba-Trommlern unterhalten. Oft allerdings nicht den gesamten Zugweg entlang. Immer wieder gehen Trommler-Gruppen verloren, weil sie vor einer Kneipe hängen bleiben oder auf einem passenden Plätzchen die müden Geister bis in die frühen Morgenstunden am Leben halten.

Der Geisterzug ist bunter geworden. Man trifft Horrorgestalten aus Märchen, Legenden, Film und TV. Also auch mal Frau Merkel und Co. Probleme gibt's neuerdings mit dem Erkennen von Vampiren. Früher trugen sie einen schwarzen Umhang, lange Schneidezähne und Blut in den Mundwinkeln. Betrunken höchstens mal mit einem Hasen im Parka zu verwechseln. Doch seit dem Comeback der Vampir-Filme und -Serien wie der *Twiglight*-Reihe oder *Vampire Diaries*, könnte man auch annehmen, man wär nicht in eine Vampirhorde geraten, sondern in ein Casting für ein Model-Shooting.

In den Kostümen stecken meist dieselben freien Geister, die auch die Stunksitzung bereichern. Der Geisterzug ist somit schon die zweite Bastion des traditionellen Karnevals, die sich die Kölner Alternativen ihren Bedürfnissen entsprechend umgestaltet haben. Seinen von der Natur gegebenen Neigungen kann nun mal kein Kölner entfliehen. Auch nicht, wenn er Links wählt oder nur Bio kauft.

Ich freu mich schon auf den Weiberfastnachtstag, an dem der Kabarettist Jürgen Becker als »entjungferte Jungfrau ohne Unterleib« auf dem Balkon des Kölner Rathauses steht und den Straßenkarneval für eröffnet erklärt. Ich weiß, das macht normalerweise der Prinz persönlich, aber im Rahmen der Emanzipation dürfte das wohl dann Geschichte sein.

Wenn andere Städte schlafen –
Köln erwacht bei Nacht

Kapitel 7
AUFREGENDES

Weil man hier Anrüchiges und Kultur
einfach unter einen Hut bringen kann

Ich habe es schon mehrfach erwähnt. Der Kölner mag es, wenn er
mit einmaligen Dingen aufwarten kann. Egal, ob das etwas ist, was
er selbst ganz toll kann – zum Beispiel supergut närrisch sein –, oder
etwas, was seine Stadt von allen anderen auf der Welt unterscheidet.
Der Dom zum Beispiel. Oder das größte Laufhaus Europas, das
Pascha. Ein Puff. Nein, das Pascha ist mehr als ein Puff. Es ist eine
Institution, integriert ins Kölner Leben wie der Hauptbahnhof, das
Büdchen und das Millowitsch-Denkmal. Keiner regt sich darüber
auf, was darin vorgeht, denn der Kölner versteht es halt, zu leben
und leben zu lassen. – »Hallo, Schatz, deiste noh dä Arbeit noch
ens nohm Pascha jonn?« – »Jo, sicher dat.« – »Bring doch om'm
Röckwääch noh zwei Pund Öllig met.« – Ein Telefondialog zwischen Eheleuten, wie er tagtäglich in Köln abgehört werden könnte.

Deshalb ist es auch ganz selbstverständlich für die Kölner, dass
im Pascha neben dem betriebswirtschaftlich wichtigen Rein und
Raus auch Veranstaltungen stattfinden, die man durchaus dem Bereich Kultur zuordnen kann.

In regelmäßigen Abständen wird die Bühne im schicken Nightclub des Hauses für Musik- und Comedy-Acts freigeräumt. Dort,
wo sich sonst die weiblichen Repräsentanten zahlreicher osteuro-
päischer und eurasischer Staaten an Stangen stapeln, werden dann
Gitarren geschrubbt und Pointen verspritzt. *Nur lachen, nicht anfassen* heißt die Mixed-Comedy-Show, die Autor, Musiker und
Comedian Lutz Birkner ins Kölner Nachtleben rief. Mit seinem
Musik-Comedy-Duo Die Pommesgabeln und Comedians wie Dave
Davies, Der Dennis oder Carolin Kebekus verwandelt er die feuch-
ten Träume, die dort üblicherweise wahr werden, in Tränen des
Lachens. Und das Kölner Publikum tut das, was es immer macht,

wenn ihm Außergewöhnliches geboten wird: Es ist dankbar. Und zwar Männer wie Frauen. Carolin Kebekus hat im Pascha sogar die Stand-ups für ihre Show *Broken Comedy* aufgezeichnet. Bestsellerautor Tommy Jaud hat auf dieser Bühne aus seinem Roman gelesen, und internationale Jazz-Größen spielen in unregelmäßigen Abständen ihre Lieblingsmusik: Jazz. Dass die Pascha-Betreiber sich auch mal ganz spontan für eine Programmänderung im Nightclub entscheiden können, durfte ich selbst miterleben.

Claudia Cane, eine famose Rockröhre aus München und zeitgleich liebe Freundin von mir, war 2010 mit ihrer Band als Supporting Act von AC/DC auf Tour. Einen Tag vor ihrem Auftritt im RheinEnergieStadion bekam ich eine SMS: »Urig, bin mit der Band in der Altstadt, lass uns treffen.« – Es wurde einer jener sonnigen Nachmittage, denen man in Köln öfter mal begegnet. Musikergeschichten austauschen und Kölsch trinken, bis die Sonne untergeht. Nach circa sieben Metern Bier bekam der Drummer »total Bock auf 'ne Session«. Mir fielen als Erstes die üblichen Verdächtigen ein, bei denen man eventuell auf die Schnelle die Bühne bevölkern könnte: das MTC und das Blue Shell. Beide hatten an diesem Abend aber bereits Konzerte im Programm. Dann schlug der Köbes vor, doch mal im Pascha anzurufen. Drei Stunden später stand die Claudia-Cane-Band dort auf der Bühne und rockte den Club so lange, bis ringsumher alle Supermärkte geschlossen hatten und viele Gäste ohne Zwiebeln nach Hause kamen. Ja, an diesem Abend hing so mancher Haussegen schief in Köln.

Weil hier auch die Kleinkriminellen groß rauskommen können

Steigen wir doch gleich mit einem weiteren Kölner Rekord ein. Ein Rekord, auf den man allerdings nicht ganz so stolz ist wie auf die vielen anderen. Köln war Anfang der 1960er die Stadt mit der höchsten Kriminalitätsrate in Deutschland. Fast 50.000 Straftaten wurden pro Jahr registriert. Das ist viel. Besonders in Anbetracht dessen, dass sie nur von einer begrenzten Anzahl Kölner begangen wurden. Die Kölner Unterwelt war fest in den Fäusten von zehn, zwölf freiberuflichen Verbrechern. *Chicago am Rhein* wurde Köln damals genannt und die Goldkettchen, die die haarigen Herrenbrüste oft zierten, wurden in erster Linie durch Zuhälterei, Glücksspiel und Hehlerei finanziert. Wer sich für die Gründe interessiert, wie es dazu kommen konnte, dem empfehle ich die Dokumentation *Chicago am Rhein* von Peter F. Müller. Ich will mich hier der Akzeptanz dieser Klein-Gangster in der Kölner Bevölkerung widmen. Denn sie zeigt sehr gut, wie der Kölner zwischenmenschlich funktioniert.

Die Unterweltbosse der Domstadt waren fast so was wie Volkshelden. Die Kölner gaben ihnen Kosenamen wie Schäfers Nas, Dummse Tünn, Abels Män oder Frischse Pitter. Eine solche Ehre wurde nicht mal Heinrich Böll zuteil. Der hieß immer nur Heinrich Böll. Nie »Dä Fiselig Hein« oder »Dä dönne Drickes«. Und warum? Weil Böll zwar ein dufter Typ war, aber das kölsche Hätz zu selten erreichte. Ganz anders die Jungs aus dem Rotlichtviertel. Trotz aller krimineller Energie galt immer so etwas wie eine Gangsterehre. Die Jungs waren bodenständig und zeigten oft ihr kölsches Hätz. Sie waren so, wie sich der Kölner vorstellt, dass ein Kölner sein muss. Sie gingen halt nur einem etwas ruppigeren Beruf nach als der Rest der Bevölkerung. Dummse Tünn und Schäfers Nas waren Bau- und

Hafenarbeiter, die ihre Karriere auf der schiefen Bahn als Türsteher für den Gastronomen Hans Herbert Blatzheim, den Stiefvater von Romy Schneider, begannen. Nebenbei ließen die beiden »Mädchen aus dem Leben« für sich anschaffen.

Ein gutes Beispiel für die Art von Ehre, die die Herren vertraten, ist wohl jenes vom Einbruch in die Domschatzkammer im Jahr 1996. Schäfers Nas, der in den 60ern der *König vom Ring* war, gab öffentlich bekannt: »Die Kirch bekläut mer nit!« und stellte eigenhändig Recherchen im Milieu an. Ein paar Tage später bekam Domprobst Norbert Henrichs (nein, auch er bekam keinen Kosenamen von den Kölnern) das Kreuz wieder überreicht. Schäfers Nas lehnte die 3.000 Mark Belohnung natürlich ab und der Domprobst bedankte sich daraufhin mit einer öffentlichen Fürbitte.

Aber nicht alle Kleinkriminellen konnten ein derart hohes Ansehen in Köln genießen. Der ehemalige Friseur von Schäfers Nas versuchte sich ebenfalls im Geschäftsfeld seines Lieblingskunden. Um d'r Nas nicht ins Gehege zu kommen, zog er nach Düsseldorf. Dort wurde er zwar Bordell-König, aber der Einzug ins Kölner Hätz blieb ihm damit natürlich für immer verwehrt. Bert Wollersheim schaffte es lediglich bis ins Programm von RTL 2.

GRUND NR. 64

Weil hier der Schuldige für alles Leid, das der Stadt widerfahren ist, einmal im Jahr verbrannt wird

Ja, es liest sich recht martialisch. Ist es aber auch. Zur Entlastung der Kölner sei gesagt: Der Schuldige ist zwar mannsgroß, besteht jedoch zu 95 Prozent aus Stroh. Der Rest ist Herrenoberbekleidung. Er nennt sich Nubbel und wird in vielfacher Ausfertigung an Weiberfastnacht über den Kneipentüren festgenagelt. »Nubbel« ist ein

Begriff, der aus der Nähe des 18. Jahrhunderts stammt. Er wurde schon immer benutzt, wenn es galt, einen Schuldigen zu finden, aber niemand nähere Angaben über ihn machen wollte. Lehrer in der Schule: »Wer hat mir die Kreissäge auf den Stuhl gelegt?« Kinder: »Dat wor dä Nubbel.« Im Laufe der Jahrhunderte wurde dieser Nubbel in Form oben beschriebener Strohpuppe personifiziert und man hatte endlich ein Paar Schuhe, in die man alles schieben konnte, was im Laufe des Jahres schiefgegangen ist.

Damit sich derselbe Driss nicht wiederholt, wird er dann gemeinsam mit den Schuhen und zugehörigem Nubbel in der Nacht von Veilchendienstag auf Aschermittwoch einfach dem Feuer übergeben. Nee, halt. Nicht einfach so, sondern im Rahmen einer Zeremonie, die ihresgleichen sucht. Jedes Veedel begeht seine eigene Nubbelverbrennung. Kurz vor Mitternacht werden die Nubbel aller Kneipen der Umgebung zum größten Platz des Veedels oder einfach auf die abgesperrte Hauptstraße prozessiert. Der Nubbelmeister, meist als Geistlicher gekleidet, trägt die Anklageschrift vor. Wenn alles gut geht in Reimform. Etwa: »Onn wer wor schuld, dat dä FC in diesem Johr ewiddr mol nur vierter wor?« – Die versammelte Gemeinde antwortet dann kollektiv mit »Dat wor dä Nubbel!«

Dieses Beispiel habe ich übrigens gewählt, weil es bereits ein traditioneller Vorwurf gegen den Nubbel ist, der sich jedes Jahr wiederholt. Nur mit unterschiedlichen Platzierungen. Die Klagen reichen jedoch vom kühlen Frühling bis zu den Plänen der EU zur Wasserprivatisierung. Je nachdem, wie gut oder schlecht ein Jahr verlaufen ist, kann sich das Prozedere schon mal ein Weilchen hinziehen. Das macht jedoch nix, denn jede Minute, die es länger dauert, ist eine Minute mehr Karneval. Schließlich gilt es dann doch, irgendwann Abschied zu nehmen, und unter Heulen und Jammern werden die aufgestapelten Nubbel angezündet.

Die Nubbelverbrennung ist für mich der faszinierendste und berührendste Event in Köln. Hier liegt die kölsche Seele so blank, dass man sie greifen kann. Und ihre Wärme ist noch bis kurz hinter

Neuss zu spüren. Bei keiner anderen Veranstaltung erfährt man diese wundervolle Art der fröhlichen Melancholie. Man genießt die Traurigkeit im Bewusstsein, dass die lustigen, wilden Tage nun vorüber sind, aber noch zahlreiche solcher Tage kommen werden. Das Leben ist bunt. Und dazu gehört nun auch mal Schwarz. Bei der Nubbelverbrennung vereinen sich das lachende und das weinende Auge des Kölners zu jenem kindlichen Zyklopenblick, bei dem man ihn einfach nur knuddeln will. Um das als Fremder oder Imi halbwegs mitempfinden zu können, sollte man allerdings bereits vorher mindestens drei Tage lang ordentlich Karneval gefeiert haben.

GRUND NR. 65

Weil man hier alle Sünden verzeiht, selbst wenn sie gebaut werden

Die Kölner bauen verdammt gerne. Und viel. Wahrscheinlich etwas, was ihnen die Römer beigebracht haben und was ihnen in Fleisch und Blut überging. Leider ging das Römische Reich zu schnell unter, sodass sie den Kölnern nicht mehr beibringen konnten, wie man etwas baut, dass es a) nützlich und b) stabil genug ist, Jahrhunderte lang zu halten. Also haben die Kölner vor 765 Jahren ein Lernprojekt gestartet, an dem sie immer noch arbeiten. Den Dom. Da aber zu einer Stadt mehr gehört als nur ein Dom, haben sie trotz mangelnder Fachkenntnis weitergebaut. Bis heute. Ich will jetzt nicht behaupten, die Kölner wären glücklich gewesen, als zu einem Zeitpunkt, zu dem die Stadt fast fertig schien, alles im Bombenhagel zerstört wurde. Die Tatsache, dass sie die Gelegenheit nutzten, neue Formen, Farben und Baustoffe auszuprobieren, als sie die Stadt wieder aufbauten, lässt beim Außenstehenden zumindest den Verdacht aufkommen, dass es so war. Jedenfalls stellte man damals graue, glatte Betonwürfel an die Stellen, an denen vorher die schlecht sauber zu haltenden stuckbestückten klassizistischen und im Jugendstil gebauten Häuserreihen standen. Auf den ersten Blick sicher praktisch. Auf den zweiten jedoch hässlich. Zumindest für den Temporär-Kölner, dem die Zeit fehlt, sich an den Anblick zu gewöhnen.

Schauen wir noch mal etwas weiter zurück. Im Jahr 1876 genehmigte die Stadt Köln den Bau der ersten Pferdebahnlinie Deutz/Kalk. Bereits 1877 war sie fertiggestellt. Das lag wohl daran, dass es kein städtisches, sondern ein privates Bauvorhaben des Weinhändlers Ernst Hardt und Co. war.

Doch dann stieg die Stadt in den Bahnbau ein und keine 20 Jahre später gab es bereits sechs Pferdebahn-Linien, die sich durch die Stadt zogen. Alle fertig. 1903 stellte man von Pferd auf Elektrik um, und dann kam der Schock. In einer Ratssitzung, so vermute ich, stellte ein aufmerksamer Ratsherr fest: »Herrschaften, die Hauptstadt von England hat seit 1890 eine sogenannte U-Bahn. Ich finde, so was würde der Hauptstadt der Fröhlichkeit doch auch gut zu Gesicht stehen.« Und während 40 Prozent der Anwesenden darüber diskutierten, welche Auswirkungen eine solche Baumaßnahme auf die Kölschpreise haben könnte, stimmten die restlichen 60 Prozent dafür, erst mal zu üben und einen Teil der Bahnstrecke unterirdisch zu verlegen.

Gesagt, getan. 1963, keine 60 Jahre nach dem Beschluss, wurde der Grundstein für die Kölner U-Bahn gelegt. Mitte der 1980er wurde sie für vorübergehend fertiggestellt erklärt. Und tatsächlich fährt die Kölner Bahn seitdem unterirdisch, wenn sie nicht gerade oberirdisch unterwegs ist. Oder kaputt.

Eigentlich hätte man nun zufrieden sein können. Doch das Streben, die Perfektion ihrer Lehrherren im Bauhandwerk zu erreichen, ließ die Kölner Stadtväter nicht ruhen. Im Juni 2004 setzte man den Beschluss aus dem Jahr 1992 in die Tat um und nahm den Bau des Nord-Süd-Tunnels in Angriff. Die Fertigstellung war für das Jahr 2010 vorhergesagt. Aber wie das mit Vorhersagen so ist, so kann man sich auf die Kölner Stadtväter ebenso wenig verlassen wie auf die Meteorologen. Die einen entschuldigen sich mit plötzlich auftretenden Hochdruckgebieten, die anderen mit »Das hat ja keiner ahnen können«. Tatsächlich kann man den Kölnern keinen Vorwurf machen, dass mehrere kleinere Zwischenfälle zu Verzögerungen führten. Sie üben ja schließlich noch. Erst stellte sich der Kirchturm von St. Johann Baptist quer und später heraus, dass womöglich 1971 beim Bau des Stadtarchivs nicht berücksichtigt wurde, dass es knappe 38 Jahre später von einer U-Bahn unterquert werden sollte. Klarer Fehler der Verantwortlichen von damals. Das Gebäude stürzte ein. Bis heute sind die wahren Ursachen übrigens nicht geklärt. Man rechnet erst 2016 mit einem finalen Gutachten. Ich persönlich glaube ja, man will einfach abwarten, was sonst noch so kaputtgeht, und klärt dann pauschal auf: Dat wor Mist, weil dat konnte ja keiner ahnen. Und zwar genau in diesem Mix aus Kölsch und Hochdeutsch.

Bisher ging seitdem alles gut. Nach dem Einsturz des Stadtarchivs schüttelte man sich, bedauerte öffentlich das Versehen und buddelte sich unter täglichem Runterbeten von vier Rosenkränzen unter dem Dom durch. Speziell für dieses Unterfangen bekamen die Bauarbeiter neue Arbeitsausweise, auf deren Rückseite Artikel 3 des Kölschen Grundgesetzes aufgedruckt war: »Et hät noch emmer jod jejange.« Vermute ich zumindest, denn es ging gut. Der Dom, er hielt stand. Er wackelt heute nur, wenn die Bahn drunter herfährt. Macht nix, fährt sie dort halt langsamer. Das ist nicht nur sicherer, sondern auch andächtig, zeugt von großer Ehrfurcht vor dem Kölner Lieblingsgebäude und gibt den Fahrgästen Zeit genug, ein Stoßgebet gen Himmel zu senden.

Wo das Ganze enden wird? Ich hoffe, ohne weitere Vorfälle an der Haltestelle Arnoldshöhe. Und selbst wenn auf dem Weg dorthin noch das Severinstor umkippen oder aus dem Bonner Wall ein Bonner Tal werden sollte: Die Kölner würden es ihren Stadtvätern verzeihen. Und warum? Weil man hier weiß: Niemand ist perfekt, nur Übung macht den Meister. Getreu dem Motto »Man kann ja nie wissen, ob man was nicht kann, wenn man's nicht mal versucht hat« wird den ganzen Tag geübt. Fachleute haben es hier richtig schwer. Egal ob Hausbau, Auto- oder Kühlschrankreparatur: Erst mal wird selbst Hand angelegt. Man bekommt auch immer wieder Tipps von Leuten, die einem beim Üben zukucken und selbst mal geübt haben. Toll. Bei mir zum Beispiel hat es ein Jahr gedauert und viermal Üben, bis ich dann einen Kühlschrankfachmann rief, dem ich über die Schulter kucken konnte. Jetzt läuft das Ding und im Winter sehe ich die Heizung an.

Abschließend muss ich aber auch mal betonen, dass nicht alles Sünde ist, was hier gebaut wird. Mit der Gestaltung der neuen U-Bahn-Haltestelle Rathaus haben die Verantwortlichen der Kölner Stadtarchitektur ein wahres Kleinod hinzugefügt. Hier wurde den Ur-Ur-Ur-Kölnern, den Eburonen, ein angemessenes Denkmal gesetzt. Mit rustikalem Holzhüttencharme wird an die allerersten Siedler der vorrömischen Zeit erinnert. Die konnten ja noch nicht wissen, wie man Bauwerke von bleibender Schönheit erschafft.

Weil die »Lindenstraße« zwar in München spielt, aber in Köln gedreht wird

Anfangs habe ich das gar nicht gewusst. In meiner persönlichen TV-Programmierung existierte die *Lindenstraße* nämlich überhaupt nicht. Ich wusste, es gab sie, aber sie interessierte mich nicht. Meine Begeisterung für deutsche Familienserien hielt sich seit dem Ende von *Ein Herz und eine Seele* in klar abgesteckten Grenzen. Die hießen: Wenn Serie, dann us-amerikanisch und lustig.

Erst Mitte der 90er wurde mein Interesse durch ein besonderes Ereignis in die *Lindenstraße* gelenkt. Das Ereignis war weiblich, wirklich was etwas ganz Besonderes und großer Fan der sonntäglichen Drama-Ansammlung im Ersten. Wollte ich also auch am Sonntagvorabend in ihrer Nähe sein, musste ich wohl oder übel am Familienleben der Beimers, Dresslers, Sperlings und Sarikakis teilhaben. Anfangs konnte ich den über Jahre hinweg aufgebauten Handlungssträngen logischerweise überhaupt nicht folgen und schlief auch schon mal während der Sendung ein oder ging *mal kurz Zigaretten holen*. Doch mit den Jahren litt ich dann nicht mehr *unter* Mutter Beimer, sondern *mit* ihr.

Warum nun aber die Tatsache, dass die *Lindenstraße* in München spielt, aber in Köln gedreht wird, ein Grund für mich ist, diese Stadt zu lieben, kann ich auch nicht so genau sagen. Möglicherweise hat es was mit meinem, sagen wir mal, etwas angespannten Verhältnis zu München zu tun. Vielleicht ist es tatsächlich so was wie Schadenfreude, der ich mich nicht erwehren kann. Ich brauche bloß eine halbe Stunde mit dem Bus zu fahren und schon stehe ich direkt vorm Café Bayer und dem Alimentari. Mit etwas Glück darf ich sogar Mutter Beimer über die Lindenstraße helfen. Das bleibt den Münchener Beimer-Fans vorenthalten.

Ja, möglicherweise liegt es daran. Ja, nicht falsch verstehen, München ist eine wunderschöne Stadt und ich habe viele Freunde dort. Trotzdem war ich froh, als ich nach einem Jahr meine Koffer wieder endgültig packen konnte. Bei meinem allerersten Besuch in München fand ich die Stadt noch cool. Das war allerdings 1974 und da war sie auch noch cool. München war Flower-Power. Im Englischen Garten sonnte man sich noch nackt, weil man frei sein wollte. Heute macht man das, um allen die neu designten Titten zu zeigen. Oder wahlweise den McFit-Abo-Arsch und das Vorhaut-Piercing.

1974 war München die Stadt der wilden Künstler und der Hippies. Heute ist es die Stadt der etablierten Künstler und der Yuppies. Den Unterschied lernte ich schon in meiner ersten Arbeitswoche kennen. In der TV-Branche sind Besprechungen mitten in der Nacht durchaus üblich. In Köln ordert man dann gewöhnlich Pizza, Spaghetti oder China-Food für die Teilnehmer. Bei meiner ersten Nachtsitzung in München gab es nur Speisekarten des Sushi-Bringdienstes.

Ja, Köln ist Pizza, München Sushi. Ich mag keine kalten Reismassen und deshalb ist mir Köln nun mal lieber. Und ich find's geil, dass die berühmteste Straße Münchens in Köln liegt. Da nutzt es auch nix, dass die Münchener dann irgendwann mit ihrem *Marienhof* daherkamen, der in Köln spielt, aber in ihrer Stadt gedreht wird. Erstens gibt es den schon lange nicht mehr (haha) und zweitens waren die weiblichen Fans des *Marienhofs* schon damals zu jung für mich. Und weil ich gerade so schön am Austeilen bin, gibt's auch noch was für die Düsseldorfer auf die Mütze: *Verbotene Liebe* spielt zwar in eurer Stadt, wird aber ebenfalls in der einzig wahren Rheinmetropole, also bei uns gedreht. Ha – und jetzt kommt ihr.

GRUND NR. 67

Weil hier nicht immer alles ganz legal ist, was Party heißt

An dieser Stelle möchte ich nicht nur mich, sondern auch Sie, liebe Leser, noch mal an den netten Nachmittag mit Frau Syndicus erinnern. Das Thema war: Müller? – Nein, nicht Sauerbraten. Setzen, Sechs. – Das Thema war: Partyszene in Köln. Was da weiter vorne steht, ist nämlich nicht alles, was sie mir berichtete. Ich hab's nur vorhin nicht erwähnt, weil es dabei um Dinge geht, die eventuell nicht ganz legal sein könnten. Verzeihung: sind. Deshalb habe ich sie mir für das Kapitel *Aufregendes* aufgehoben.

Neben den festen Clubs finden ständig Partys an wechselnden Locations statt. Manche sind tatsächlich noch legal. Leerstehende Hallen, wie beispielsweise die Papierfabrik oder Heinz Gaul, eine ehemalige Metallfabrik, werden zwischengenutzt. Unter anderem für die Silberschwein-Reihe.

Irgendwie so mittellegal scheinen mir die Parkpiraten-Aktionen. Sie könnten womöglich ein Comeback des Kofferradios einläuten. Ein DJ-Kollektiv rollt das nötige Equipment in einem Einkaufswagen auf die Wiese am Colonius Tower (266 Meter). Statt mit fetten Bassboxen die hupenden Autofahrer auf der Inneren Kanalstraße zu erschrecken, senden sie ihre Musik auf einer UKW-Frequenz. Tanzfreudige im Umkreis von 500 Metern können die Musik über ihre mitgebrachten Radios empfangen. Da werd ich bestimmt mal bei Gelegenheit mein altes ITT Schaub-Lorenz rauskramen und mithören.

Kommen wir zu den definitiv illegalen Partys. Leider kann ich hierzu nichts berichten ... Also zumindest nicht, wann und wo sie eventuell stattfinden könnten. Das hat mir Frau Syndicus nämlich nicht verraten. Allerdings wie und wo man die Termine erfahren kann. Da gibt's zwei Möglichkeiten: Gehört man zur Club-Szene, ist es kein Problem. Da man sich untereinander kennt, werden die Partydates meist per Mundpropaganda weitergereicht. Oftmals sogar mit Zunge. Außenstehende der Szene werden glücklicherweise nicht immer außen vor gelassen. In den einschlägigen Kneipen (siehe 28. Grund) kann man mit etwas Glück an Postkarten mit Datum und Ort des Events gelangen. Die werden nämlich netterweise dort verteilt. Selten mit Zunge, aber immer mit einem Lächeln. Sollte es sich um eine möglicherweise noch illegalere Veranstaltung handeln, also so eine ganz brutal illegale, die komplett verboten ist, findet man lediglich einen Weblink auf der Karte. Anklicken und E-Mail-Adresse angeben (zu Hause aufm Computer natürlich, nicht auf der Karte). Die Lokation wird dann zugesandt.

Dass derlei Partygeschehen schon mal durch Sondereinsatzkommandos der Polizei verhindert oder gesprengt wurde, davon wurde mir nichts berichtet. Ich gehe mal davon aus, dass die recht hoch liegende Kölner Toleranzschwelle auch auf den Schreibtischen der hiesigen Polizeireviere die Sicht versperrt. Oder es werden immer erst junge Undercover-Agenten vorgeschickt, die die Lage checken sollen, aber nach einer halben Stunde Party vergessen haben, dass sie Polizisten sind. Das würde jedenfalls zu meinem Köln passen.

Weil hier der Schnäuzer immer noch gepflegt wird

Magnum lebt. Und zwar in der grandiosesten Stadt Deutschlands. Also, hier, Köln. Zumindest wird die Erinnerung an ihn am Leben erhalten. Tag für Tag begegnet man seinem Markenzeichen, dem Ferrari. Äh, dem Schnauzbart natürlich.

Schuld daran ist wahrscheinlich das Hänneschen-Theater. Dort vertritt Schutzmann Schnäuzerkowski Recht und Gesetz. Und zwar in preußisch-harschem Befehlston. Sein Formalismus und die Pedanterie sind so unkölsch wie die Kö in Düsseldorf. Da nun mal alle Kölner ein lebenslanges Hänneschen-Theater-Abo in die Wiege gelegt bekommen, macht sich natürlich jeder über den Typen mit dem Schnäuzer lustig. Die Mädchen, indem sie ihn ignorieren, die Jungs, indem sie sich ebenfalls einen Schnäuzer wachsen lassen und nur lustiges Zeug erzählen. Was natürlich für die anderen Kölner doppelt lustig ist, weil jeder weiß, dass so was niemals unter dem Schnäuzer des Stabpuppen-Polizisten hervorkommen würde. Aber das ist bloß meine ureigene Theorie.

Tatsache ist, dass erst neulich der schönste Schnäuzer der Stadt gekürt wurde. 10.000 (!) Leser des Kölner *EXPRESS* vergaben den Titel an das Oberlippenkunstwerk von Henning Krautmacher, dem Sänger der Höhner. Gratulation, lieber Henning. Unterlegen waren: Ex-Hobbythekensteher Jean Pütz, Karnevalslegende Hans Süper, Ex-Oberbürgermeister Fritz Schramma, Liniengerichteter Christoph Daum, Kölsch-Punker Jürgen Zeltinger und Roncalli-Chef Bernhard Paul. – Hm, wo ich mir gerade so die Bilder der Herren vors geistige Auge rufe … Es könnte natürlich auch was mit den Frauen zu tun haben. Auch die Tatsache, dass man dem momentanen Trend zum Vollbart trotzt, deutet darauf hin. Bis auf wenige Ausnahmen jüngeren Alters steht der echte kölsche Mann nämlich auch weiterhin zu seinem Schnörres. Und das kann nur was mit Frauen und unterbewusstem Understatement zu tun haben.

Laut einer Studie wirken Männer mit Vollbart nämlich attraktiver auf Frauen. – Hey, fragt mich nicht warum, ich bin keine Frau. Habe vielleicht ein paar weibliche Hormone zu viel, aber sonst: Mann. Egal. Weiter. – Wenn also ein Vollbart einen Mann voll attraktiv macht, erzielt ein bloßer Oberlippenbart logischerweise nur die halbe Wirkung. Und jetzt zu meiner vollkommen plausiblen Erklärung: Tief drin im Unterbewusstsein weiß der Kölner Mann, dass er unglaublich attraktiv sein könnte. Die angeborene Bescheidenheit verbietet es ihm jedoch, diese Attraktivität voll auszuspielen. Womöglich, um Problemen mit Frauen aus dem Weg zu gehen, die Gefahr außerehelichen Flirtens zu reduzieren. Denn auch Letzteres wurde ihm in die Wiege gelegt. Der Kölner Schnäuzer ist also nichts weiter als die zur Schau getragene unglaubliche Bescheidenheit der Kölner Männer: »Luur ens, ich könnt noch schöner sin, ävver et reicht och esu. Oder?!?«

Weil sich die Stadtväter noch wirklich um die Sicherheit ihrer Bürger kümmern

Das Leben in der Großstadt ist gefährlich. Jedenfalls gefährlicher als in meinem Heimatdorf im Saarland. Zum Beispiel im Straßenverkehr. Fast 500.000 Kfz sind in Köln angemeldet. So viele Motorfahrzeuge haben mein Heimatdorf seit der ersten urkundlichen Erwähnung im Jahr 950 nicht durchquert. Traktoren und Mähdrescher mitgezählt. Dafür gibt's dort halt mehr Bäume und ein Schuhgeschäft.

Bedenkt man nun, dass zu den in Kölner Eigenbesitz befindlichen Kraftfahrzeugen noch zahlreiche weitere Fortbewegungsmittel von Pendlern aus dem Umland, Messebesuchern aus der ganzen Welt, Versicherungsvertretern aus Bergisch Gladbach und Fleischlieferanten aus Österreich hinzukommen, könnte man meinen, dass hier an jeder Straßenecke der Tod durch Verkehrsunfall lauert. Dem ist aber nicht so. Die Kölner Verkehrsexperten haben über Jahrzehnte hinweg ein ausgeklügeltes Sicherheitssystem entwickelt, das dem Gros der Kölner Bürger ein solch dramatisches Ende erspart.

Es basiert auf drei Säulen. Säule eins ist die Steuerungssoftware für die Ampelschaltung, die bereits vor über 20 Jahren installiert wurde. Ich vermute, dass sie auf Basis der Pac-Man-Algorithmen programmiert und mit Künstlicher Intelligenz versehen wurde, deren Entwicklung sich damals bereits im Beta-Stadium befand. Der Hauptzweck dieser Software besteht darin, fremden wie auch einheimischen Autofahrern die Schönheit der Stadt Köln näherzubringen. Das Umschalten von Grün über Gelb auf Rot mag vielleicht zufällig erscheinen, sorgt aber dafür, dass man spätestens an jeder zweiten, allerspätestens jeder dritten Ampel einen kurzen Stopp machen und sich an Architektur, Landschaft oder vorbeifahrenden Radfahrerinnen erfreuen kann. Ja, an manchen Kreuzungen bleibt sogar Zeit für einen Imbiss und mehr. Mich wundert ja seit Jahren, dass noch kein findiger Geschäftsmann auf die Idee kam, zum Beispiel an der Kreuzung Luxemburger Straße/ Militärring ein Einkaufscenter zu errichten. Ich bin mir sicher, dass zahlreiche Autofahrer die Wartezeit während der Rotphase zum Shoppen nutzen würden. Ob die für 2013 geplante Umstellung auf neue Computer und Software dieses bewährte System noch verbessern kann, stelle ich einfach mal infrage. Meiner Ansicht nach rausgeworfenes Geld. Doch selbst wenn aufgrund dieser Neuerung plötzlich die gefürchtete »Grüne Welle« auftreten sollte, kommen die beiden anderen Säulen des Kölner Verkehrssicherheitssystems zum Tragen.

Eine davon sind die sogenannten Baustellen. Das sind kleinere bis mittlere Straßenabschnitte, die mit Hilfe von Metallschildern in den traditionellen Kölner Farben Rot und Weiß abgesperrt sind. Auch erkennbar an Männern in orangefarbenen Westen, die sich in der Nähe der »Baustellen« aufhalten. Ihre Aufgabe besteht darin, auf Zuruf der Sicherheitszentrale die Absperrungen immer wieder an verschiedenen neuralgischen Verkehrsknotenpunkten zu errichten, um somit die Gefahr eines schnell fließenden Verkehrs im Keim zu ersticken. An besonders gefährdeten Stellen steht oft auch ein Bagger.

Die dritte und letzte Säule bildet das Linksabbiegeverbot. Die Kölner Verkehrsplaner haben sehr streng darauf geachtet, dieses Verbot speziell an den Abbiegungen auszusprechen, die den im Straßengewirr verloren gegangenen Autofahrer schnellstmöglich auf den richtigen Weg führen und somit unachtsam machen könnte. Ursprünglich vielleicht als Hommage an die Parteizugehörigkeit des Kölner Lieblingsbürgermeisters Konrad Adenauer gedacht, ist das Linksabbiegeverbot heute eine der stabilsten Säulen des Kölner Verkehrssicherheitssystems.

Diese drei Säulen zusammen sorgen dafür, dass die Kölner Autofahrer eine Durchschnittsgeschwindigkeit von 23,2 km/h nicht überschreiten können. Das ist sehr sicher und der niedrigste Wert aller deutschen Großstädte (Noch ein Rekord. Hurra). Dieser Wert halbiert sich noch mal, sobald die ersten Regentropfen fallen. Schneit es, werden die meisten Autofahrer gar von spielenden Kindern überholt. Und das ist weitaus sicherer als umgekehrt.

Weil es hier noch Don Camillo und Peppone gibt

Erzbischof Joachim Kardinal Meisner ist zum Glück schon alt. Also, ich meine natürlich, zum Glück für ihn. Ab einem gewissen Alter werden Kardinäle doch gerne mal nach Rom geordert. Oder? Das sollte man ihm jedenfalls wünschen. Die Temperaturen dort mildern Arthrose-Schmerzen, im Vatikan ist er den ganzen Tag unter Gleichgesinnten und sonntags geht's mit den Messdienern ans Meer. Nur Köln würde ihn natürlich vermissen. Denn der Herr Kardinal Meisner ist ein Meister des geschliffenen Wortes und der pointierten Übermittlung biblischer Weisungen. Besonders dann, wenn er nicht ausgeschlafen ist. Da zündet er auch mal solche Knaller wie: »Frauen sollten zu Hause bleiben und Kinder kriegen.« – Perfekt. Kein Werbetexter der Welt hätte diesen Claim besser auf den Punkt bringen können. Feiner kann man die Aktion zur Rekrutierung neuer Messdiener für die möglicherweise ausgedünnten Buben-Reihen nicht unters Volk bringen.

Ehre gebührt dem Herrn Erzbischof auch für die Erhaltung der deutschen Sprache im Alltag. Jahrzehntelang in Vergessenheit geraten war beispielsweise die Benutzung des Attributes »entartet« in Zusammenhang mit dem Substantiv »Kunst«. Kardinal Meisner brachte diese flotte Sprachkombi wieder ins Gespräch, indem er sie öffentlich in den wundervollen Satz »Kunst und Kultur ohne Gottesverehrung droht zu entarten« einfließen ließ. Meisterhaft und fürwahr verdienstvoll.

Joachim Kardinal Meisner ist ein volksnaher Erzbischof. Er kümmert sich nicht nur um die geistliche Gesundheit seiner Schafe, nein, auch die weltlichen Lebensumstände der Kölner bereiten ihm Sorgen. Aber anstatt wie so viele einfach nur zuzusehen, wie die Menschen immer ärmer und von Hartz IV abhängig werden, handelt das Bistumsoberhaupt. Kardinal Meisner ist ein Macher. Er schafft Arbeitsplätze. Notfalls wird da auch schon mal ein weniger nützliches Mitglied der katholischen Gesellschaft, wie beispielsweise ein homosexueller Pädagoge, entlassen, damit ein rechtschaffener Katholik wieder das tun kann, wofür er auf der Welt ist: beten und arbeiten.

In Anbetracht all dieser Leistungen von Joachim Kardinal Meisner mag jetzt vielleicht der ein oder andere Leser denken: »Was für ein grandioser Erzheini.« – Es sei ihnen verziehen, da sie offensichtlich der katholischen Hierarchie unkundig sind. Dort ist nämlich das Amt des Erzheini nicht vorgesehen. Nach Erzbischof kommt nur noch Kardinal und dann Papst. Auch wenn man sich wünschen mag, dass dieses Amt für manch kirchlichen, aber auch weltlichen Würdenträger extra geschaffen werden sollte. Dem Amte entsprechend richtig muss ihr Gedanke also lauten: »Was für ein grandioser Erzbischof.«

Ja, Menschen wie dem Herrn Meisner haben wir es sogar zu verdanken, dass es Menschen wie den Kabarettisten Jürgen Becker gibt. Mitglied einer Berufsgruppe, die ohne all die Erzbischöfe und Erzkonservativen wohl kaum existieren würden. Kabarettisten wären womöglich arbeitslose Alkoholiker, die den ganzen Tag auf der Bank sitzen und sich fragen würden: »Wozu bin ich eigentlich auf dieser Welt?« Oder Punker. – So aber gibt der Kardinal dem Kabarettisten stets Anlass, sich öffentlich Gedanken zu seinen Äußerungen zu machen. Unterhaltend, offen und ehrlich. Wie einst bei Don Camillo und Peppone. Nur, dass hier der Linke das Richtige sagt und der Rechte das Rechte. Ja, Kardinal Meisner gibt Menschen wie Herrn Becker Halt und einen Lebenssinn. Ein großer Mann, dieser Erzbischof, und sicherlich mit Jürgen Becker einer Meinung, wenn dieser sagt: »In einer modernen multikulturellen Gesellschaft ist Religion ohne Humor vor allem eines: gefährlich!« – Danke dafür an die Herren Becker und Meisner.

Weil Millionen Menschen wissen,
wie es in Kölns ältester Striptease-Bar aussieht

Man schrieb das Jahr 98 mit einer 19 davor. Ich war Büro-Unter-
mieter bei Barbarella Entertainment, einer kleinen, äußerst feinen
Event- und Presseagentur. In ihren Händen lag die Organisation der
Feier zum 40. Geburtstag von Kölns ältester Striptease-Bar, der »Bar
Kokett« in der Altenberger Straße. Ein Teil dieser Arbeit bestand
darin, zahlreiche prominente Gäste zur Feierlichkeit einzuladen.
Getränke gingen aufs Haus. Sonst wäre womöglich keiner gekommen. Nun bin ich zwar kein Prominenter, aber da ich meist ein
braver Untermieter war, bekam auch ich eine Einladung.

Mit circa 80 weiteren Gästen, teils bekannt aus Funk und Fernsehen, saß ich auf rotem Plüsch mitten in den 1950er-Jahren. Ich wartete eigentlich nur noch darauf, dass plötzlich Blacky Fuchsberger
und Siegfried Lowitz in der Tür stehen, sich das Regenwasser vom
Trenchcoat wischen und dann langsam den Raum durchschreiten,
um unauffällig nach dem Frosch mit der Maske zu fahnden. Oder
noch unauffälliger den Damen beim Entkleidungstanz zuzusehen.
Der fand dann auch ohne die beiden Edgar-Wallace-Helden statt.
Der grauschläfige routinierte DJ im Smoking kündigte die Miss
Budapest 1989 an. Und ja: Ein Hauch von Miss hing immer noch
an ihr, während sie sich stilvoll ihres güldenen Paillettenkleides ent-
ledigte. Zwei Jahre später war ich noch einmal dort. Diesmal im
Keller des Lokals. Eine Autorenkollegin hatte die Lokation für ihre
Geburtstagsfeier angemietet. Auch das war ein sehr lustiger Abend.
Selbst ohne Nacktanz-Vorführung.

Das alles fiel mir im Rahmen der Recherche zu diesem Buch
wieder ein, und da ich die Lokalität für recht einzigartig halte, sollte
sie hier erwähnt sein. Die Bar Kokett ist mittlerweile 55 Jahre alt.
Zwölf davon war ich nicht mehr dort. Um mich davon zu über-

zeugen, dass sie sich nicht zu einem jener Nepplokale entwickelt hat, wie man sie in den Bahnhofsvierteln vieler Großstädte findet, musste ich dort wohl oder übel noch mal an der Tür klingeln.

Ich wollte auf keinen Fall als einsamer Single, Anfang 50, auf der Suche nach dem schnellen, teuren Abenteuer auffallen und verurteilte meinen Freund Peter dazu, mich zu begleiten. Er war wehrlos, da wir uns vorher den Bauch Bei Lena vollgeschlagen hatten. Es war Montagabend, 23.30 Uhr und wir um diese Uhrzeit natürlich noch die einzigen Gäste. Vier schicke Damen mittleren Alters saßen an der Theke und erzählten sich was, da kam die Polizei: Ja, was ist denn das? Vier schicke Damen ... Oh, 'schuldigung, ins falsche Lied geraten.

Also: Es hat sich nichts geändert. Die Zeit, die schon 1998 dort stehen geblieben schien, steht noch immer da. Das Plüsch ist weiterhin rot, Möbel, Wand- und Deckendeko scheinen auch immer noch aus den Fifties zu stammen. Die Damen sind intelligent, höflich und keinesfalls sauer, wenn man den Abend ohne sie verbringen will. Nur der Striptease heißt jetzt nicht mehr Striptease, sondern Burlesque, endet aber ähnlich textillos.

Die Bar Kokett ist eine beliebte Filmlocation geworden. Man konnte das Interieur im *Tatort* bewundern, in *Das Wunder von Bern*, *Alarm für Cobra 11*, der *Wochenshow*.

Lokale wie Kellerbar werden gerne gegen entsprechendes Entgelt für die originellere private Feierlichkeit zur Verfügung gestellt. Selbst *Danni Lowinski* trank dort schon ihr Bier auf einem Bergfest (das feiert man, wenn die halbe Serie abgedreht ist).

Apropos Bier: Interessanterweise funktioniert das Wurmloch, durch das man beim Betreten die Zeitreise antritt, gleichzeitig in zwei verschiedene Richtungen. Man reist ins Ambiente der gemütlichen Wirtschaftswunderzeit, bekommt aber die Getränkekarte des stark von der Inflation gebeutelten Jahres 2026.

Ein Jeder liebe, wen er kann, und sei
es halt der Nebenmann – CSD in Köln

Kapitel 8

LIEBE DEINE STADT

Weil das klein bisschen mehr Homo
auch den Heteros hier guttut

Ich besitze eine Xbox 360. Eine Spielekonsole. Ja, ich bin Gamer. Allerdings konzentriere ich mich lediglich auf Fußball. FIFA 13 (momentan). Das Spiel fasziniert mich, weil man mit bis zu elf Leuten in einem Club Ranglistenspiele machen kann. Dabei bedient jeder seinen Spieler. Man muss die Positionen halten, sich absprechen, die Laufwege müssen stimmen – ich komme vom Thema ab. Mein Club besteht aus vier festen und immer wieder wechselnden Mitgliedern. Man fragt sich natürlich gegenseitig, woher man so kommt. Könnte ja der Nachbar dabei sein. Ist er aber nicht. Die Jungs und Mädels sitzen in Bremen, Berlin, Göppingen, Fürth, Dortmund und Lörrach hinter ihrem Gamepad und reagieren immer gleich, wenn ich erzähle, dass ich aus Köln komme: »Ey, bist du schwul oder was, Digger?«

Ja, Restdeutschland hält Köln offensichtlich für ein einziges tuffiges rosarotes Wölkchen. Keine Ahnung wieso. Möglicherweise, weil Stefan Raab immer so lustige Witze über Köln erzählt. Oder weil es die erste deutsche Stadt war, in der die Gay Games ausgetragen wurden. Es könnte auch daran liegen, dass wir hier so eine große Schwulen- und Lesbengemeinde haben. Man weiß es nicht. Vielleicht ist die ja auch gar nicht größer als in anderen Großstädten, nur öffentlicher. Freier. Intensiver. Das könnte ich mir vorstellen, ja. Warum, das dürfte dem Leser an dieser Stelle des Buches eigentlich klar sein: wegen der Toleranz des Kölners, geprägt vom Zusatzartikel des Kölschen Grundgesetzes: Jede Jeck es anders.

Und es ist ja nicht so, als würde Köln nicht davon profitieren, dass sich die Schwulengemeinde hier so vorurteilsfrei ausleben kann. Im Gegenteil. Kultur- und Partyszene wären ohne die Jünger und Jüngerinnen des Regenbogens um einiges ärmer. Die Kölner lieben ihre Schwulen schon alleine deshalb, weil sie ihnen noch mal einen Karnevals-Nachschlag geschenkt haben. Der CSD (Christopher Street Day) ist schon lange ein Großereignis, bei dem homo- wie heterosexuell orientierte Kölner gemeinsam mit Abertausenden Gästen aus der ganzen Welt für rechtliche Gleichstellung und gesellschaftliche Akzeptanz von Schwulen und Lesben demonstrieren. Ja, es ist 'ne Demo. Halt auf die Art, wie es Schwule, Lesben und heterosexuelle Kölner am liebsten tun: karnevalistisch. Ein bisschen kürzer zwar als der Rosenmontagszug, dafür bunter und schriller. Und wärmer halt. Ist ja Sommer.

2013 tummelten sich eine Million Menschen auf dem CSD. Da stand der hetero Bauarbeiter neben dem hoch homoerotischen Soldaten, die lesbische Cowboy neben dem metrosexuellen Indianer, der zur Polygamie tendierende Rocker hinter dem Polizisten. Ja, sogar Priester wurden dort angeblich schon gesehen. Verkleidet natürlich. Als Nonnen.

Sicher, es kommt dann auch schon mal vor, dass man erst beim Bützen feststellt, dass der Schnäuzer vom Funkenmariechen gar nicht angeklebt ist. Dann klärt man einfach die eigene sexuelle Orientierung mit einem kurzen »'Schuldigung, ich hab mich verküsst«, stößt lächelnd mit dem Herrn Funkenmariechen an und tanzt sich unter gemeinsamem Absingen von *YMCA* oder *Saach niemals nie* von den Paveiern in die Altstadt oder ins Bermudadreieck Schaafenstraße. Wer sich allerdings als *Hete* in letztere Lokation verläuft, sollte sich nicht wundern, wenn man ihn zu mehr als nur einem Bützje auffordert. In den Kneipen der Schaafenstraße geht man davon aus, dass alle Anwesenden gleichgeschlechtlichen Kontakt suchen. Nicht nur während des CSD.

Nachtrag für meine Gamer-Freunde:

Bist du schwul oder was?!? Ich bin doch nicht schwul, Alda.

Weil man nur hier über Deutschlands größtem Fluss schwebend heiraten kann

Köln liegt 53 Meter über dem Meeresspiegel. Die höchste Erhebung Kölns ist mit 118,4 Metern der Monte Troodelöh. Das vom deutschen Alpenverein errichtete Gipfelkreuz ist im Stadtteil Rath/Heumar zu finden. Mitten im baumreichen Königsforst. Um dorthin zu gelangen, gilt es also, einen Höhenunterschied von 65,4 Metern zu überwinden. Da ich unter Höhenangst leide, habe ich mich bisher noch nicht dorthin getraut. Allerdings besitze ich genügend Fantasie, um mir vorstellen zu können, dass der Blick von dort oben in die Kölner Bucht einfach atemberaubend sein muss. Sinnvoll wäre es also, auch dem hüftgeschädigten Rentner, der Drillingskinderwagen schiebenden Mutter oder dem müden Wanderer die Chance zu geben, dieses Erlebnis mit den zahlreichen Ausdauersportlern, die sich dort oben sammeln, zu teilen. Mit dem Bau einer Seilbahn zum Beispiel. Basisstation an der Domplatte (55 Meter über NN), die genügend Freifläche für die langen Schlangen erholungsbedürftiger Bürger bietet.

Was den Kölner unter anderem jedoch so liebenswert macht, ist die Tatsache, dass er die Frage »Was ist sinnvoll?« nur äußerst selten in seine Planungen mit einbezieht. Oberste Prämisse ist immer der Gedanke: »Womit könnte ich diese wundervolle Stadt noch einzigartiger gestalten?«

So ist es also für den Kölner Bürger vollkommen logisch, dass er keine Monte-Troodelöh-Gletscher-Seilbahn bekommt, sondern eine Rheinseilbahn. Mit ihr werden quasi null Höhenmeter überwunden. Sieht man mal von den unterschiedlich hohen Stützpfeilern ab. Sie verbindet auf einer Strecke von 930 Metern in einer Höhe von 50 Metern das linke mit dem rechten Rheinufer. Basis ist die Flora, Endstation der Rheinpark. Oder umgekehrt, je nachdem. Tatsächlich war die Rheinseilbahn nach ihrer Fertigstellung im Jahr 1957 anlässlich der Bundesgartenschau eine Sensation. Bis ins Jahr 2010 war sie die einzige einen Fluss überquerende Seilbahn Deutschlands. Dann baute man in Koblenz ebenfalls eine Rheinseilbahn und nannte sie fatalerweise auch noch genau so. Manche Nicht-Kölner unterstellen dem BAP-Sänger Wolfgang Niedecken bis heute noch, dass er mit der Bemalung dreier Gondeln den Koblenzern klarmachen wollte, welche Stadt die beachtlichere Seilbahn hat. Doch das ist Unsinn. Tatsache ist, dass er mit dieser Aktion lediglich die Seilbahn, seine Stadt, seine Texte und sich selbst unsterblich machen wollte. Und dafür sind ihm die Kölner mit Sicherheit auf ewige Zeit dankbar. Womöglich sogar noch nach seinem Tod. Denn sie lieben ihre Seilbahn. So wie sie alles in ihrer Stadt lieben. Immerhin hat sie bisher über 15 Millionen Menschen die gefährliche Überquerung des Rheins unfallfrei ermöglicht. Und das macht sie zu Kölns sicherstem Verkehrsmittel.

Kein Wunder also, dass sie speziell an Wochenenden von zahlreichen rechtsrheinischen Familien und Wochenendvätern genutzt wird, um den Kindern den Zugang zu den sensationellen linksrheinischen Erdhörnchen, Pavianen oder Elefanten im Zoo zu ermöglichen. Umgekehrt reisen Tausende linksrheinisch lebende Medienschaffende hinüber in ihre Lieblingssauna, die Claudius Therme. Vorzugsweise jedoch wochentags. Gerne auch in der Mittagspause oder wenn es gerade mal keine Medien zu schaffen gibt.

Die Kölner Seilbahn war Hauptdarsteller im Showdown der *Tatort*-Folge *Streng geheimer Auftrag*, sie ist Zentrum von Heimaterzählungen, Gedichten und Liedern. Wobei Letzteres weniger sensationell ist, da es in Köln zu jeder Bordsteinkante ein Lied gibt. Das ist auch gut so, denn dadurch findet sich der Köln-Besucher recht schnell und beschwingt in der Stadt zurecht.

Durchaus sensationell ist hingegen die Möglichkeit, in der sogenannten Hochzeitsgondel hoch droben über dem Rhein bzw. der Zoobrücke und ihren zahlreich sie überquerenden Kfz den Bund fürs Leben zu schließen. Eine Gondel, die wie geschaffen ist für diesen intimen Moment, den man nur einmal im Leben zu erfahren glaubt. Sie bietet Platz für den Standesbeamten, eine Begleitperson sowie das sich noch liebende Paar und ist der verkehrstechnische Beweis dafür, dass Liebe doch nicht blind macht. Denn wer würde solch ein Angebot wohl nutzen, wenn er die wundervolle Aussicht, die einem die Rheinseilbahn bietet, nicht genießen könnte? Von dort bietet sich dem Liebespaar ein einzigartiger, fantastischer Blick über die gesamte Stadt, den Rhein und so manchen holländischen Wohnwagen auf seinem Weg in den Süden oder zurück, je nach Jahreszeit.

Kaum vorzustellen, was passiert wäre, wenn es das Heiratsangebot schon bei der Jungfernfahrt 1957 gegeben hätte. In der Gondel saßen damals Bundeskanzler Konrad Adenauer und Bundespräsident Theodor Heuss. Eine versehentliche Eheschließung der beiden hätte sicher nicht nur Deutschland erschüttert. Andererseits wären sie Vorreiter für die kommende Generation von Kölner Homosexuellen gewesen, die den beiden mit Sicherheit ein Denkmal gesetzt hätten. In der Altstadt. Direkt neben Tünnes und Schäl. Schade eigentlich, dass es nicht dazu kam, denn es wäre ein besonders entzückendes Kapitel in den Geschichtsbüchern Kölns geworden.

Weil es hier einen akademischen Abschluss mit Diplom im Erlernen des regionalen Dialekts gibt

Der kölsche Dialekt ist eine Variante des Ripuarischen. Hey, ich wusste auch nicht, dass es so was gibt. Jetzt haben wir alle was dazugelernt. Außer den Sprachwissenschaftlern natürlich. Die wissen nämlich, dass Ripuarisch nicht, wie man vielleicht vermuten könnte, aus einem lappländischen oder seltenen osteuropäischen Slang hervorgeht, sondern aus dem Mittelfränkischen. Entstanden ist es ab dem 3. Jahrhundert, als sich mehrere germanische Stämme zum Großstamm der Franken fusionierten … und gleich wieder in alle Himmelsrichtungen auseinanderstoben. Die Salier oder Salfranken drangen dabei bis nach Holland, Belgien und Nordfrankreich ein. Die Stämme der Rheinfranken siedelten seit dem 4. Jahrhundert an den Ufern des mittleren Rheins, der Maas, der Sieg, Ahr, Erft und Rur. Sie nannte man auch »Ripuarier« – das heißt »Uferbewohner«. Bis zum 5. Jahrhundert hatten die kölschen Ubier mit Ripuarisch nix am Hut. Man war schließlich was Besseres und redete das, was ihnen Agrippina beigebracht hatte: Latein. Vielleicht kein Hochlatein, aber immerhin. Dann wurde Köln von den Rheinfranken erobert, und nach und nach wurde aus der Botulus sanguinis halt Flönz.

Nun ist ja der Entstehungsablauf eines Dialektes weltweit immer recht ähnlich: Irgendwelche Stämme überfallen irgendwelche anderen Stämme, drücken ihnen Lebensart und Sprache auf und ziehen weiter, um anderen Stämmen Ähnliches anzutun. Weil dann keiner mehr da ist, der aufpasst, verselbstständigt sich die Sprache in den besetzten Gebieten meist und wird zum Dialekt, an dem man die Herkunft des Sprechers erkennt. So konnte sich schon früh eine Art Spracherkennungssystem entwickeln, mit dem man am Stadttor Freund von Feind unterscheiden konnte. »Halt, Jüngelche, wohin wells do jonn?« – »Jo mei. Hoam halt. I wohn da in Ehrenfeld.« – »Ja, sicher dat. In Ihrefeld. Dat dut m'r hüre donn. Maach dich fott he!«

Im Gegensatz zu vielen anderen Dialekten, die vom Aussterben bedroht sind, hat sich Kölsch als Stadtdialekt in ganz Deutschland etabliert. Niemand wundert sich, wenn ein Reiner Calmund im Interview Ripuarisch redet. Im Gegenteil. Bei jedem hochdeutschen Wort würde man sofort vermuten: Das ist doch Matze Knop, der sich zwei Kopfkissen hinter die Backen geschoben hat. Ja, der Imi ist recht flott vom echten Kölner zu unterscheiden. Es genügt nicht, die Sprachmelodie zu imitieren und das »ch« durch ein »sch« sowie das »g« durch ein »j« zu ersetzen. Der kölsche Dialekt hat so viele Facetten, wie die Stadt Kölsch-Rockbands beherbergt. Also 'ne ganze Menge. Wer hier nicht als Imi auffallen will, sollte also darüber nachdenken, mal wieder die Schulbank zu drücken und die Akademie för uns kölsche Sproch besuchen. Eine europaweit einzigartige Einrichtung (und noch ein Hurra auf unsere Stadt).

Sie wurde 1983 von der Stadtsparkasse Köln als Bestandteil der »SK Stiftung Kultur« den Kölner Bürgern geschenkt. Danke schön. In der Kölsch-Akademie, so die Kurzform, kann man in den drei Stufen Kölsch-Abitur, Kölsch-Examen und Kölsch-Diplom, die allerhöchste Ehrung, erhalten, die es für den Imi gibt: Man wird nicht mehr als Imi erkannt. Zumindest solange man nicht gleich nach dem Erhalt des Diploms mit dem Wisch in die Stammkneipe läuft und allen sagt: »Kuckt mal, ich hab mein Kölsch-Diplom en d'r Täsch.« Da wird man höchstens ein mitleidiges Lächeln ernten und sehr wahrscheinlich von irgendwo eine Stimme hören, die etwas Ähnliches sagt wie:»Hilde, do dem Bov noch'n Stang op minge Deckel. Un ne schöne Jroß: Dat mäht nix, m'r dun inn och esu jään han.«

So ganz ernst gemeint ist die Sache mit dem Diplom natürlich nicht. Auch wenn es sich um eine Akademie handelt. Das erkennt man schon daran, dass man sich dort nicht anmeldet, sondern *imitrikuliert*. Durchaus ernsthaft und mit großem Aufwand wird sich jedoch um den Erhalt und die Förderung einer lebendigen und zeitgemäßen kölschen Sprache gekümmert. Die Bibliothek umfasst circa 15.000 Werke kölschen Wortguts sowie eine große Sammlung mit Köln-Postkarten, Köln-Fotografien, Schallplatten, CDs und DVDs. Alle mit Kölsch natürlich. Sprachwissenschaftler kodifizieren den kölschen Wortschatz und die Grammatik, und man arbeitet an Regeln für die Schriftsprache, die ähm … tja. Liebe Damen und Herren der Kölsch-Akademie, ich bitte um Nachsicht, dass ich mich in diesem Buch nicht so ganz danach gerichtet habe. Mir ging es einfach ums schnelle Erkennen der Aussprache. Ich hatte irgendwie das Gefühl, es dem Nicht-Kölner Leser einfacher zu machen, wenn er beispielsweise nicht jedes Mal beim Lesen im Kopf das »g« in ein »j« umrechnen muss.

Aus eigener Erfahrung möchte ich vor allem angehenden Kölsch-Rock- und Karnevalsmusiktextern einen Besuch der Akademie ans Herz legen. Seit sich jeder über das üble Kölsch auf unserer ersten De Imis-CD beschwerten, gingen alle Texte über den Tisch der Akademie. Seitdem haben wir zweimal Platin, dreimal Gold und den Echo für die beste … – Uuups … Eingenickt. Schicken Traum gehabt. Wo war ich? Ach ja: Die Band kann zwar in Sachen Popularität immer noch nicht mit den Fööss oder den Höhnern mithalten, dafür hat sie aber 'ne Eins plus in kölscher Rechtschreibung.

Weil einem das Verhältnis zu seiner Stadt nur hier so klar und deutlich vor Augen geführt wird

Fährt man von Norden nach Süden über die Nord-Süd-Fahrt, so fällt das Auge in Höhe der Oper unweigerlich auf den unnötigsten Satz, den man einem Kölner vorsetzen kann: »Liebe Deine Stadt«. In riesigen Lettern der sogenannten lateinischen Ausgangsschrift. 50er-Style halt. Eigentlich sollten die Kölner über diesen imperativen Ausdruck einer kölschen Selbstverständlichkeit empört sein. Warum sollte man ihnen etwas befehlen, was sie schon verinnerlicht haben, bevor sie aus ihrem rot-weißen Krabbelgitter geklettert sind, um sich ihren Knuddeldom aus Plüsch zu holen, der unter das Geißbock-Schaukelpferd gefallen ist. Die Liebe zu ihrer Stadt wird den Kölnern in vielen Fällen schon bei der Zeugung mitgegeben. Wo in anderen Städten zu diesem Zweck die Kuschelrock-CDs laufen, schicke Dessous sowie Champagner auf dem Nachttisch für die nötige Atmosphäre sorgen, da bringt man sich in Köln mit der *60 Jahre 1. FC Köln*-CD, einem Funkenmariechen-Kostüm und dem Pittermännchen in die entsprechende Fortpflanzungsstimmung. Manchmal läuft auch einfach nur *Poppe, Kaate, Danze* in Dauerschleife.

Ja, der Kölner liebt seine Stadt von dem Moment an, in dem er sich in der Samenzellen-Polonaise auf den Weg zum Funkenmariechen macht. Warum regt er sich dann nicht über diesen frechen Schriftzug auf, wo er doch sonst so allergisch auf Vorschriften reagiert? – Weil er nicht den Imperativ darin sieht, sondern weil es sein Glas, Farbe und Stahl gewordener *kategorischer* Imperativ ist. Seine Lebensmaxime. – »Handle nur nach derjenigen Maxime, durch die du zugleich wollen kannst, dass sie ein allgemeines Gesetz werde.« (Immanuel Kant)

Und nicht zuletzt weil es auch ein Teil ihrer Stadt geworden ist, lieben sie natürlich auch das »Liebe deine Stadt«-Kunstwerk. Und wahrscheinlich so mancher, ohne selbst zu wissen, wem sie es zu verdanken haben. Ursprünglich war das Werk Symbol des Projektes »Liebe Deine Stadt«, das der Wahlkölner Merlin Bauer initiierte. Während man in Köln über den Abriss des Opernhauses diskutierte, dachte er – nein, nicht über die möglicherweise daraus resultierenden erhöhten Kölschpreise, sondern über die Nachkriegsarchitektur der 50er-, 60er- und 70er-Jahre nach. Genau die, über die ich mich hier schon so oft ausgelassen habe. Die mit dem grauen Beton. Die hässliche. Merlin Bauer kam zu der Ansicht, dass unmöglich alles reizlos war, was in dieser Zeit in Köln gebaut wurde, und machte sich auf die Suche. Und er wurde fündig. Im Mai 2005 wurde das Projekt »Liebe deine Stadt« im Panoramapavillon vor den Deutzer Messehallen gestartet. Dort am Rheinufer fand auch der Schriftzug seinen ersten Platz. Nach sechs Monaten musste er ihn aber räumen. Die Koelnmesse, frisch privatisiert, plante an dieser Stelle eine kommerzielle Werbefläche. Merlin Bauer aber zeichnete im Laufe der folgenden zwei Jahre 15 Gebäude mit der »Liebe deine

Stadt«-Plakette aus. Darunter das Parkcafé im Deutzer Rheinpark, das Amerikahaus und das Afri-Cola-Haus in der Turiner Straße.

2007 fand das riesige Motto-Banner des Projektes dann im Rahmen der Art Cologne seinen jetzigen Platz über der Nord-Süd-Fahrt. Und von dort erinnert es den Kölner immer an das Wichtigste im Leben. Zumindest so lange, bis die Dame auf dem Beifahrersitz mit einem Hauch von Eifersucht in der Stimme sagt: »Soll ich hück ovend ens dat Funkemarieche widder för dich aantrecke dun?«

GRUND NR. 76

Weil Glücksspiel hier zur ehrwürdigen Sache wird

Um ehrlich zu sein: nicht nur hier. Aber hier wurde es erfunden, das ehrwürdige Glücksspiel. Jeder Dom in Deutschland hat einen Dombauverein, der sich um ihn kümmert. In Köln heißt der Zentral-Dombau-Verein, kurz ZDV. Und der Domverein braucht natürlich Geld, damit er sich auch wirklich gut um seinen Dom kümmern kann. Dieses Geld wird unter anderem gesammelt oder von reichen Gläubigen gespendet. Die Erhaltung des wichtigsten Doms der Welt – genau, unserer hier – kostet über den Daumen sieben Millionen Euro im Jahr. Einen Großteil dieser sieben Millis bekommt der ZDV nicht etwa aus der Kollekte, nein, das Geld reicht gerade mal für die Dom-Putzfrau. Er bekommt es von Ihnen. Zumindest wenn Sie regelmäßig Lotto spielen. Das ist doch mal eine frohe Botschaft, oder? Wenn Sie nächstes Mal wieder nur zwei Richtige haben, bleibt ihnen der Trost, dass Ihr Geld mithilft, ein Weltkulturerbe zu erhalten. Und das schon seit fast 150 Jahren. Also, jetzt nicht Ihres speziell, sondern globalhistorisch gesehen.

Die Idee zur Dombaulotterie hatte der Bonner Kirchenrechtler Ferdinand Walter schon 1851. Wie das aber so oft der Fall ist mit revolutionären Ideen und traditionell denkenden Entscheidern, wurde der Vorschlag abgelehnt. Ich schätze mal, weil der Mehrheit des Dombauvereins die Idee zu revolutionär war. Erst 15 Jahre später war sie wohl alt genug, um durchgewunken zu werden.

Per königlicher Kabinettsorder wurde die Prämien Collecte genehmigt und die Kugel rollte ab dem 4. September 1865. Ob damals schon Kugeln rollten, konnte ich leider nicht rauskriegen. Nur so viel ergab die Recherche: Die Lose wurden auf der Straße verkauft und eine Live-Ziehung im TV fiel wegen »noch nicht erfunden« flach. Die ersten Erlöse aus der Lotterie flossen in die Vollendung der Westfassade und der Türme des Kölner Doms. Bis zum Jahr 1880 konnte der ZDV dank Dombaulotterie 76,5 Prozent der Gesamtkosten für die Türme-Vollendung bezahlen.

1948 richtete man eine sogenannte Soziallotterie ein, deren Erlöse neben dem Kölner Dom auch den Kathedralen in Xanten, Wesel, Minden und Essen zukamen. Vertrieben wurde die Soziallotterie über die Nordwestlotto, die heutige WestLotto-Gesellschaft. Im Jahr 1964 konnten aus dieser Lotterie 163.491 Mark in den Kölner Dombau investiert werden. Hammer. Aber es kommt noch besser. Die Soziallotterien wurden nämlich aufgelöst. Stattdessen entwickelte WestLotto das mittlerweile berühmte Spiel 77. Mit dieser neuen Lotterie-Variante konnten die Dombauvereine Essen, Wesel, Xanten, Minden und natürlich auch Köln mehr als das Fünffache der bisherigen Beträge einnehmen. Es kam so viel Geld rein, dass man sogar noch die Dombauvereine in Aachen und Soest mit an den Tisch nahm. Und da man sich nun beim Zentral-Dombau-Verein in Köln sicher sein konnte, dass die Sache läuft, gab man dann auch mit Einführung des Spiel 77 das bis dahin immer noch geltende preußische Recht auf, selbstständig landesweite Lotterien durchzuführen.

In den 50 Jahren, die WestLotto die Dombauvereine unterstützt, flossen mehr als 75 Millionen Euro in die Erhaltung der Großkirchen. So gesehen, müsste Gott den Spielsüchtigen ihre Sünden eigentlich verzeihen, ja, vielleicht sogar einen Platz ganz nah an seinem Schreibtisch reservieren. Zumindest für die Lottospieler. Merkur-Spielautomaten-Zocker kommen natürlich weiterhin in die Hölle.

Weil es die einzige Stadt Deutschlands ist, die ein eigenes Grundgesetz hat

Der Reisende, der das Kölner Stadtgebiet zum ersten Mal per Flugzeug erreicht, wird sich im Flughafen über zwei Dinge wundern. Ding eins: der seltsame Wortspiel-Humor des Werbefachmanns, der sich die Lautsprecherdurchsage am Gepäckband ausdachte. Dort begrüßt Frank Glaubrecht, die deutsche Stimme von Pierce Brosnan als James Bond, den Neuankömmling mit den Worten: »Willkommen in Bonn, Köln-Bonn.« – Mal abgesehen davon, dass seit 2006 der Schauspieler, der den Bond gibt, Daniel Craig heißt und die deutsche Stimme Dietmar Wunder gehört, haben es die Bewohner dieser Stadt nicht verdient, dass der erste Eindruck des Kölner Humors von einem schlechten Wortspiel geprägt wird. Egal. Ding zwei ist weitaus positiver und vermittelt genau den richtigen Eindruck: Es sind die in Glas gemeißelten Artikel des Kölschen Grundgesetzes, die einem die Zeit auf dem Weg zum Gepäckband durch den langen Ankunftsflur von Terminal 2 verkürzen.

Na, endlich. Nun hab ich es schon so oft auszugsweise zitiert. Ich bin mir sicher, Sie platzen vor Neugier, wie das komplette Gesetzeswerk denn nun aussehen mag. Vorabinfo: Das Kölsche Grundgesetz wurde weder vom Stadtrat noch von einem eilig zusammengetrommelten Karnevalsverfassungskomitee erarbeitet. Es handelt sich um typisch kölsche Redensarten, die der Kabarettist Konrad Beikircher 2001 in seinem Buch *Et kütt wie et kütt – Das rheinische Grundgesetz* gebündelt hat. Damit sich das Gesetzbuch nicht so trocken liest, fasse ich es in eine kleine Alltagsgeschichte, die auch gleichzeitig die praktische Anwendung der Artikel verdeutlicht. Pitter hat seit drei Monaten eine Internetbekanntschaft. Sie kommt aus Düsseldorf. Pitter ist ein echter Kölner und tolerant genug, darüber hinwegzusehen. Immerhin sieht sie auf den Fotos fast so gut aus wie eine Kölnerin. Es kommt zum ersten Echt-Date in einem Café. Sie sitzt am Tisch. Pitter kommt herein und blickt sich suchend um. Sie winkt ihm zu, und er stellt fest, dass ihre Fotos vor mindestens 15 Jahren entstanden sind und ihr Friseur wohl keine zwei Jahre danach verstorben ist. Pitter setzt sich trotzdem. Als Kölner ist er höflich und denkt: **Artikel 1: Et es, wie et es.** – *Sieh den Tatsachen ins Auge!*

Die 15 Jahre und der tote Friseur sind auch schnell vergessen, denn die Dame flirtet gleich genauso heiß drauflos wie im Chat. Pitter ist voller Vorfreude auf eine Nacht, die offensichtlich recht wild werden könnte. Sie steht auf, um zur Toilette zu gehen. Pitter fällt auf, dass sie vor 15 Jahren auch 15 Kilo weniger auf den Hüften hatte. Pitter bleibt trotzdem höflich sitzen und denkt: **Artikel 2: Et kütt, wie et kütt.** – *Füge dich in dein Schicksal, du kannst eh nichts daran ändern.*

Der Flirt wird heißer. Beide bekommen Appetit, wollen vorher aber noch was essen. Man wechselt die Lokalität. Pitter nimmt Himmel un Ääd, die Düsseldorferin Griechischen Salat mit extra Zwiebeln. Er erinnert sich an das letzte Date. Sie hatte Gyros mit Zaziki. Eine Sekunde lang will er einen Migräneanfall vortäuschen. Doch er bleibt weiterhin höflich und denkt: **Artikel 3: Et hät noch immer jod jejange.** – *Was gestern gut ging, wird auch morgen funktionieren.*

Man will bezahlen. Es stellt sich heraus, dass die Düsseldorferin aus Versehen nicht genug Geld eingesteckt hat. Pitter bezahlt. Auch die Flasche Champagner, die sie geordert hat. Lächelnd denkt er: **Artikel 4: Wat fott es, es fott.** – *Jammer den Dingen nicht nach!*

Pitter und die Düsseldorferin kommen in Pitters Wohnung an. Unter dem Einfluss der Flasche Schampus wird die Düsseldorferin plötzlich wehmütig. Sie schwärmt von ihrer Jugend und wie sportlich sie doch war. Zum Beweis zeigt sie Pitter ein paar alte Fotos von einem Leichtathletikwettbewerb. Sie war Schlussläufer der siegreichen 4 x 200-Meter-Staffel der Herren. Unter dem Einfluss der zwölf Kölsch nimmt Pitter die Düsseldorferin tröstend in den Arm und denkt: **Artikel 5: Et bliev nix, wie et wor.** – *Sei offen für Neuerungen!*

Die beiden gehen ins Schlafzimmer und ziehen sich aus. Trotz der halben Flasche Wodka, die Pitter und die Düsseldorferin eben noch getrunken haben, entdeckt Pitter, dass die Metamorphose der Düsseldorferin noch nicht ganz abgeschlossen ist. Er bezweifelt, dass der Abend tatsächlich so endet, wie er sich das vorgestellt hat. Höflich, aber bestimmt sagt Pitter: **Artikel 6: Kenne mer nit, bruche mer nit, fott domet.** – *Sei kritisch, wenn Neuerungen überhandnehmen!*

Die Düsseldorferin ist traurig und weint. Das kann Pitter natürlich nicht mitansehen. Er nimmt sie in den Arm. Beide sinken ins Bett. Pitter seufzt und denkt: **Artikel 7: Wat wells de maache?** – *Füg dich in dein Schicksal!*

Pitter denkt an seinen FC Kölle und feuert sich mit Artikel 8 selbst an: **Artikel 8: Maach et joot, ävver nit zo off!** – *Qualität vor Quantität.*

Pitter und die Düsseldorferin sind eingeschlafen. Plötzlich öffnet sich die Schlafzimmertür. Pitter wird wach und blickt hoch. Da steht seine Frau, die früher als erwartet vom Wellness-Wochenende nach Hause gekommen ist. Pitter verdreht die Augen und sagt: **Artikel 9: Wat soll dä Käu?** – *Stell immer die Universalfrage!*

Pitter lässt die Düsseldorferin schlafen und geht mit seiner Frau in die Küche. Er macht Kaffee. Höflich fragt er sie: **Artikel 10: Drinks de eine met?** – *Komm dem Gebot der Gastfreundschaft nach!*

Pitter und seine Frau sitzen am Küchentisch und trinken Kaffee. Pitter erzählt von der Düsseldorferin und ihren alten Fotos. Pitters Frau verschluckt sich am Kaffee und meint: **Artikel 11: Do laachs de dich kapott.** – *Bewahr dir eine gesunde Einstellung zum Humor!*

Pitters Frau denkt an die Zusatzartikel des Kölschen Grundgesetzes. **Wohlstandsgesetz: M'r muss och jünne könne!** – *Sei weder neidisch noch missgünstig.*

Sie erinnert ihren Pitter an das: **Notstandsgesetz: Et hätt noch schlimmer kumme künne.**

Pitters Frau nimmt ihn bei der Hand und führt ihn zurück ins Schlafzimmer, wo die Düsseldorferin immer noch schläft. Lächelnd denkt sie: **Anti-Stress-Gesetz: M'r muss sich och jet jünne könne.**

Der Pitter und seine Frau verschwinden im Schlafzimmer und schließen die Tür vor der Nase des Erzählers.

Leider kann ich also nicht berichten, wie die Geschichte weitergeht. Bevor Sie Pitter, Pitters Frau und die Düsseldorferin oder gar mich jetzt aber womöglich als unmoralisch verurteilen, möchte ich abschließend an einen der wichtigsten Zusatzartikel erinnern: **Vergess nie: Jede Jeck es anders!**

Weil man hier einen der größten Flüsse Europas zu seinem Eigentum erklärt hat

Der Rhein hat eine Gesamtlänge von 1.238,8 Kilometern. Entlang seiner Ufer gibt es Hunderte von Städten und Gemeinden, die Gevatter Rhein Wohlstand und Schönheit zu verdanken haben. Überall ist man glücklich darüber, dass es ihn gibt. Die Mannheimer zum Beispiel, weil er sie von Ludwigshafen trennt. Ähnlich wie die Wiesbadener, die nicht mal wissen, dass es am gegenüberliegenden Ufer noch eine Stadt gibt, die Mainz heißt. Egal, ob in Bingen, Bonn, Leverkusen, Karlsruhe oder Duisburg. Überall schätzt man sich glücklich, am Rhein geboren zu sein. Nur in Koblenz ist man hin- und hergerissen, zwischen Rhein- und Moselliebe. Aber Rhein überwiegt. Doch in keiner einzigen dieser Rheinanrainerstädte wird der Fluss so vereinnahmt wie in Köln. Für den Kölner ist der Rhein kölsch. Nicht leverkusisch und schon mal gar nicht düsseldorfisch. Wie selbstverständlich erklären ihn die Domstädter zu ihrem Eigentum. Ignorieren sogar die Schweizer, holländischen und französischen Ansprüche. Nun darf man den Kölnern deswegen keinesfalls böse sein. Es hat meiner Ansicht nach weder was mit großspurigen Herrschaftsansprüchen noch mit kindlichem Besitzergreifen zu tun. Ich glaube: Schuld an diesem unzweifelhaften Besitzverständnis ist Willi Ostermann.

Herr Ostermann, geboren 1876 in Mülheim, schrieb in seinem Leben 189 Heimat- und Karnevalslieder. Danke für die Info an De Kallendresser. Ostermann war der erste neuzeitliche Kölner Komponist, der seine Liebe zum Rhein derart singbar machte. Seine Themen: Rhein plus Weib plus Gesang plus Köln. Mit dieser bis dahin kaum gekannten Textaddition entwickelte er nicht nur die Basis der modernen Kölschrock-Thematik, nein, er schuf auch das Bewusstsein der Kölner, dass ihre Stadt und der Rhein eins sind.

Das gibt es nur in Köln am Rhein, Drum rat ich dir zieh an den Rhein, Einmal am Rhein, Rheinische Lieder, schöne Frau'n beim Wein und nicht zuletzt das *Rheinlandmädel* mit der klaren Bekenntnis »Und sollt ich im Leben ein Mädel mal frei'n, dann muss es am Rhein geboren sein« haben dieses Besitzverhältnis auf ewig in der Kölner Seele manifestiert.

Ostermann trat eine Lawine los, die bis heute durch die Texte der Kölner Bands rockt … Verzeihung … rollt. Die Akademie för uns kölsche Sproch hat auf ihrer Webseite eine Datenbank mit Kölner Liedern eingerichtet. Gibt man dort »Rhein« ein, bekommt man 1.128 Ergebnisse. Gut, manche Lieder tauchen mehrfach auf, da auch die unterschiedlichen Interpreten aufgeführt sind. Trotzdem tippe ich mal auf rund 500 Songs, in denen der Rhein in Zusammenhang mit dem Kölner Lebensgefühl besungen wird. Noch einmal 1.097 Ergebnisse erhält man mit dem kölschen Suchbegriff »Rhing«, was so viel heißt wie »Rhein«.

Das Faszinierende an den Liedern von Willi Ostermann ist, dass er mit ihnen das Kölner Lebensgefühl derart gut getroffen hat, dass sie immer aktuell bleiben. Sein Klassiker *Heimweh nach Köln* etwa ist ein Volltreffer ins Hätz des Kölners, unter dessen Tönen auch heute noch Jung und Alt, Gardekostüm und Darth-Vader-Helm zu einer einzigen Köln-Rhein-verliebten Schunkelmasse zusammenschmelzen. Der Refrain lautet:

Wenn ich su an ming Heimat denke
un sin d'r Dom su vör mir ston,
mööch ich direk op Heim an schwenke,
ich mööch zo Foß no Kölle gon

Mit dem Wissen, dass Ostermann diese Zeilen 1936 auf dem Sterbebett notierte und er sich diesen Wunsch nicht mehr erfüllen konnte, wirkt dieses Lied sogar noch melancholischer. Noch kölscher. Gerade fällt mir ein: Möglicherweise hat Willi Ostermann den Kölnern ihr Lebensgefühl sogar erst ins Bewusstsein gerufen. Ihnen mit seinen Liedern die Chance gegeben, der ganzen Welt entgegenzusingen: Köln ist geil. Der Rhein ist geil. Hier zu leben ist der Hammer.

Apropos Hammer: Die Kölner Stadtgrenze beginnt bei Rheinkilometer 688. Die Grenze der nächstgrößeren Stadt, Leverkusen, liegt bei Rheinkilometer 699. Das ist eine Entfernung von? Genau. Elf Kilometer. Damit wissen wir also auch, was es mit der magischen Zahl Elf in Köln auf sich hat. Behaupte ich jetzt einfach mal.

Weil man in einem der ehemals schmutzigsten Flüsse der Welt wieder Aale angeln kann

Klar, Aale sind nicht jedermanns Ding. Angeln auch nicht. Meins ist es jedenfalls nicht. Einmal hab ich's probiert. Ein Freund der Familie, leidenschaftlicher Angler, wollte mir die Jagd nach den Schuppenträgern schmackhaft machen. Ich war zehn Jahre alt, und es ist ihm nicht gelungen. Das Einzige, was mich damals daran reizte, mit ihm zum See zu fahren, war die Uhrzeit, um die es losging: halb vier Uhr in der Frühe. Ich fühlte mich unglaublich erwachsen, weil ich mir vorstellte, ich käm gerade erst nach Hause. So wie mein Vater, wenn er vom Tanzmucken kam. Das war dann aber auch schon alles an spannenden Momenten dieses Tages. Auf dem Hinweg erfuhr ich, welchen Ködermix der Freund der Familie angerührt hatte, um Rotaugen zu fangen. Es war irgendwas mit gekochten Kartoffeln, Sägemehl und Würmern. So genau will ich mich nicht mehr daran erinnern, es war jedenfalls eklig. Lebenden Würmern einen Haken durch den Leib zu jagen, um sie dann als zappelndes Opfer ins Wasser zu werfen, fand ich ebenfalls nicht wirklich nett. Es nutzte auch nichts, dass mir der Freund der Familie versicherte, dass die Würmer das gar nicht spüren. Damit war der Gesprächsstoff dann aber auch schon durch. Wir blickten stundenlang schweigend aufs Wasser und sahen dem Schwimmer beim Schwimmen zu. Nur ab und zu tanzte er und signalisierte damit, dass der Wurm seine Schuldigkeit getan hatte und statt ihm nun das Opfer am Haken zappelte. Die Barben warf er alle wieder zurück, weil seine Frau die nicht mochte. Nur die zwei Rotaugen nahmen wir mit nach Hause. Für die Bratpfanne. Er selbst bekam ein Kotelett. Fisch mochte er nicht. Es ging ihm also rein ums Töten, dachte ich.

Mittlerweile weiß ich, dass es beim Angelsport natürlich nicht ums Töten geht. Sonst würde er ja Angeltötungssport heißen. Es geht um den Wettkampf: kluger Fisch gegen gut ausgerüsteten Angler. Meistens landet dabei der Fisch in der Bratpfanne. Selten der Angler im Wasser. Bei schönem Wetter kann man dieser urtümlichen Auseinandersetzung zwischen Mensch und Natur überall entlang der Kölner Rheinufer beiwohnen. Wenn man dabei die Klappe hält. Im Gegensatz zu damals schätze ich heute die Eigenschaft der Angler, einfach mal nur dazusitzen und zu kucken. Ohne ein Wort zu reden. Das strahlt eine gewisse Ruhe aus. Manchmal Kuck ich einfach nur den Anglern zu, wie sie ihrer Angel zusehen, und erfreue mich daran, keinen Small Talk halten zu müssen.

Nicht immer waren die Rheinufer so mit Angelfreunden bestückt wie heute. Es gab Zeiten, in denen wäre der Wurm am Haken beim Eintauchen in den Rhein augenblicklich weggeätzt worden. In den 1960ern galt der Rhein zu Recht als Kloake. Neben dem ganzen Unrat und den Chemieabfällen war kein Platz mehr für Fische. Nur wenige Arten hausten noch in dieser Mischung aus Säure, Autoreifen und Regenwasser. Mich hat es 1966 als Kind schon gewundert, dass der berühmte Belugawal Moby Dick seine Reise von Duisburg nach Bonn und zurück in die Nordsee überlebte. Immerhin gab der Wal mit seinem Auftauchen im Rhein wohl den Menschen Anlass, über ihre Umwelt nachzudenken. Seit den

70ern wurde diesbezüglich viel für den Kölner Lieblingsfluss getan. Heute gilt er nur noch als »mäßig belastet«. Das Angeln macht wieder Spaß. Jährlich werden am Rhein in Nordrhein-Westfalen 30.000 Angelscheine verkauft. Lachse und Maifische tummeln sich wieder im Wasser. Zander, Brassen, Welse, Karpfen, Hechte und eben die Aale. Und das Schönste daran: Das Wasser ist teilweise wieder so klar, dass man sie schon sehen kann, bevor sie dem Wurm den Garaus machen.

Kölns bekanntester Hobby-Angler ist übrigens der Karnevalist Hans Süper. Auch er schätzt es, einfach mal ein paar Stunden am Rhein abschalten zu können und sich Gedanken über das Leben an sich zu machen. Und deshalb möchte ich jetzt den Herrn Süper mal direkt ansprechen:

Lieber Herr Süper, mir ist zu Ohren gekommen, dass Sie besonders gerne auf Aale angeln. Bitte lassen Sie die wieder frei und nicht in Ihre Bratpfanne. Im fetthaltigen Gewebe von Aalen können sich nämlich langlebige Umweltgifte wie Dioxin und so 'n Zeug anreichern. Dies als Hinweis für Sie, da Sie einer der wenigen Karnevalisten sind, die ich richtig, richtig lustig finde. Sie haben den Kölner Sitzungskarneval in Ihrer langen aktiven Zeit mit Ihrer knochentrockenen Art bereichert und sicher auch beeinflusst. Dafür ein Danke von mir und ein dreifach kräftiges:

Aal laaf you (ums mal im kölschen Englisch auszudrücken).

Weil es nirgendwo sonst einen Fußballprofi gibt, der seine Stadt so vorbildlich liebt, obwohl er schon lange woanders wohnt

Lukas Podolski ist 1985 in Polen geboren. Genauer gesagt in Gliwice. Zwei Jahre später zog die Familie nach Bergheim. Dort ist Lukas aufgewachsen. Und weil Köln quasi der größte Vorort von Bergheim ist, liebt Lukas neben seinem Bergheim natürlich auch sein Kölle. Vor allem den FC, aber auch den Rest der Stadt. Es sieht mir sogar nach einer nie enden wollenden Liebe aus. Nur deshalb verzeihen ihm seine Fans die Wechsel zu anderen Vereinen. Immerhin wählt er ja auch nur solche Vereine, die ebenfalls Rot und Weiß zu ihren Vereinsfarben erklärt haben. Sonst würde ihm die Umstellung wohl zu schwer fallen.

Doch das ist noch lange nicht das einzige Zeichen für seine tiefe Zuneigung zur Domstadt. Damit in London gleich jeder weiß: »Hey, ich dun jään für üch spille dun, ävver ming Hätz dot Cologne jehüre dun«, hat er sich kurz vor dem Wechsel zu Arsenal das Kölner Stadtwappen und eben *Cologne* auf die Innenseite des Oberarms tätowieren lassen. Ich fänd es ja total cool, wenn er jetzt noch auf die beiden Unterarme je einen Domturm stechen lassen würde. Jedes Mal, wenn er nach einem Tor die Arme hochreißt, würde er aussehen wie der Dom persönlich. Zumindest von vorne. Klasse. Mal abwarten, ob er das vielleicht liest und danach handelt.

Lukas zeigt aber auch, dass sein Hätz, das da in Kölle schlägt, auch ein echt kölsches ist. Mit seiner Stiftung unterstützt er sozial benachteiligte Kinder und Jugendliche in Not. Manchmal ruft er einfach mal seine Kumpels Michael Schumacher, Tom Beck, Peter Brings, Matze Knop, Guido Cantz, Torsten Frings oder gar Nazan Eckes an und organisiert ein Fußballspiel gegen Per Mertesacker und dessen Clique. Der hat nämlich auch eine Stiftung. Da kommen dann auch schon mal mit einem Spiel 100.000 Euro für die Kids zusammen.

So sehr man Lukas Podolski woanders, beispielsweise in Düsseldorf oder Gladbach, auch hassen mag: Lukas ist definitiv ne jode Jung. Und deshalb geben ihm die Kölner auch ihre Liebe zurück. Er darf am Rosenmontagszug auf einem Karnevalswagen mitfahren, mit Brings zusammen *Halleluja* singen und sogar mit den Höhnern und Stefan Raab zusammen bestätigen *Ävver et Hätz bliev he in Kölle.* Er bekommt zahlreiche Liebesbriefe und ebenso viele Heiratsanträge. Ja, so mancher FC-Fan würde ihm gerne auch ein Kind schenken. Selbst einige der männlichen.

Kein anderer mir bekannter aktiver Fußballprofi ist noch derart mit seiner Heimatstadt verbunden wie Lukas Podolski. Aber eigentlich ist das normal. Schließlich ist es ja auch eine einzigartige Stadt.

GRUND NR. 81

Weil keine andere Stadt so sehr von ihren Bewohnern geliebt wird

Über die Liebe des Kölners zu seiner Stadt habe ich ja nun schon des Öfteren berichtet. Doch genau diese Liebe ist natürlich auch ein Grund, diese Stadt zu lieben. Somit ergibt sich quasi ein *Perpetuum mobile amore.* Ein nie aufhörender Kreislauf der Liebe. Warum ausgerechnet die Liebe des Kölners für seine Stadt so extrem ausgeprägt ist wie sonst nirgends, erklärt vielleicht die Aussage von Harald Mieg, dem Sprecher des Simmel-Zentrums für Metropolenforschung in Berlin, gegenüber der *FAZ*, in deren Rangliste »Deutschlands lebendigste Städte« Köln steht. Herr Mieg meint: »Eine Stadt wie Köln, die schon im Mittelalter zu den wichtigsten Deutschlands gehörte, hat es vergleichsweise einfach, sich zu lieben.« – Aha. Je länger man sich also kennt, umso größer die Liebe. Das leuchtet ein. Doch es geht noch weiter. »Auch die Religion förderte das Sich-Feiern in Köln: Während Protestanten sich stets vorbildlich zu verhalten hatten, galt es nach dem Erlösungsverständnis der Katholiken durchaus als erlaubt, einmal im Jahr über die Stränge zu schlagen und dann zu fasten.« – Na ja, ich weiß es nicht. Obwohl, wenn man davon ausgeht, dass hier 30 Tage gefastet und den Rest des Jahres gefeiert wird, könnte es auch eine Erklärung sein.

Andere Wissenschaftler erklären es in der Untersuchung folgendermaßen: »Ob man eine Stadt liebt oder nicht, hängt stark von dem Gefühl der Zugehörigkeit ab.« – Da geb ich mein klares *Jawoll!* dazu. Denn zugehörig fühlt man sich hier rubbeldizupf. Egal, ob reich, arm, hetero, homo, schwarz, gelb, rot oder Saarländer: Nach vier Kölsch ist man integriert, wenn man das will. Und spätestens nach dem ersten Mal Karneval feiern liebt man diese Stadt wie sich selbst. Ich bin wohl ein ganz brauchbares Beispiel dafür.

Frankfurt konnte ich nicht lieben. Mir war diese Stadt zu anonym. Vielleicht hätte es mehr als ein Jahr gebraucht, um eine Beziehung zu dieser Stadt aufzubauen. Aber ich hatte nie den Eindruck, dass die Frankfurter selbst ihre Stadt lieben. Den Äppelwoi, ja. Die Grüne Soß', ja. Aber die Stadt? Das Einzige, wovon immer so geschwärmt wurde, war die Altstadt und der Henninger Turm. Und den reißen sie gerade ab. Bin mal gespannt, wie lange ihre Altstadt durchhält.

In Stuttgart brauchte es zwei Jahre, bis ich verstand, wie die Schwaben so ticken. Stuttgart war damals ab 23.00 Uhr geschlossen. Da kann man keine Stadt lieben lernen. Aber ich mochte die Menschen dort.

Von München will ich jetzt gar nicht mehr viel erzählen. Klar wird diese Stadt von ihren Bewohnern geliebt. Vor allem, weil sie so schön ist. Köln ist nicht schön. Köln ist ehrlich. Köln ist Lebenslust. Köln ist ein Gefühl. Und wenn du erst mal angefangen hast, diese Stadt zu lieben, bist du ihr auch schon verfallen. Das macht aber nichts. Denn diese Stadt passt auf dich auf. Sie lacht mit dir und sie weint mit dir. Sie wärmt dich, wenn du frierst. Sie kommt zu dir, wenn du einsam bist. Und sie hält dich fest, wenn du ins Taumeln gerätst. Kurz: Sie hat dich ganz doll lieb.

Kapitel 9

YOU'LL NEVER WALK ALONE

Personifizierte Leidensfähigkeit
und Treue – Die Fans des 1. FC Köln

Weil hier jeder mit dazugehört

Erst mal bitte ich um Entschuldigung, falls die Zahlen in diesem Unterkapitel nicht sooo exakt sind. Ich habe nämlich nicht studiert. Genauer gesagt habe ich nicht mal Abi. Noch genauer gesagt wurde mir sogar der Hauptschulabschluss geschenkt. Mir fehlt deshalb jegliche Erfahrung in der Auswertung von Statistiken. Gehen Sie also bitte einfach mal davon aus, dass das so Übern-Daumen-Zahlen sind, die jetzt folgen.

Laut dem Statistischen Jahrbuch 2012 lebten in Köln ähm … etwas über eine Million Menschen. Darunter um die 170.000 Ausländer. Und zwar aus wirklich allen Ländern, die man so im Atlas finden kann. Einen großen Anteil bilden dabei die türkischen Kölner mit über 60.000. Nur 16 Menschen in Köln stammen dagegen aus Malta. Sieht mir sehr nach 'ner Groß-WG aus. Diese über 170.000 Menschen, egal ob aus Österreich, Ungarn, Tansania, Schweden, Korea, Russland oder all den anderen Ländern, sind natürlich mit dafür verantwortlich, dass Köln so bunt und vielfältig ist. Den größten Einfluss auf kulturelles und soziales Leben in Köln haben allerdings neben den türkischen Mitbewohnern die Brasilianer. In Köln lebt die größte brasilianische Gemeinde Deutschlands. Im Stadtgebiet selbst sind das 2.000 Menschen. Zählt man das Umland noch hinzu, kommt man auf 15.000. Der Grund, warum sich die Brasilianer ausgerechnet hier so wohl fühlen, dürfte jedem, der dieses Buch aufmerksam gelesen hat und halbwegs weiß, wie man in Brasilien so drauf ist, klar sein. Stichwort: Karneval. Zweites Stichwort: Lebensfreude.

Köln ist quasi das Rio Deutschlands. Fast schon überfällig war da die Partnerschaft zwischen beiden Städten, die man im September 2011 einging. Übrigens die erste Städtepartnerschaft zwischen einer deutschen und einer brasilianischen Stadt. Maßgeblich vorangetrieben hat diese Partnerschaft die Journalistin Hildegard Stausberg. Ihrer Ansicht nach verbindet die beiden Städte die »leichte Lebenslust, man könnte es auch eine freundliche Oberflächlichkeit nennen«. Ohne Rio jetzt live erlebt zu haben, glaube ich, dass sie damit den Nagel auf den Kopf getroffen hat. Zumindest scheinen Brasilianer und Kölner in der Domstadt seelenverwandt zu sein. Kein Karneval, kein Fußball-WM-Public-Viewing ohne Sambatrommeln. – Es gibt Samba-Tanzgruppen, Samba-Partys, Samba-Bands, Samba-Workshops für Anfänger. Ja, selbst an der Hochschule kann man einen Samba-Kurs belegen. Da kommen die Münchener mit ihrem »Heit samba aber guat drauf« nicht mit.

Die größte Samba-Party außerhalb von Rio und innerhalb Kölns findet alljährlich an Karneval auf der MS RheinEnergie statt. Der Carnaval Brasil wird vom Circulo Brasileiro de Colônia veranstaltet. 1980 gegründet, bildet er einen Zusammenschluss der im Rheinland lebenden Brasilianer und Freunde Brasiliens. Also Kölnern. Es ist zwar nicht immer schön anzusehen, wenn sich Walzer, Polka und Kölschrock gewohnte Hüften im Sambatakt zu wiegen versuchen, aber hier zählt eindeutig der gute Gedanke. Man will den Menschen zeigen: »Kuck mal, ich find das toll, was du machst. Irgendwie scheinen wir zusammenzugehören.«

Und wer dann irgendwann merkt, dass er mit dem Hüftschwung der Brasilieros nicht mithalten kann, widmet sich halt der etwas weniger aufregenden, aber nicht minder schönen Musik aus Brasilien. Im Chor Vozes do Brasil singen 46 Kölner und Brasilianer gemeinsam Bossa Nova, brasilianische Popmusik und Folklore.

Die Verbundenheit zwischen Köln und seiner brasilianischen Gemeinde ist so groß, dass man sie sogar zum Motto der Karnevalssession 2013 machte. »Fastelovend em Blot – he un am Zuckerhot« lautete es und ich denke, dass es sicher dazu beigetragen hat, dass die Mitglieder der brasilianischen Gemeinde in Köln immer öfter beim Anblick des Doms ein ähnliches Gefühl überkommt wie beim Anblick des Zuckerhuts.

Nachtrag kulinarischer Art: Es gibt einige gute brasilianische Restaurants in der Stadt. Ein Taxifahrer hat mir aber neulich beim Vorbeifahren eines davon besonders ans Herz gelegt: Das Pantanal Rodizio gegenüber vom Mediapark. Ich konnte es leider noch nicht testen, aber die Kölner Taxifahrer genießen diesbezüglich mein vollstes Vertrauen.

Nachtrag kreativer Art: Wissen Sie was? – Das sind nicht die einzigen ausländischen Mitbürger, die sich hier besonders gern aufhalten. Vielleicht sollte man gleich mal ein Buch hinterherjagen: 111 Bevölkerungsgruppen, die sich in Köln wie zu Hause fühlen.

GRUND NR. 83

Weil man hier noch den Arsch hoch bekommt, wenn es darum geht, Rückgrat zu zeigen

1989, als man vergaß, den Menschen im Osten zu sagen, dass man im Kapitalismus nicht nur einen VW Golf Baujahr 79 mit 200.000 Kilometern Laufleistung für nur noch 7.000 Mark bekommen kann, sondern auch keine Arbeitsplätze, kam plötzlich wieder die lange verloren geglaubte Kurzhaarfrisur in Mode. So wie irgendwelche Geschäftemacher den Ossis überteuerte Gebrauchtfernseher andrehten, die dem aktuellen Stand der Technik um Jahre hinterherhinkten, zog es wohl auch sogenannte Politiker von zu Recht in der Versenkung verschwundenen Parteien in den Osten, um dort ihr veraltetes Gedankengut in junge Ostköpfe zu prügeln. Klar mussten da die Haare runter, weil so ein Quatsch durch lange Haare gefiltert wird und das, was letzten Endes noch im Hirn ankommt, als Blödsinn entlarvt wird.

Man kann den jungen Leuten darüber eigentlich nicht böse sein, betrachtet man ihre Lage. Keine Jobs, keine Sicherheit mehr, von Wessi-Geschäftemachern nur verarscht und hintergangen, von Politikern alleine gelassen. Da hat es das rechte Gedankengut leicht. »Revolution, alles muss anders werden, komm zu uns, wir nehmen dich in den Arm, du muss nur ein paar Ausländer dafür verprügeln.« Das Schlimme ist, dass die etablierten Parteien nicht erkannt haben, was da passierte. Oder anders gesagt: Ihnen ging das anfangs am Arsch vorbei, da man genug damit zu tun hatte, die Solidaritätsabgabe in die Unternehmen zu stecken, die das leckerste Abendessen bezahlten.

Wie auch immer, jedenfalls bekamen die rechten Idioten plötzlich großen Zulauf in ihren Parteien und der fatale Trend schwappte in den Westen. Sogar bis nach Köln. Ausgerechnet Köln. Die toleranteste Stadt Deutschlands. Die Stadt, in der Türken gemeinsam mit Kölnern und Kurden zu Abend essen. Die Stadt, in der Kölner gemeinsam mit Eritreern und Japanern Karneval feiern. Die Stadt, in der jeder Ausländer einfach nur Kölner ist. Also Mensch.

Manchmal kommt mir die Stadt vor wie der Sitzungssaal der Vereinten Nationen in groß. Doch statt miteinander zu streiten, wird gefeiert. 1987, ich lebte noch im Saarland, durfte ich zum ersten Mal an so einer UN-Feierlichkeit teilnehmen. Eine Freundin von mir, Mezzosopranistin aus Chicago, heiratete einen Nachrichtensprecher der Deutschen Welle. Er stammte aus Sansibar. Gefeiert wurde im Alten Wartesaal. Die Trauzeugen waren Kölner, die Gäste Kölner aus aller Welt.

Noch nie habe ich Angehörige so vieler Nationen in einem Raum so leicht und liebevoll miteinander feiern sehen. Die Band spielte in wechselnder Besetzung mal Jazz, mal Samba, mal irische Folklore. Man tanzte mit Brasilianern, Kongolesen, Tansaniern, Briten und Türken. Schaute in Augen, die das Licht der Welt in New York erblickten, in Kairo, in Buenes Aires, Kapstadt und Luxemburg. Es herrschte eine Atmosphäre, als hätte Gott die Menschen nie für ihren frevelhaften Turmbau mit der babylonischen Sprachverwirrung bestraft. So als hätte kein König, kein Diktator jemals Grenzen gezogen. Es war ein unglaublicher Abend. Ein mystischer Abend. Es war der erste Abend, an dem ich das Kölner Lebensgefühl spürte.

Und in diesen UN-Spielplatz platzten nun also plötzlich die Glatzen, um mit ihrer Dummheit zu prahlen und ausländische Mitbürger zu verprügeln. Das konnten die Kölner natürlich nicht auf sich sitzen lassen. Am 22. Oktober 1992 trafen sich bekannte und weniger bekannte Kölner Rockmusiker im Stadtgarten. Eine Aktion gegen den wachsenden Rassismus wurde geplant. Nicht mal drei Wochen später, am 09. November 1992, stand die Aktion. Unter dem Motto »Arsch huh – Zäng ussenander!« versammelten sich auf dem Chlodwigplatz über 100.000 Menschen, um ihre Solidarität mit den ausländischen Kölnern zu demonstrieren und den Neonazis klarzumachen: »Jungs, hee steiht m'r zesamme. Maht üch fott.« – BAP, die Bläck Fööss, die Höhner, Brings, Zeltinger, L.S.E. und andere formulierten das in Songs, die sie speziell für die »Arsch huh«-Aktion schrieben. Elke Heidenreich, Jürgen Becker, Samy Orfgen, Willy Millowitsch, Klaus Bednarz appellierten an den gesunden Kölner Verstand. »Arsch huh – Zäng ussenander« wird in ganz Deutschland zu einem »Symbol für Zivilcourage und das Eintreten für eine solidarische, menschenfreundliche Gesellschaft«. (Zitat. www.arschhuh.de)

Bis heute hat sich leider nur wenig geändert. Im Gegenteil: Einer Studie zufolge sind 50 Prozent der Deutschen der Ansicht, unser Land sei in »gefährlichem Maße überfremdet«. Die Fremdenfeindlichkeit sitzt am Stammtisch. Selbst in Köln. Doch auch wenn die rechtspopulistische pro Köln versucht, diesen Umstand für ihre Zwecke zu nutzen, gibt es zum Glück immer noch genügend Kölner, die sich ihnen in den Weg stellen. 2008 plante die europäische Rechte eine sogenannte Anti-Islam-Konferenz in Köln. Die Kölner machten daraus eine Lachnummer. Sie verhinderten, dass das Schiff mit den Glatzenfunktionären anlegen konnte. Statt mit großem Hallo in die Stadt einzuziehen, tuckerten Europas Rechtsextreme stundenlang ziellos über den Rhein.

Immer wieder werden Versuche von pro Köln, sich mit Kundgebungen oder Ähnlichem ins Rampenlicht zu stellen durch spontane Aktionen der Kölner verhindert oder lächerlich gemacht. 2013 meldete sich doch tatsächlich pro Köln zur Teilnahme am CSD an. Da der CSD offiziell als Demonstration gilt und keine private Veranstaltung ist, konnte niemand das verhindern. Der Aufschrei war groß. Randale auf dem CSD war vorprogrammiert. Doch die Organisatoren fanden eine Lösung. Sie sagten den Zug einfach ab und meldeten ihn wenige Tage später wieder an. pro Köln verzichtete daraufhin auf die Teilnahme und Köln konnte sich ungestört knuddeln.

Egal ob mit typischem Kölner Humor, Spontandemonstrationen, dem erneuten »Arsch huh«-Konzert zum 20-Jährigen oder der klaren Ansage der Kölner Wirte: »Kein Kölsch für Nazis!« – Die Kölner machen unmissverständlich klar: Wir haben was gegen Rechts. Und das hat ausnahmsweise an dieser Stelle nichts mit der Schäl Sick zu tun. Köln ist nicht Rechts. Köln ist auch nicht Links. Köln ist die Mitte. Und zwar von der Welt. Logisch, dass sich dort auch die ganze Welt versammeln darf. Solange die Haare lang genug sind.

Weil hier Superstars gemacht werden

Mein Sportstudium habe ich schon hingeschmissen, als ich im Alter von zehn Jahren die 50 Meter nicht unter 13 Sekunden schaffte und beim Weitsprung mit 1,51 Meter meine Bestmarke aus dem Vorjahr noch um vier Zentimeter unterbot. Das war zwar für ein 95 Kilo schweres Kind gar nicht mal so übel, trotzdem wusste ich, dass ich meine größten Erfolge sicher nicht im Bereich Sport erzielen würde. Aber ich interessiere mich natürlich für Sport. Bis heute. Zum Beispiel für Fußball. Aber auch für Fußball. Und natürlich auch für die Fußballbundesliga. Daher weiß ich, wie wichtig die Kölner Sporthochschule für den deutschen Fußball ist. Der Weg auf die Trainerbank eines Bundesligisten führt nur über die Schulbank der Deutschen Sporthochschule. Zumindest für die deutschen Anwärter. Dort haben alle ihren Fußballlehrerschein gemacht. Egal, ob Meistertrainer oder nach vier Wochen entlassener Abstiegskandidatencoach. Alleine deshalb ist die Sporthochschule schon mal ein Grund für mich, diese Stadt zu lieben.

Sie ist aber noch weitaus mehr als nur das. Denn das Hätz des deutschen Sports ist ein kölsches. 1947 gegründet, ist sie die einzige Uni in Deutschland, an der man schnell laufen lernt. Aber auch hoch springen, weit werfen, Kugel stoßen und Rad fahren. Habe ich was vergessen? Ach ja: Und vieles mehr. Ein Drittel der deutschen Medaillengewinner bei den Olympischen Spielen wurde an der Kölner Sporthochschule ausgebildet. Da Hochleistungssport einen Menschen nun aber allerhöchstens bis zu einer natürlichen Altersgrenze ernährt, legt man an der Sporthochschule gesonderten Wert auf optimale Betreuung und Förderung, damit die Studenten neben dem täglichen Training auch ihre Berufsausbildung unter einen Hut bekommen. Hier kann man Sportlehrer werden, Sportmanager, Sportjournalist, Sportphysiotherapeut, Sportwissenschaftler, Sporttourismusmanager und was es sonst noch so alles mit Sport vorneweg gibt.

Lediglich Gastkommentatoren bei Fußballübertragungen von ARD, ZDF und Sky werden hier nicht ausgebildet. Was ich persönlich in dem ein oder anderen Fall schon mal sehr bedauere. Vielleicht fühlt man sich ja jetzt zu einem solchen Studiengang angeregt. Ein Wochenendseminar könnte da oft schon Wunder bewirken.

Weil hier jeder den Geißbock liebt

Außer ich. Ja, vor diesem Unterkapitel hab ich mich lange drum rum gedrückt. Achtung, Geständnis: Ich bin Gladbach-Fan. Die glorreichen 70er, Sie verstehen? Mein Heimatdorf teilte sich damals in eine Hälfte Bayern-Fans und eine Hälfte Gladbach-Fans auf. Die Coolen waren alle Gladbach-Fans. Logisch, wollte ich cool sein. Und wie das nun mal so ist: Man kann im Leben zwar mehrere Frauen lieben, aber nur einen Verein. Deshalb bleibe ich Gladbach auch als Kölner weiterhin treu. Trotzdem sind der FC und vor allem seine extrem leidensfähigen Fans für mich ein Grund, diese Stadt zu lieben.

Natürlich ist auch der Gladbach-Fan leidensfähig. Allerdings aus anderen Gründen. Ihn hält die Hoffnung aufrecht, dass der Verein irgendwann wieder an die alten Erfolge anknüpfen kann. Nur so lassen sich Niederlagen gegen Freiburg oder Düsseldorf und Abstiege verdauen. Der FC-Fan kann auf diese Hoffnung nicht zurückgreifen. Er redet zwar immer von den großen Erfolgen, aber … mal unter uns … – Gut, der FC ist ein Traditionsverein. War auch in den 50ern und 60ern mehrmals westdeutscher Meister, westdeutscher Vizemeister und westdeutscher Pokalsieger, viermal deutscher Pokalsieger, dreimal deutscher Meister und UEFA-Cup-Finalist. Ja, gut. Sogar der erste deutsche Meister der Bundesliga hieß FC Köln. Aber sonst?!? – Seit 1998 pendelt der Verein ständig zwischen 1. und 2. Bundesliga auf und ab. Der Inbegriff einer Fahrstuhlmannschaft. Und trotzdem ist das RheinEnergieStadion bei fast jedem Heimspiel ausverkauft. Das gibt's sonst nirgends in dieser Liga. Die FC-Fans sind definitiv die treuesten und leidensfähigsten Fans der 2. und manchmal sogar der 1. Bundesliga.

Dabei unterscheidet sich der FC-Fan auf den ersten Blick kaum von den Fans anderer Mannschaften. Er hat den Aufkleber seines

Vereins auf dem Auto, auf dem Kinderwagen und dem Bürocomputer. Er isst seine Pommes grundsätzlich nur rot-weiß, schläft in rot-weißer Bettwäsche, seine Kinder schlafen in rot-weißer Bettwäsche, und wenn er sich einen Hund zulegt, dann nur einen, der dem FC-Maskottchen Hennes irgendwie an Statur und Größe ähnelt. Frankfurter Fans haben meistens einen Kanarienvogel zu Hause.

Um den großen Unterschied endlich zu ergründen, treffe ich mich mit dem größten FC-Fan, den ich persönlich kenne: Jürgen Be (facebook-Name). Ein lieber Facebook-Freund, mit dem ich mich auch gerne mal beim Kölsch in Sachen Fußball kabbeln dun. Jürgen ist Dauerkartenbesitzer, Familienvater und reist auch mit zu Auswärtsspielen, wenn es der Terminkalender zulässt.

Ich stelle ihm die Frage aller Fragen: Warum? – Seine Augen beginnen zu leuchten. »Weil et der geilste Verein vun der janzen Welt is!« – Das ist mir zu oberflächlich und ich hake nach. Seit 1998 viermal auf- und fünfmal abgestiegen. Das kann unmöglich der geilste Verein der Welt sein. Ich kuck ja auch schon mal ab und zu im TV in ein FC-Spiel rein und sehe nur grottoiden Fußball und bei Publikumsschnitten Tränen in den Augen. Wie kann man so etwas über so lange Zeit ertragen? Jürgen denkt eine Sekunde nach und beginnt erst recht loszuschwärmen. Von seiner Stadt, den Menschen, der Kölner Toleranz und dem Bewusstsein der Kölner, dass kein Mensch fehlerfrei ist. Jeder macht Fehler. Die Kölner stehen zu ihren Fehlern und deshalb verzeihen sie auch die Fehler, die andere machen. Wer ohne Sünde ist, der werfe den ersten Stein. – In keiner anderen Stadt wurde dieser Satz aus dem Buch des Johannes, Joh. 8, 1-11 so verinnerlicht wie hier. Hier werden keine Steine geworfen, denn hier wird gesündigt. Und das ist auch gut so, denn so ein klein bisschen Sünde darf schon mal sein. Schließlich gibt's ja 'ne große Kirche, in der man alles wieder wegbeichten kann.

Jürgen und ich bestellen Kölsch, denn wir sind uns einig: Ja, das erklärt vieles und ich hätte eigentlich auch selbst drauf kommen müssen. Nach dem zweiten Kölsch schwärmt er mir hartgesottenem Gladbach-Fan sogar fast eine Gänsehaut über den Körper. Er erzählt vom Stadionbesuch, der besten Vereinshymne der ganzen Welt (mal von der Liverpooler Hymne abgesehen) und den Tränen der Rührung, wenn sie ertönt. Er schildert die Vorfreude vor dem Anpfiff und die Hoffnung, dass diesmal alles anders werden könnte. Ja, das kann ich alles nachvollziehen. Selbst die FC-Hymnen-Gänsehaut. Auch ich wurde schon von ihr gepackt. 2006 bei diesem unglaublichen DFB-Pokal-Spiel, in dem der FC die überheblichen Schalker mit 4:2 niederkämpfte. Man kann sich dieser Hynme nicht entziehen. Die Höhner haben da ganze Arbeit geleistet.

Nicht um ihn zu trösten, aber um ihm ein bisschen Hoffnung zu machen, verrate ich ihm meine Theorie von Missmanagement in der Vereinsführung und dessen Folgen auf dem Platz. Ich hab sie bestimmt nicht als Erster aufgestellt. Es ist die berühmte »Der Fisch stinkt vom Kopf«-Theorie. Aber ich bin in der glücklichen Lage, sie bestätigen zu können. Auch Gladbach war auf bestem Wege, pleitezugehen, und wurde dank Herrn Königs kluger Geschäftsführung gerettet. Dann setzte jedoch ein ähnlicher Größenwahn wie in Köln ein. Die Folge: Gladbach drohte eine Fahrstuhlmannschaft zu werden. Erst mit der fußballerischen Kompetenz. die Rainer Bonhof und Hans Meyer in den Vorstand einbrachten, und vor allem durch das gut durchdachte Management von Max Eberl konnte plötzlich auch die Mannschaft wieder Fußball spielen. Stimmt's in der Vereinsführung, stimmt's auch aufm Platz. Jürgen stimmt mir zu und wir stimmen die Vereinshymne an. Nein, Späßchen gemacht. So weit konnte er mich dann doch nicht von seinem FC überzeugen. Aber ich drücke ihm und allen FC-Fans die Daumen, dass sie bald wieder für ihre unfassbare Treue und Leidensfähigkeit belohnt werden. Ganz ehrlich.

Keine 150 Meter von meiner Haustür entfernt weht übrigens am Fahnenmast im Nachbargarten eine Fahne der FC-Ultras »Wilde Horde«. Sie ist komplett zerfleddert, was mir fast schon symbolisch erscheint. Vielleicht ist das ja das Signal für den dringend benötigten Wiederaufbau des FC: Gar nicht erst versuchen, die Vergangenheit zusammenzuflicken, sondern ab ins Museum damit und neue Fahnen hissen.

Köln hätte es verdient. Wir in Gladbach vermissen die sechs Punkte jedes Jahr. Ach, und jetzt fällt mir auch wieder ein, warum auch der FC selbst ein Grund für mich ist, diese Stadt zu lieben.

Weil hier auch kleine Fußballvereine ihre Chance bekommen

Habe ich eigentlich schon die große Bescheidenheit erwähnt, die die Menschen hier auszeichnet? Der Kölner weiß zwar, dass er in der geilsten Stadt der Welt lebt, posaunt es aber nicht so heraus wie beispielsweise ein Münchener oder ein … anderer Münchener. Nur wenn man ihn direkt darauf anspricht, etwa mit der Frage: »Können Sie mir sagen, wie viel Uhr es ist?« Dann singt er sein Loblied auf die Stadt und die Menschen. Er stellt sich dabei aber nie selbst in den Mittelpunkt, denn er ist sich bewusst, dass auch er lediglich ein kleines Licht ist, das nur gemeinsam mit all den anderen kleinen Lichtern diese Stadt erhellen kann. Aus diesem Bewusstsein heraus hat sich wohl auch ein Faible für die kleinen Lichter dieser Welt entwickelt.

Der Kölner mag den Underdog. Sogar so sehr, dass im DFB-Pokal-Endspiel 1983 mancher FC-Fan dem Gegner aus dem Kölner Süden, der Fortuna, die Daumen drückte. Zumal der SC Fortuna Köln zu Beginn die weitaus bessere Mannschaft war. Trotz so großer Namen wie Toni Schumacher, Pierre Littbarski, Klaus Fischer und Klaus Allofs auf den FC-Trikos. Beim Gegner klang die Aufstellung eher unspektakulär. Hannes Linßen könnte dem Fußballfreund neben Dieter Schatzschneider auch noch ein Begriff sein. Er erhielt 1971 die allererste Gelbe Karte, die jemals in der Bundesliga vergeben wurde. Allerdings noch als Spieler von Rot-Weiß Oberhausen.

Leider ist die Kölner Fortuna ein gutes Beispiel dafür, wie sinnvoll die 50-plus-1-Regel der DFL ist. Und ein perfektes Beispiel für die Kreativität, die der Kölner entwickelt, wenn es darum geht, sich aus der Scheiße zu ziehen. 1948 gegründet, war das Schicksal der Fortuna von 1967 an eng mit dem Kontostand des langjährigen Präsidenten Jean Löring verbunden. Das ging auch viele Jahre lang gut.

1973 gelang der heiß ersehnte Aufstieg in die 1. Liga, 1974 ging's aber auch gleich wieder runter in die neu gegründete 2. Liga wo man sich dann 26 Jahre lang festsetzte. Finanziell unterstützt von Jean Löring. In der Zeit spielten dort unter anderem Anthony Baffoe, Thomas Brdarić, Ivica Grlić, Dirk Lottner oder Hans Sarpei. Bernd Schuster saß bei Fortuna Köln auf der Trainerbank. Ebenso wie Toni Schumacher und Hans Krankl. Ja, der Hans Krankl, der für die *Schmach von Cordoba* sorgte.

Der SC Fortuna Köln war also durchaus eine gute Adresse für gute Fußballer und könnte es womöglich immer noch sein, wär der Kontostand von Jean Löring Anfang der 2000er nicht rapide nach unten gegangen. Irgendwie hatte er ein paar Dinge mit dem Finanzamt nicht so ganz geklärt. Die Folge: Er selbst hatte Steuerschulden in Millionenhöhe und die Fortuna hatte Steuerschulden in Millionenhöhe. Dummerweise ausgerechnet zu einem Zeitpunkt, in dem auch noch Lörings Unternehmen kriselten. Löring erkrankte schwer und starb 2005. Die Fortuna wurde in den Ligen nach unten durchgereicht und stand 2003 vor der Insolvenz. Doch der Ideenreichtum der Kölner Fans rettete den Verein. Man startete einen Spendenmarathon und bat den Künstler Cornel Wachter um kreative Hilfe. Die gab es auch in einer Form, die Fortuna Köln weltberühmt machte. Er fotografierte Spieler samt Trainer und Co-Trainer der damaligen Regionalligamannschaft einfach mal nackig. Das Foto ging um die Welt und halb Köln spendete. Nicht nur für Kleidung.

Wachter hatte aber noch mehr lustige Ideen. So schickte er beispielsweise Schauspieler Ralf Richter gemeinsam mit dem Südstadt-
pfarrer Hans Mörtter ins Pascha, um den Damen dort persönlich
eine kleine Spende aus der Haushaltskasse zu entlocken. Leider nutzte das alles nix. Fortuna Köln stürzte in die Oberliga ab. Das Geld
war alle. Wieder drohte die Insolvenz. Man schrieb das Jahr 2005.
Dank der Gelder aus einem Benefizspiel gegen den FC durften die
Fortuna-Spieler aber wieder auf den Platz. Langsam ging's bergauf.
Richtung Regionalliga. 2008 wurde das Geld zwar wieder knapp,
aber man hatte eine revolutionäre Idee. Fortuna Köln sollte ein ba-
sisdemokratischer Fußballclub werden. Unter der Schirmherrschaft
von Sönke Wortmann startete man das Projekt *meinFussballclub.de*.
Für 39,95 Euro konnte man sich dort registrieren und das Vereins-
geschehen mitbestimmen. So weit der gute Gedanke. Dummerweise
fanden sich aber auch wieder Sponsoren, die mehr als 39,95 Euro
investierten und dementsprechend mehr bestimmen wollten.

Die Folge: Die Fans wurden sauer, das Projekt eingestampft.
Hauptsponsor ist mittlerweile Michael Schwetje. Er macht Millionen
mit diversen Internetfirmen und einige davon investiert er nun in
die Fortuna. Natürlich im Rahmen der 50-plus-1-Regelung. So sagt
man. In der Saison 2012/13 landete die Fortuna auf Platz 2 in der
Regionalliga West. Und wer weiß, vielleicht gibt's ja auch bald mal
wieder ein Wiedersehen mit der Fortuna im RheinEnergieStadion.

GRUND NR. 87

Weil hier auch ganz kleine Fußballvereine ihre Chance bekommen

Es ist durchaus möglich, dass der nächste innerstädtische Liga-
gegner des FC gar nicht aus der Südstadt kommt, sondern von der
Schäl Sick. Dort, genauer gesagt in Höhenberg, wächst nämlich

zurzeit möglicherweise der kommende Kölner Vorzeigeclub heran. Während man sich noch im Geißbockheim sportlich und vor allem wirtschaftlich sortiert, wird in Höhenberg schon strukturiert die Zukunft geplant. Warum fallen mir gerade die spanischen Ortschaften Villabajo und Villariba ein? Egal.

Der FC Viktoria Köln 1904 wurde 2010 aus der Asche des in Insolvenz gegangenen SCB Viktoria 2010 gephoenixt. Er ist eines der zahlreichen Beispiele dafür, wie geschickt der Kölner es versteht, bestehende Regeln, die er grundsätzlich schon mal doof findet, für sich auszunutzen.

Viktoria Köln sollte bei Gründung eigentlich in der Landesliga spielen. Aufgrund der Insolvenz des Vorgängervereins wurde man aber vom Verband in die Kreisliga D zurückgestuft. Da kickte man ein Jahr lang ein bisschen rum, um dann dem Verband mit seinen eigenen Regeln ein Schnäppchen zu schlagen. Im Februar 2011 wurde einstimmig beschlossen, dem ausgegliederten Seniorenteam des FC Junkersdorf eine neue Heimat zu geben. Die waren in der Saison 2010/11 Meister der Mittelrheinliga geworden, und durch diesen klitzekleinen Trick wurden die Spiele der Viktoria in der darauffolgenden Spielzeit schon in der NRW-Liga angepfiffen. Ich tippe mal auf erfolgreiches Klüngeln gepaart mit intensivem Verbandsregelstudium. Dieser flotte Aufstieg erfreute den Unternehmer Franz-Josef Wernze besonders. Er ist nämlich Mäzen der Viktoria. Vor lauter Begeisterung über den Aufstieg in die Regionalliga 2011 spendierte er nicht nur zahlreiche Pittermännchen, sondern auch den bekannten Fußballrüpel Albert Streit. Der bedankte sich auch recht flott für den neuen Job. Während der Halbzeitpause im Spiel gegen den VfL Bochum II semmelte er im Spielertunnel dem Bochumer Fabian Götze eine rein und wurde für vier Monate gesperrt. Viktoria Köln konnte daraufhin die Saison mit einem respektablen 6. Platz abschließen.

Mit Claus-Dieter Wollitz als neuem Trainer ging es in die zurzeit laufende Saison 2013/14. Mittelfristig plant man bei der Viktoria, sich dort zu etablieren. Der langfristige Plan sieht wohl vor, auf keinen Fall dem FC Konkurrenz zu machen. Ich tippe also, man will in die 1. Liga. Vielleicht gibt's ja irgendeine Regelung, mit der man dann die 2. Liga geschickt überspringen kann. Ich drücke die Daumen, denn aus dem Höhenberger Stadion ist irgendwie besser nach Hause kommen als durch das Chaos, das nach Spielende im RheinEnergieStadion auf der Aachener entsteht.

GRUND NR. 88

Weil man hier Kunst gegen Bares bekommt

Nicht jeder Künstler ist auch ein großer Künstler. Selbst in Köln nicht. Dafür gibt's hier zahlreiche kleine Künstler, ganz kleine Künstler und Hobbykünstler, in denen vielleicht sogar ein großer Künstler schlummert. Nun gibt es verschiedene Möglichkeiten, das herauszufinden. Man kann auf dem Geburtstag von Onkel Karl das Akkordeon zupfen oder selbst verfasste Gedichte auf Tante Jolandas Beerdigung vortragen. Oder man geht zu einer der Open Microphon Events, die in einigen Kneipen und Hinterzimmern regelmäßig stattfinden. Jeder, der was kann, kann kommen und zeigen, was er kann. Der Ablauf ist immer der gleiche. Leute gehen ans Mikrofon, um andere Leute zum Lachen zu bringen. Oder zum Weinen. Oft lachen die Leute, weil's lustig ist, manchmal weinen sie, weil's traurig ist oder schön, manchmal ist das, was da am Mikrofon passiert, aber auch einfach nur zum Heulen. – »Kunst gegen Bares« ist eine dieser Open-Mic-Sessions. Aber es ist eine ganz besondere. Wo es woanders mit etwas Glück ein Frei-Kölsch für die mutigen Künstler gibt, erhalten sie bei Kunst gegen Bares echtes, zählbares Geld. Jeder, der auftritt, bekommt sein eigenes Sparschwein, und das Publikum wirft eben was rein, wenn der Vortrag gefallen hat. Wer am Ende das meiste Geld im Schwein hat, kann nicht nur sicher sein, dass es dem Publikum gefallen hat, er ist auch Sieger des Abends und somit reich. Daher wird er zusätzlich zu Ruhm und Reichtum auch noch unter donnerndem Applaus zum »Kapitalistenschwein des Abends« gekürt.

Autor und Comedian Gerd Buurmann hat sich das Konzept ausgedacht und 2007 erstmals im Theater Eifelturm umgesetzt. Von 2008 bis 2010 stellten sich die Kölner Hobby-Performer dann unter seinem Schutz im Severins-Burg-Theater auf die Bühne. Und weil immer mehr Publikum »Kunst gegen Bares« immer toller fand, zog man schließlich ins größere ARTheater nach Ehrenfeld. Jeden Montag kämpfen dort nicht nur Nachwuchs-Künstler um Bares im Schwein. Heute ist Montag, also geh ich da mal hin. Vielleicht mach ich sogar mit. Ich steck mal vorsichtshalber ein paar meiner lustigsten Gedichte und eine Kurzgeschichte ein. In der Bahn stelle ich fest: Ich habe die Lesebrille vergessen. Also bleibt's beim Zuschauen. Nix mit Bargeld und Kapitalistenschwein des Abends. Dann muss ich halt doch noch mal zum Geldautomaten. Auch eine abenteuerliche Angelegenheit ohne Lesebrille. Ruckzuck hat man aus Versehen den Dispo erreicht. Es geht noch mal gut, und ich kann mir die sechs Euro Eintritt leisten.

Ich treffe Gerd Buurmann an der Theke im Eingangsbereich des Theaters. Er gehört zwar schon seit Langem zu meinen Facebook-Freunden, allerdings haben wir uns noch nie persönlich kennengelernt. Das stellen wir nun ab. Gerd fragt mich, ob ich denn auch auftreten will. Ich verweise auf mein schlechtes Kurzzeitgedächtnis und das daraus resultierende Fehlen der Lesebrille. Nächstes Mal gerne. Er warnt mich vor, weiß nicht, wie es wird, da er ausnahmsweise keinen einzigen der Künstler kennt. Sieht nach einem spannenden Abend für uns beide aus.

Das Publikum ist jung. So Anfang bis Ende 20, dann kommt lange nichts, dann ich. Viele von ihnen scheinen Stammgäste zu sein. Man spürt, dass sie wissen, was sie erwartet: ein spaßiger Abend. Sie schenken den Künstlern ihre volle Aufmerksamkeit, gehen immer mit, sind bereit, sich unterhalten zu lassen, selbst wenn's auf der Bühne mal was langweiliger wird. Buurmann moderiert gemeinsam mit Hildegart Scholten, die im Kaffeenachmittags-Gewand der interessanterweise unbescholtenen Hausfrau gut aussehende Jungs anmacht. Die haben Angst vor ihr. Aber nicht lange, denn es geht los. Die Reihenfolge der Auftritte wird spontan von Frau Scholten oder Herrn Buurman festgelegt. Wir beginnen mit etwas Musik. Zwei Musikstudenten spielen einen Song eines schwarzen, blinden Amerikaners. Den Titel kann ich leider nicht schreiben, sonst muss ich womöglich noch GEMA zahlen. Jedenfalls ist es eine meiner absoluten Lieblingsnummern. Und sie gefällt mir auch in der Version mit Gitarre und Geige. Den Titel des zweiten Songs notiere ich mit »Hurfjflk eirj wpoutz« ins iPhone, stelle aber erst am nächsten Tag fest, dass eine Lesebrille auch beim Schreiben nützlich gewesen wäre.

Abschließend hören wir die Musikrichtung, die für diese beiden Instrumente geschaffen wurde: Hillbilly. Die Stimmung ist prima. Tanzen tut aber niemand. Stattdessen gibt's fetten Applaus für die Buben.

Gerd kündigt Zach an. Einen Briten aus Solingen. – Ich erwarte natürlich typisch britischen Humor. Den gibt's auch. Und zwar den, den man von Magaluf her kennt. Na ja, nicht ganz. Er wirkt halt ein wenig wie der beste Freund des Bräutigams, der sich für die Hochzeitsfeier was Lustiges ausgedacht hat. Er steckt sich auf der Bühne in eine Union-Jack-Perücke und Englische-Flagge-Cape und erzählt von seiner Jugendfreundin aus Solingen. Mit drei haben sie sich auf dieser Brücke über dem kleinen Bach kennengelernt. Seitdem sind sie ineinander verliebt. Er schildert jedes einzelne Jahr auf dieser Brücke, bis beide 18 sind. Dann vögeln sie auf der Brücke. Im Sommer danach hat er die Idee: Wir kommen schon so lange auf diese Brücke und haben noch nie im Bach gebadet. Die Freundin findet's toll, springt kopfüber von der Brücke in den Bach, schlägt mit dem Kopf auf einen Stein und stirbt vor Ort. Und da war er auch, der britische Humor. Nur halt ein bisschen langatmig erzählt.

Moritz sitzt hinter mir. Er darf jetzt ans Klavier. Wir hören das Scherzo Nr. 3 von Chopin. Eine wirklich schwierige Nummer, wie alles von Chopin. Moritz ist geschätzte 18 und gar nicht schlecht. Er muss noch an der Dynamik arbeiten, aber sonst. Gut, Chopins Kompositionen haben den Vorteil, dass man bei manchen flotten Passagen nicht weiß: War da jetzt ein falscher Ton bei oder muss das so? Um sicherzugehen, hab ich mir das Werk zu Hause noch mal angehört und denke, ja, Moritz hat auch schon mal hier und da danebengegriffen. Er bekommt trotzdem donnernden Applaus und setzt sich wieder hinter mich. Das Mädchen neben mir dreht sich zu ihm und macht ihm einen Heiratsantrag. Ihr Freund daneben, konzentriert sich daraufhin angestrengt auf das Bühnengeschehen. Dort versucht sich Marcel als Stand-uper. Er beginnt ganz gut, gerät aber irgendwann in die Floskelecke, die hinter dem Satz »Das kennt ihr doch auch …« lauert.

Anschließend trägt eine junge, gut aussehende Holländerin aus Nippes eigene Songs vor. Einer davon heißt *Fuck You, Lumberjack*. Es geht um Kettensägengeräusche in Nachbars Garten. Ihre Stimme hat was von Doris Day. Ihr folgt ein junger Mann, der zum ersten Mal auf der Bühne steht. Er stand-upt. Und zwar umgekehrt wie Marcel. Anfangs nervös und schwach, immer besser werdend und mit einem starken Abgang. Wenn's ein Wein gewesen wäre, hätte ich ihn gekauft.

In der Pause treffe ich Fatih Çevikkollu, einen lieben Freund. Einen der besten Stand-uper, die ich kenne. Er ist Vollprofi und verrät mir, dass er auch gleich auf der Bühne steht. Will eine neue Nummer ausprobieren. Ick freu mir drauf. Zuerst jammert aber ein Gitarrist über seine unerfüllte Liebe. Mit Hilfe von drei Akkorden und den Textzeilen »Komm zu mir« und »I love you« macht er allen klar, dass die Frau zu Recht zu ihrer Mutter zurückgekehrt ist.

Das Publikum liebt Fatihs neue Nummer, und die gute Laune hält zum Glück noch so lange an, bis der nächste Gitarrist mit sei-nen selbst komponierten Kölschrock-Liedern von der Bühne gegangen ist. Auch er hält sich an die »Drei Akkorde reichen«-Regel. Das ist bei einem 2:30-Song ja auch durchaus abwechslungsreich. Ab Minute vier beginnt man jedoch, sich mit dem neuen iPhone zu beschäftigen. Thematisch ging's übrigens um unerfüllte Liebe auf Kölsch.

Zum Schluss gibt's Lyrik. Ich mag Lyrik eigentlich ganz gerne. Die von Erich Fried beispielsweise. Was ich allerdings nicht ertragen kann, sind die Wortreihen, die manche Damen so Mitte 40 erstellen, nachdem sie frisch geschieden sind und plötzlich die Schriftstellerin in sich entdecken. Oft frag ich mich da: Warum habt ihr euch nicht für Afrikatanz oder den Töpferkurs entschieden? Warum versuchst du, den Menschen in so belanglosen Worten mitzuteilen, was in dir vorgeht? Sag es entweder in guten Worten oder so, wie dir der Schnabel gewachsen ist.

Ich habe noch einen Termin und gehe vorzeitig, kann ihnen also leider nicht sagen, wer nun *Kapitalistenschwein des Abends* wurde. Ich tippe auf Fatih oder Moritz. Nächstes Mal bleibe ich garantiert bis zum Schluss, denn »Kunst gegen Bares« ist besser, spannender und abwechslungsreicher als jeder TV-Abend. Hier fusionieren RTL 2 und ARTE zu einem hoch unterhaltsamen Live-Mix aus Profanität und Können.

GRUND NR. 89

Weil hier wilde Gedanken ihre Bahnen finden

Es gibt mehrere Möglichkeiten für einen TV-Comedy-Autor, Themen für seine Witze zu finden. Zum einen kann man sich was ausdenken. Eine Situation zum Beispiel. Zwei Brüder treffen sich vorm Scheidungsrichter. Oder: Zwei Pfarrer sitzen im Beichtstuhl und keiner traut sich anzufangen. Oder: Ein Bär kommt in die Umkleidekabine von H&M. – Man kann aber auch die Boulevardblätter durchgehen und schreibt was zu aktuellen Begebenheiten. Dabei kommen dann oft lustige Merkelwitze oder irgendwas über abstehende Ohren von Säuglingen im britischen Königshaus raus. – Dritte Möglichkeit: Der Produktionsleiter kommt ins Zimmer und sagt: »Wir drehen morgen deinen Krankenhaussketch. Kannst du nicht noch zwölf andere Krankenhaussketche schreiben, dann lohnt sich der Aufwand wenigstens.« Das läuft dann meist in *Die Dreisten Drei* oder *Mensch Markus* oder *Sechserpack*. Die beliebteste Variante der Themenfindung ist jedoch die »Macht doch mal was mit …«-Methode. Die funktioniert so: Der Programmchef wird abends im Bett von seiner Frau auf ein Thema aufmerksam gemacht, das ihr jemand beim Friseur erzählt hat. Am nächsten Morgen lässt er seinen Chefredakteur kommen und sagt: »Sag denen von (Comedyshow Ihrer Wahl einsetzen) doch mal, sie sollen was mit (Thema Ihrer Wahl einsetzen) machen.« Der Chefredakteur lässt seinen zuständigen Redakteur kommen und sagt ihm: »Sag denen doch mal, sie sollen was mit (Thema Ihrer Wahl einsetzen) machen.« Der Redakteur fliegt (1. Klasse) zum Produzenten und bittet ihn: »Sag doch mal deinen Autoren, sie sollen was mit (Thema Ihrer Wahl einsetzen) machen.« Der Produzent hält das erfahrungsgemäß für eine tolle Idee und schickt seinen Redaktionsleiter mit besagter Anweisung ins Autorenbüro. Der sagt: »Hey, ihr faulen Säcke. Macht doch mal was mit (Thema Ihrer Wahl einsetzen). Da hättet ihr aber auch ruhig mal selber drauf kommen können.« – Und noch bevor man darauf hingewiesen hat, dass bereits vier Sketche zum Thema abgelehnt wurden, ist er auch schon wieder verschwunden.

Mitte der 90er lautete dieser Satz: »Macht doch mal was mit Internet.« Dieser Satz wiederholte sich gebetsmühlenartig ungefähr bis ins Jahr 2005. Und während man in den Autorenstuben der Comedyshows immer noch lustige Sketche über Webcam-Chats oder über versehentlich an den Chef weitergeleitete Chef-Bashing-Mails schrieb, begannen in Köln schon kreative Köpfe, was mit Internet zu machen. Ja, Köln ist auch eine Stadt der Macher. Doch geht es ihnen hier nicht einfach nur ums Geschäftemachen. Sie versuchen, neue Ansätze zu finden, neue Ideen zu kreieren, Geschäft mit Spaß zu verbinden. Vielleicht liegt es ja an dieser grundsätzlich kreativen Atmosphäre hier im Künstlerauffangbecken, wo alle ständig auf der Suche nach Neuem sind. Köln ist klein, jeder kennt jeden und jeder wird von jedem irgendwie angeregt. Auch die, denen womöglich das Talent fehlt, ihre Kreativität in reale oder abstrakte Kunstwerke umzusetzen. Die denken sich dann beispielsweise innovative Internetprojekte aus. Denn das Internet ist zwar lange nicht mehr so wunderschön chaotisch wie in den Anfangsjahren, aber immer noch ein Spielplatz, auf dem man sich austoben kann. Und mit der richtigen Idee kommt sogar der ein oder andere Euro dabei rum.

Christoph Krachten, Autor und Journalist, begann vor ein paar Jahren mit seinem eigenen YouTube-Kanal Clixoom. Hier führt er regelmäßig Interviews mit mal mehr, mal weniger bekannten Menschen. Die Gespräche werden immer wieder mit kleinen Spielchen wie dem Fragenlotto oder Assoziationsvideos aufgelockert. Sein Markenzeichen *Karohemd* war zwar schnell einigen Tausend YouTube-Usern bekannt, aber das große Geld kam dabei nicht rüber. Krachten erkannte, dass man als Einzelkämpfer bei YouTube kaum eine Chance hat. Er gründete ein Netzwerk, nannte es Mediakraft, und weil er nun kölsch denkt, hat er sich ehrlich eingestanden, dass er zu alt ist, um zu wissen, wie die jugendlichen YouTube-Nutzer so funktionieren. Flott wurden 30 Mitarbeiter eingestellt, die gerade das Abi hinter sich hatten. Sie kümmern sich um das Social Media Management.

Das heißt, sie sorgen für die Verbreitung der Partnerkanäle von Mediakraft im gesamten weltweiten Netz. Und sie machen Stars. Das Kölner Komikertrio Y-Titty hat alleine anderthalb Millionen Abonnenten. Mein Ding ist deren Schülerzeitungshumor nicht, aber ich bin ja auch zu alt für die Zielgruppe. Wie sehr diese YouTube-Stars wie ApeCrime oder Freshhaltefolie verehrt werden, konnte ich bei der Verleihung zum Webvideopreis 2013 erleben.

Leute, die Oscar-Verleihung ist dagegen ein Kaffeenachmittag im Seniorenheim. Kinder stehen am roten Teppich – der dort blau ist – Schlange, um von etwas älteren Kindern Autogramme zu bekommen oder sie einfach nur mal zu berühren. Heidewitzka, wer hätte das gedacht. Ich jedenfalls nicht, ich glaube immer noch ans Fernsehen.

Im Gegensatz zu Markus Schnabel. Er war Redakteur bei *Der heiße Stuhl* und *Bärbel Schäfer*, Produzent von *TV Kaiser*, *Quatsch dich reich* und anderen ungewöhnlichen Formaten, die er auch mitentwickelte. Seit einigen Jahren sieht auch er im Internet die weitaus größeren Möglichkeiten, sich kreativ auszutoben. Sein Projekt *Seeing X* ist weltweit einzigartig und könnte den Nerv der Internetgeneration beim Start auf den Punkt treffen.

Es liegt offensichtlich in der Natur des Menschen, schöne Augenblicke und erlebte Abentcuer mit anderen teilen zu wollen. Früher malte man diese Erlebnisse auf Höhlenwände, etwas später kam der alljährliche Diaabend mit den Urlaubsfotos, die Super-8-Kamera für die laufenden Bilder und schließlich die teure Videokamera. Heute gibt"s Smartphones und flotte mobile Internetverbindungen, mit denen man seinen Teller Wurstsuppe rubbeldizupf ablichten und auf Facebook stellen kann. Seeing X geht noch einen Schritt weiter. Dank eigens entwickelter Software bietet die Website der Menschheit die Möglichkeit, die Welt mit den eigenen Augen zu sehen. Und damit sogar noch Geld zu verdienen. Als sogenannter Camwalker nimmt man die User mit aufs Surfbrett, die Electro-Party, den Sprung vom Zehner oder zum Rasenmähen. Es soll eine Mischung aus *Being John Malkovic* und *Truman Show* werden. Erlebnisse in Echtzeit teilen und mit den Camwatchern kommunizieren. Um eine eventuelle Vermarktung der Camwalker-Kanäle kümmert sich Seeing X.

Mit etwas Glück ist das Projekt ja schon online, wenn dieses Buch veröffentlicht wird. Dann klink ich mich auch ein und zeige Ihnen, wie ich mir eins davon in der Mayer'schen kaufen gehe.

Weil man hier betreut flirten kann

Immer dann, wenn der Künstler am Geldautomaten steht und weder Geld bekommt noch seine Karte zurück, überlegt er sich, wie er das ändern kann. Manchmal fährt er dann Taxi oder kellnert. Manchmal denkt er sich aber auch ein Projekt aus. Möglichst eines, das es so noch nicht gibt. Die Kölner Schlussfolgerung daraus: Viele Künstler, viele neue Projekte. Eines davon heißt »Betreutes Flirten«.

Ich glaube nicht, dass Regisseur Niki Drozdowski und die Schauspieler Nina Vorbrodt und Lars Oberhäuser gemeinsam vorm Bankomaten standen, als sie die Idee dazu hatten. Der Geldautomat gilt nicht als typischer Treffpunkt Kölner Künstler. Ich tippe, es war das Café Schmitz oder das Bauturm Café, der Aachener Weiher oder eine Dachterrasse in Ehrenfeld. Ja. Die Dachterrasse muss es gewesen sein. Sonnenuntergang, ein Glas Rotwein mit Freunden und in Gedanken bei all den Kölnern, die diese Stimmung alleine genießen müssen.

Werfen wir mal einen Blick in die Statistik: 51,2 Prozent aller Kölner sind Single. – Hammer, und ich dachte immer, ich wär alleine. Das bedeutet: Über 500.000 Menschen in dieser Stadt müssen so tolle Dinge wie den wundervollen Kölner Sonnenuntergang, den täglichen Besuch im Dom oder den Spaziergang über die Hohenzollernbrücke an den Abertausenden von Liebesschlössern vorbei solo erleben. Je nachdem, wie man dazu steht, könnte man auch sagen: … ganz entspannt und voll innerer Ruhe solo genießen.

Wie auch immer. Irgendwann hat jeder Single auch wieder mal Bock, zu zweit zu sein. Und sei es nur für ein paar Monate, Wochen, Tage oder Stunden.

Um das abzustellen, gibt's natürlich die Möglichkeit, gemeinsam mit anderen Single-Freunden oder -Freundinnen um die Häuser zu ziehen und auf Teufel komm raus zu flirten. Speziell im Friesenviertel oder im Belgischen. Speziell im Alcazar. Hier besteht allerdings die Gefahr, dass eine gute Freundschaft zerbrechen könnte, weil man sich in dieselbe Frau bzw. denselben Mann verliebt.

Bleibt die Online-Partnerbörse. Und was da passieren kann, hab ich ja schon weiter vorne beschrieben. Enttäuschungen sind vorprogrammiert. Also ab zur Single-Party. Doch auch dort steht man oft vor dem Problem: Wie mache ich den ersten Schritt? Am Ende bleiben meist nur die Flucht in den Alkohol und das grausame Erwachen am Morgen, wenn man in einer fremden Wohnung erwacht. Geweckt von der rauen Zunge eines chinesischen Faltenhundes im Gesicht, den man erst auf den zweiten Blick als die letzte verbliebene Dame im Saal wiedererkennt.

»Betreutes Flirten« ist die perfekte Alternative. Das Konzept schließt die Lücke zwischen Ausgehabend, Online-Partnerbörse und Single-Party.

Rund 0,1 Prozent aller Kölner Singles, also 500, treffen sich in der Live Music Hall. Altersdurchschnitt Mitte 20 bis Anfang 30, schätze ich mal. Es geht hier nicht zwingend darum, die Halle zu zweit zu verlassen, sondern eher darum, sich mit viel Spaß kennenzulernen. Auf den langen Bierbank-Reihen sitzen immer abwechselnd Buben und Mädchen. Nina Vorbrodt und Lars Oberhäuser führen durch den rasanten Mix aus Gameshow, Impro-Theater, Publikumsspielen und Speed-Dating-Runden. Auffallend: Die beiden achten sehr darauf, dass sich keiner blamiert, halten schützend ihr Wort über die mutigen Menschen auf der Bühne. Es wird viel gelacht und zahlreiche Blicke verhaken sich schon mal etwas länger. Spätestens auf der Aftershow-Party.

Fazit: Für meine Altersgruppe ist das alles eventuell zu aktiv. Aber was für einen Mann Ü50 vielleicht ein bisschen nach Kindergeburtstag aussieht, ist für die Singles hier, die alle meine Kinder sein könnten, womöglich der erste lustige Schritt dahin, irgendwann selbst einen Kindergeburtstag ausrichten zu können.

Und das »Betreute Flirten« für Singles Ü40 ist ja auch schon in Planung. Hoffentlich hat mein Zivi an dem Abend nix vor.

Weil hier die zwei lustigsten traurigen Gestalten die Touristen auch bei Schnee und Regen unterhalten

Wir alle haben mit unseren Kindheits-Traumata zu kämpfen. Die einen wurden von den Eltern gezwungen, zweimal die Woche Spinat zu essen, und streichen ihn deshalb seit ihrem 18. Geburtstag von der Einkaufsliste. Andere durften nicht aufs Kinderkarussell und kaufen sich deshalb mit 50 einen Porsche. Andere fielen als Kind in den Zaubertrank und dürfen deshalb kein Kölsch mehr trinken.

Mein Trauma heißt: Stammtisch-Witz. Ich hasse den klassischen Stammtisch-Witz. Als Kind musste ich unseren Kneipengästen immer Witze erzählen. Oft irgendwelche Ereignisse aus dem Leben von Klein-Fritzchen. Meistens wünschte man sich jedoch: »… wat vomm Tünnes onn vomm Schäl.« Und ich erzählte. Mal bei anderen Gästen Aufgeschnapptes, mal selbst Erdachtes. Oft wenig Lustiges. Es gefiel den Gästen trotzdem. Hauptsache, die Namen Tünnes und Schäl kamen drin vor. Damals hätte ich mir nie träumen lassen, dass ich den beiden irgendwann mal Aug in Auge gegenüberstehe. Keine 100 Meter von meiner Wohnungstür entfernt. In der Altstadt gegenüber von Groß St. Martin als in Bronze gegossene Kölsche Spaßtradition. Was mag wohl der japanische Tourist denken, wenn er diese zwei Gestalten ungeführt entdeckt: den Bauernjungen und den ihn offensichtlich belehrenden Herrn im Gehrock mit der zu kleinen Melone auf dem Kopf? – »Korehanandesuka?« – Wahrscheinlich. Denn es heißt »Was ist das?«, falls der Google-Übersetzer recht hat. Die Szene kann man in der Tat nur verstehen, wenn man weiß, dass es sich um die beiden Witz-figuren handelt, und natürlich, was es mit ihnen auf sich hat. Der Unwissende sieht hier nur einen schnieken, überheblichen Typen, der den armen Mann gegenüber wegen irgendeines Fehltritts zu-sammenpfeift. Lediglich der vorüberschlendernde Däne käme der Lösung am nächsten, wenn er denkt: Wieso stellen die Kölner hier eine Statue von Pat und Patachon auf?

In der Tat bilden die beiden dänischen Komiker ein ähnliches Duo, das in dieser Kombination die Menschen seit Jahrhunderten zum Lachen bringt. Der besserwisserische Weißclown und der dumme August. Die Betonung liegt hier allerdings auf »ähnlich«. Denn Tünnes und Schäl sind weitaus facettenreicher. Sie verkörpern die zwei Seiten, die jeder Kölner in sich trägt. Tünnes steht für den etwas tölpelhaften Liebreiz und die Gutmütigkeit, Schäl repräsentiert den verschlagenen, profitorientierten Geschäftssinn.

Zur Welt kamen die beiden im Hänneschen-Theater. Das heißt: Tünnes steckte als Erster auf dem Holzstab. 1803 etablierte ihn der Gründer des Puppentheaters, Johann Christoph Winters, auf seiner Bühne. Schäl tauchte erst circa 50 Jahre später auf. Angeblich weil sich der Herr Winters über das Konkurrenztheater auf der *Schäl* Sick ärgerte und er mit der Figur den Betreiber des dortigen Theaters parodieren wollte. Übrigens ein Vorfahre von Willy Millo-witsch. Ja, Konkurrenz belebt auch in Köln das Geschäft.

Seitdem ist die Tünnes-und-Schäl-Kombi aus kaum einem Witz mehr wegzudenken. Und schon gar nicht aus dieser Stadt. Und weil ich gerade so gut drauf bin, gibt's jetzt noch meine Top Ten der Tünnes-und-Schäl-Witze (Dank an www.koelner-karneval.info):

▷ *Tünnes und Schäl hatten eine Wallfahrt nach Lourdes gemacht und wollten bei ihrer Rückkehr eine Flasche Kognak unverzollt über die Grenze schmuggeln. An der Grenze der Zöllner: »Haben Sie was zu verzollen?« – »Nä.« Aber der Zöllner gibt sich damit nicht zufrieden* und findet tatsächlich die gut versteckte Flasche. »Und was ist hier in der Flasche?« – Der Tünnes ungerührt mit dem ihm angeborenen dummen Gesicht: »Das ist Lourdes-Wasser.« Der Zöllner lässt sich aber nicht darauf ein. Er öffnet die Flasche und riecht daran. »Ich will Ihnen mal was sagen, von wegen Lourdes-Wasser! Das ist Kognak!« – »Siehste«, sät der Tünnes für der Schäl: »Schon widder e Wunder!«

▷ Tünnes und Schäl sitzen in der Kneip', da sagt der Tünnes zu dem Schäl: »Do Schäl, mir sin he in Indien!« Darauf antwortet de Schäl: »Wie küsst do dann op dä Quatsch? M'r sin doch he in Kölle!« Darauf Tünnes: »Avver op dem Schild do steiht › Toiletten am anderen Ende des Ganges …‹«

▷ Tünnes un de Schäl sin op der Beerdigung vun deren Fründ Pitter. Der Schäl wirf däm Sarg 'ne Struß Blome noh, der Tünnes wirf zwei Frikadde hingerher. Schäl: »Tünnes, beste jeck? Wat soll dä Pitter domet, der kann die doch nit mieh esse.« Darauf dä Schäl: »Ja gläuvs do dann, hä dät ding Blome en de Vas stelle?«

Ach, wissen Sie was? 'Ne Top 3 muss auch reichen. Weiter geht's mit Musik.

Kapitel 10

FREUD UND LEID, GERN GETEILT

Hier trifft sich die Welt –
Die historische Altstadt in Köln

Weil die Einheimischen ein ganzes Stadtveedel neidlos den Touristen überlassen

Bevor ich in die Altstadt gezogen bin, war ich dort exakt zweimal. Einmal 1984 als Tourist bei meinem ersten Köln-Besuch, und einmal aus mir bis heute unerfindlichen Gründen … Ach ja, die Freundin aus Stuttgart. Touri halt. Ich will jetzt nicht von *meiden* sprechen, aber es ist in der Tat so, dass es den Kölner dort nur selten hinzieht. Höflich überlässt er die verwinkelten Gässchen den über 120 Millionen Besuchern, die jährlich die Stadt bereichern. Bei schönem Wetter mal zur Rheinpromenade: ja. Mal in die Malzmühle, Peters Brauhaus oder das Gaffel am Alten Markt: ja. Abends, wenn sich die Touristen aus den engen Gassen in die überfüllten Kneipen zurückziehen, mal ins Senftöpfchen, das Theater am Dom oder die Philharmonie: ja. Aber dort leben: nein.

Nur unter den Anhängern gleichgeschlechtlicher Liebe entstand irgendwann mal der Trend, in die Altstadt zu ziehen. Keine Ahnung warum. Vielleicht weil man dann nicht so weit bis zum Holmes Place Health Club hat oder zu einem der zahlreichen anderen beliebten Schwulen- und Lesbentreffs dort. Möglicherweise war es aber auch umgekehrt. Fitness Center, Clubs und Bars sind dort entstanden, weil es so viele Mitglieder der Schwulengemeinde in die Altstadt zog. Könnte ja an dem feineren ästhetischen Empfinden liegen. Denn schön ist es schon in unserer Altstadt.

Der heterosexuelle Durchschnitts-Kölner legt allerdings weitaus weniger Wert auf Schönheit als auf seine Veedels-Atmosphäre. Und die reduziert sich nun mal proportional zur Zunahme der Besucherzahlen. Sicher, es gibt auch dort den Kiosk, in dem man kreditwürdig ist, und die Supermarktkasse, an der man das Wetter schönreden kann. Doch vieles, was ein echtes Veedel ausmacht, fehlt nun mal. Eine Stammkneipe beispielsweise, in der man weiß, dass der Klaus da ist, die Heike zapft, der Chris mit der Ulla streitet und die Familie Okomba Fotos vom Besuch in der Heimat zeigt. In der Altstadt gibt's das nicht.

Ich lebte drei Jahre dort und hab mein Bestes gegeben, eine Stammkneipe zu finden. Es sollte der Streckstrump – Papa Joe's Jazzlokal sein. 200 Meter von meiner Terrasse entfernt. Jeden Abend gibt's Livemusik. Viel Dixi, den ich hasse, aber auch mal Easy oder gar Modern Jazz. Eng, lang, grundsätzlich eine nette, ehrliche Atmosphäre. Die Jazz-Begeisterung des Wirtes wirkt ein wenig aufgesetzt, aber ansonsten scheint er mir ein guter Typ. Bis auf … Gleich mehr dazu. Jedenfalls sieht auch der osteuropäische Akzent der Bedienungen recht gut aus.

Sechs Monate besuchte ich den Streckstrump regelmäßig in der Hoffnung, dass mich mal irgendjemand wiedererkennt. Bestenfalls der Wirt. Und tatsächlich. Irgendwann war es so weit. Es war relativ früh am Abend und noch wenig Betrieb. Er sah mich, lächelte, kam auf mich zu und reichte mir die Hand zur Begrüßung. Endlich, dachte ich. Ich habe meine neue Stammkneipe gefunden. – »Bier?« sagte er. Ja, er hat sich sogar gemerkt, dass ich Bier trinke. Hurra. Doch dann meinte er: »Du warst ja ewig nicht hier? Bist du auf Messe?« – Tatsache ist, dass ich mindestens einmal die Woche dort auflief, manchmal Bier, manchmal Weinschorle trank und mein letzter Besuch ungefähr vier Tage zurücklag. Er hatte mich schlicht und einfach als Touristen ausgewählt, dem er das Gefühl geben wollte, Stammgast zu sein. Vielleicht gibt es ja sogar einen Touristen oder Geschäftsmann, der so aussieht wie ich und alle halbe Jahre mal dorthin kommt. Das war mir aber egal. Es war mein letzter Besuch dort. Im Übrigen: Das Bier im Streckstrump wird zwar in Kölsch-Gläsern ausgeschenkt, ist aber kein Kölsch. Ist eine Eigenkollektion von Papa Joe's.

So funktioniert die Altstadt und deshalb überlässt man sie gerne den Besuchern. Lediglich am 11.11. und an Weiberfastnacht beansprucht der Kölner seinen angestammten Platz für sich. Ansonsten geht man nur dorthin, um mal flott im Rathaus zu heiraten oder/ und sich seinen gleichgeschlechtlichen Neigungen hinzugeben. Falls man welche hat.

Nachtrag der Ehrlichkeit halber: Es gibt ein paar wirklich gute Restaurants in der Altstadt. Im Slavia am Bollwerk kann man sich mit mediterraner Balkanküche vergnügen. Locker leicht aufgepeppte klassische Küche gibt's ein paar Lokale rechts davon in der Rheinzeit. Der Flammkuchen ist recht lecker. Der kulturell interessierte Altstadtbesucher kann im Wallraff-Richartz Café Restaurant in der Martinstraße erleben, was Köche und Konditoren so auf den Teller bringen, wenn sie was von ihrem Handwerk verstehen. Ich hab die Facebookseite von denen in erster Linie deshalb abonniert, weil ich schon alleine von den Fotos der aktuellen Tagesgerichte und Torten immer totale Lust bekomme, in die Altstadt zu fahren.

GRUND NR. 93

Weil klüngeln nicht so aggressiv klingt wie Korruption

Ich sag', wie's ist: Ohne Klüngeln geht hier gar nix. Wer in Köln eine Wohnung sucht, ohne jemanden zu kennen, der einen kennt, der ein gutes Wort einlegt, endet meist irgendwann in der Bauwagensiedlung bei den Punkern. Oder in Hürth. Der Zugang zu den Clubs auf dem Ring bleibt einem verwehrt, wenn man dem Türsteher nicht einen Satz wie »Schöne Grüße von Tanyurd« zuflüstern kann. Beim Metzger bekommt man die besten Stücke, wenn man die Bestellung mit »Dat Jeannette dot jo esu vun Innen schwärmen dun …« beginnt. Ähnlich auch im Pascha, nur sollte man dort statt »Jeannette« vielleicht »Harald« sagen.

Egal, was man hier unternimmt, es ist Pflicht, vorher sein Adressbuch nach Namen zu durchforsten, die einem diesbezüglich behilflich sein können. Daran gewöhnt man sich als Neu-Imi recht schnell. Klüngel ist nichts Schlimmes. Klüngel gehört zum Alltag. Ja, sogar die Fahrräder haben hier eine Klüngel. 'Schuldigung, manche Dinge müssen einfach raus, auch wenn es üble Wortspiele sind. Weiter. Der Urvater aller Kölner Oberbürgermeister der Neuzeit, Konrad Adenauer, definierte es so: »Man kennt sich, man hilft sich.« Die Höhner vertonten den Klüngel mit *Echte Fründe stonn zesamme*. Der Klüngel, das sind zwei Hände, die sich gegenseitig waschen. Der Vorläufer des World Wide Web und des Hyperlinks.

Im Vordergrund steht immer die angeborene Hilfsbereitschaft des Kölners. Nur manchmal auch die Sorge um den Kontostand. Selbstverständlich hilft man dem Kumpel, wenn ihm mal ein paar Tonnen Eisen fehlen. »Kein Problem, wir haben da beim U-Bahn-Bau so viel rumliegen. Kannst du dir morgen abholen.« – »Boah, ming Uhr es kapott, wat soll ich nur maache.« – »Och, m'r han do noch esu en aal eröm lieje. Die stund am Chlodwigsplatz. Bruch eh keine mih.«

Ein anderer Ex-Oberbürgermeister, Norbert Burger, bezeichnete angeblich das Klüngeln zärtlich als Mittel, um »im Vorfeld von Entscheidungen Schwierigkeiten auszuräumen.« Das klingt nach der typischen kölschen Leichtigkeit des Seins. Warum mit dem Kopf durch die Wand, wenn es jemanden gibt, der den Schlüssel zur Tür hat. Da hat jeder was davon. Der Kopf bleibt heil, selbst wenn man ihn vorher aus der Schlinge ziehen musste, und der Mann mit dem Schlüssel bekommt noch ein Taschengeld. Oder eine Gefälligkeit. Zum Beispiel einen Job als Türsteher oder einen Auftrag für eine Müllverbrennungsanlage.

Fast noch liebevoller ist die Klüngel-Definition des ehemaligen Oberstadtdirektors Kurt Rossa: »Kölscher Klüngel heißt: Dienstliche Probleme privat klären.« Herrlich. Da versteht man auch gleich viel besser, wenn der Stadt durchs Klüngeln mal ein Schaden von 20 Millionen Euro entsteht. Das soll beim sogenannten *Skandal* um die Müllverbrennungsanlage im Jahr 2000 angeblich der Fall gewesen sein. Und selbst wenn dem so wäre, haben wir es schließ-

lich auch dem Klüngel zu verdanken, dass der damalige Hauptver-
antwortliche satte fünf Millionen davon zurückzahlte.

Das alles hat natürlich nichts mit Korruption zu tun. Geklüngelt
wird immer nur unter Menschen, die sich kennen. Das ist Tradition, das hat historische Hintergründe. Ohne die Übernahme des
Stadtregiments durch 15 Patrizierfamilien nach der Schlacht von
Worringen und deren eisernem Willen, alle Posten nur innerhalb
der Familie zu vergeben, wäre diese Stadt heute ein einziger ma-
fiöser Sumpf, in dem sich kaum noch ein Kölner suhlen dürfte. So
aber hilft man sich untereinander und Außenstehende haben keine
Chance, dieses starke Gefüge zu sprengen.

»Korruption ist Klüngeln ohne Charakter« definierten die Kollegen Bennack und Uhlenbruch in ihrem Buch *Humor als kölsche
Philosophie*. Und das hätten sie niemals geschrieben, wenn sie nicht
irgendjemanden gekannt hätten, dessen Onkel jemanden kennt, der
in der Lage ist, ein Buch zu verlegen. So wie in meinem Fall.

GRUND NR. 94

Weil man hier auch die Melancholie zu schätzen weiß

Für einen Musiker ist es natürlich das tollste Gefühl von der ganzen Welt, wenn es Menschen gibt, die seine Musik mögen. Wenn
der Musiker dann auch noch Imi ist in einer Stadt voller Musiker,
die tolle Musik machen, und es trotzdem noch Menschen gibt, die
seine Musik mögen, ist das natürlich doppelt toll. Ist einer dieser
Menschen, die die Musik des Imis mögen, auch noch selbst einer
der Musiker dieser Stadt, die so tolle Musik machen, schlägt der Imi
innerlich einen Purzelbaum.

Henning Krautmacher, Sänger der Höhner mag die Musik von
De Imis. Speziell natürlich Caros Stimmchen, aber auch einige der
Songs. Da bleibt es natürlich auch nicht aus, dass man sich mal

bei einem Glas Kölsch ein wenig austauscht. Das heißt: Ich habe Fragen gestellt, Henning hat geantwortet. Es ging um kölsches Songwriting. Ich habe viele Tipps bekommen, mit denen ich jetzt nicht unbedingt hausieren gehen will. Aber eines hat mir Henning in diesem Gespräch bestätigt: Der Kölner liebt die Melancholie. Natürlich spürt man das sowieso schon nach wenigen Wochen, wenn man hierherzieht. Doch es ist schön, dieses Gefühl bestätigt zu kommen. Schließlich könnte es ja auch ein Wunschgefühl sein, weil man selbst ein Fan der Melancholie ist und sich endlich wieder unter Gleichgesinnten dünkt. Doch es ist wahr. Hurra. Ja, der Kölner kann sich mit Leib und Seele der Tristesse hingeben, ohne traurig zu sein. Er kann davon schwärmen, sein Veedel verlassen zu müssen, weil er dieses Haus auf Malle gekauft hat. Denn er weiß, er kommt garantiert wieder zurück. Auf Malle gibt es nämlich keine Melancholie. Da gibt's nur Micky Krause, Jürgen Drews und Sangria. Das ist auf Dauer nicht sein Ding. So viel Lebensfreude ist nicht ehrlich. Ehrlich ist, auch den traurigen Gedanken ihren Lauf zu lassen. Das ist der Kölner. Er besitzt ein grundsätzliches Verständnis für das Leben, das Schicksal. Er hat das System des Seins verinnerlicht. Die Vergänglichkeit akzeptiert. *Alles hat ein Ende, nur die Flönz han zwei.* Nur mit dieser Einstellung ist die Kölner Leichtigkeit, das stoische Hinnehmen von Unabwendbarem und das Verzeihen von Fehlern, möglich.

Ich denke schon lange darüber nach, woher dieser lockere Umgang mit der Tristesse rührt. Diese Hingabe zur Traurigkeit kenne ich sonst nur aus meinem Lieblingsnachbarland Frankreich. Und aus Portugal. Aber da die Portugiesen ja lieber in Südamerika Indios töteten, als Köln zu erobern, lag es für mich nahe, dass man es der französischen Besatzungszeit zu verdanken hat. Doch auf die wahre Lösung brachte mich ein Artikel des Kollegen Jochen Schimmang auf *Welt Online*. Es liegt nicht nur an den Franzosen. Köln ist über 2.000 Jahre alt. Hier herrschten unter anderem Römer, Ubier, Salier, Sachsen, Karolinger, Hohenstaufen und Preußen. Und alle sind sie trotz Macht und Herrlichkeit untergegangen. Diese historischen Schichten aus Glanz und Niedergang haben sich tief in die Kölner Seele eingekerbt. Wat kütt, dat kütt.

GRUND NR. 95

Weil die drei tollen Tage auch schon mal drei Monate dauern

Quatsch, drei Monate. Elf natürlich. Wie sich das für eine Stadt, deren Glückszahl die mystische Elf ist, gehört. Lediglich von der Eröffnung des ersten Weihnachtsmarktes an wird eine dreieinhalb-wöchige karnevalistische Pause eingelegt. Obwohl, selbst zur Weihnachtszeit sieht man allerorten verkleidete Männer mit weißen Bärten und Haaren, im traditionellen Kölner rot-weiß gefärbten Mantel und Rucksack auf dem Rücken. Auch die CD-Regale im Saturn sind angefüllt mit kölscher Musik zur Weihnacht. Paveier, die Fööss, Rabaue und Co. versorgen die Stadt mit weihnachtlichen Klängen op kölsche Art. Die Höhner laden zum Weihnachtsdinner, Brings bitten zur Weihnachtsshow und Tommy Engel begrüßt sogar den *Weihnachtsengel* auf der Bühne. Nie war Karneval besinnlicher. Da wird die Weihnachtskrippe auch schon mal zur Weihnachts-Bütt. Und kaum ist am 2. Weihnachtstag die letzte Gänsekeule gegessen, der letzte Onkel verabschiedet und der letzte Punsch geleert, kommt auch schon das Pittermännchen auf den Tisch und die Weihnachtsgeschenke werden anprobiert. Ein Prinzessinnenkostüm für die Kleinste, eine Piratenaugenklappe für den Mittleren und die echt lederne Cowboyweste für den Ältesten. Mama hat diesmal ein Pippi-Langstrumpf-Kostüm bekommen und Papa eine rote Nase. Ach nee, die ist noch vom Punschtrinken. Hurra. Spätestens bei der Silvesterparty kann man den Neuerwerb endlich den Freunden präsentieren.

Nur die zahlreichen Bands und Sitzungskarnevalisten ruhen nicht mal zur Weihnachtszeit. Neben den zahlreichen Themenkonzerten wird sich natürlich auf die bevorstehende heiße Phase der Session vorbereitet. Hier wird noch mal geprobt, dort werden die letzten Pointen getestet oder wird ein neuer Reim auf »Kölle« gesucht. Was verdammt schwer ist.

Ab Heiligabend wird dann zwei Tage geschlafen, denn nach Weihnachten werden sie keine Zeit mehr dafür finden. Die Top-Bands und Büttenredner haben jeden Tag zwischen zehn und 20 Auftritte zu absolvieren. Rein in die Sitzung, Gitarre um oder ab in die Bütt, 20 Minuten Stimmung machen, ein Kölsch mit dem Präsidenten und dann ab ins Auto und zum nächsten Fröhlichkeitstreff. Der Chauffeur weiß, wo's langgeht. Es sind die härtesten Jobs der Welt. Nach der Session erkennt man die Jungs und Mädels kaum wieder. Dann heißt es: Sechs Wochen Sauna, Massage, Sommer, Sonne, Strandhotel, und schon gehen die Vorbereitungen für die nächste Session wieder los. Rein ins Studio, neue Songs produzieren oder runter in den Keller, Witze reimen. Auch das noch: Ein neuer Sponsor für die nächste Session muss gefunden werden. Ja, Karnevalisten werden hier gesponsert wie Fußballstars und Formel-1-Piloten. Nicht unbedingt von adidas oder Bitburger. Hier ist es eher das Autohaus Dingens in der Bumsstraße. Da gibt's dann jedes Jahr neue Sitzbezüge fürs Auto oder gar das Auto zum Sitzbezug für die Sitzungs-Odyssee während der Sitzungs-Session. Es gibt also viel zu tun für die Kölner Unterhaltungsbranche, denn ehe man sich versieht, ist schon wieder Rathausstürmung. Und die Kölner Bevölkerung wird über all das auf dem Laufenden gehalten. Zuständig dafür: *Kölner Express*, *Kölner Stadt-Anzeiger*, Radio und sogar das Fernsehen. Während der Rest der Republik sich bei *Exklusiv*, *red!* und *taff* noch über die neuen Titten von Frau Wollersheim amüsiert, berichtet 11uhr11.tv ausschließlich über die essenziellen Dinge im Leben: Mit welchen Hits überraschen uns Paveier, Brings, Rabaue, Domstürmer oder Kasalla in der kommenden Session?

Wie geht's dem Prinzen von 1998? Kuckt mal, das Funkenmariechen von der KG Blau-Weiß Zündorf ist schwanger! Feiert Hans Süper vielleicht doch noch mal sein Comeback? Wie bekämpft man das Karnevals-Burn-out? – So wird Köln rund um das Jahr alle zwei Wochen von 11uhr11.tv auf dem aktuellen Stand der karnevalistischen Vorbereitungsphase gehalten.

Und währenddessen laufen in der ganzen Stadt die Maschinen heiß. Hexenkostüme werden vernäht, Umzugswagen gebaut, Bühnendekos zusammengenagelt und ein neues Design für die Bütt entworfen. Samstags ist Pause, da geht's dann zum Shoppen in das größte Karnevalskaufhaus der Welt in die Altstadt. Hurra! Deiters, wir sind stolz auf euch.

Nur kurz vor Beginn der neuen Session, in den Wochen vor dem 11.11., wird es etwas ruhiger in der Stadt. Dann ziehen sich die Kölner in die Kreißsäle zurück, wo es all die neuen Prinzen und Prinzessinnen zu begrüßen gilt, die in einer der zahlreichen Sessionsnächte den Weg in unsere Mitte gefunden haben. Alaaf.

GRUND NR. 96

Weil niemand sauer ist,
wenn man einen Fremden küsst

Liebe Nicht-Kölner und Nicht-Kölnerinnen aus aller Welt, bitte merken: »Bützen« heißt übersetzt nicht »billig knutschen«. Ich weiß, für einen Außenstehenden mag das vielleicht befremdlich sein und missverständlich aufgefasst werden, wenn an Wieverfastelovend plötzlich Millionen Frauen mit gespitztem Mund durch die Straßen laufen. Doch das Bützje ist ursprünglich nichts weiter als die Entschädigung der Wiever dafür, dass man den Männern die Krawatte abgeschnitten hat. Er ist der zärtliche Ausdruck überschwänglicher Freude. Endlich ist Karneval, man will die ganze

Welt umarmen. Doch das geht natürlich nicht, weil sonst die Fühler vom Biene-Maja-Kostüm abbrechen. Also bleibt nur das Bützje auf die Wange. Betonung liegt auf Wange. Und zwar außen. Beim Bützen bleibt die Zunge im Mund. Punkt.

Wenn man schon seinem männlichen Jagdinstinkt nachgeben muss, dann sollte man das folgendermaßen tun: Viele Krawatten mitbringen, nach jeder Krawattenkastration erneuern, Wange hinhalten und hinterher mit den Kumpels Lippenstiftabdrucksvergleich machen. Wer die meisten hat, hat gewonnen. Das funktioniert natürlich nur an Weiberfastnacht. An allen anderen tollen Tagen – und das gilt jetzt für beiderlei Geschlecht – ist das Bützje lediglich als Kompliment für die schönen Augen oder das schicke Kostüm gedacht. Nicht weil man so gut riecht. Und wenn Ihr Chef Ihnen sagt, wie toll Sie den Brief getippt haben, schieben Sie ihm ja auch nicht gleich die Zunge ins Ohr.

Richtig bütze will gelernt sein. Also, bitte folgendermaßen vorgehen: Erst mal mit einem virtuellen Bützje beginnen. Heißt: Augenkontakt suchen und vor allem halten. Aber nicht mit aller Gewalt. Wenn das Gegenüber sich wegdreht, so ist das die relativ klare Ansage, dass man nicht mal virtuell bütze will. Es ist keinesfalls die Aufforderung, sich mal »dat lecker Föttche« anzukucken oder gar ze föhle. Finger weg und weiter umsehen. Oder noch besser: Feiern und geduldig abwarten. Ein ernstgemeintes Bützje ergibt sich aus der Stimmung heraus. Irgendwann kommt mit tausendprozentiger Sicherheit jemand, dem Kostüm und/oder Augen gefallen. Dann heißt es für den passiven Jeck: Linke Wange hinhalten. Der aktive Jeck spitzt den Mund und führt ihn lächelnd zur hingehaltenen Wange. Ja, es braucht ein bisschen Übung, um gleichzeitig lächeln zu können und den Mund zu spitzen, aber das kommt mit der Zeit. Wenn Sie nah genug sind, auf keinen Fall im letzten Moment die Lippen noch mal richtig feucht machen, sondern sanft auf die Wange drücken. Danach lächeln. Lächelt das Gegenüber auch: Dieselbe Prozedur auf der rechten Wange wiederholen. Und das war's auch schon. Falls man jetzt unerwarteterweise trotz stundenlangen Schunkelns doch noch gut riecht, kann es natürlich auch schon mal zu mehr kommen als nur zum Bützje. Ich wünsche dabei viel Spaß, spreche aber doch noch eine Warnung aus: Karneval ist nix für Föttchesföhler und Typen auf der Suche nach dem schnellen Sexabenteuer. Also, Finger weg von meiner Tochter.

Weil des Schneiders Weib nicht alle Heinzelmännchen mit ihrer Neugier vertrieben hat

Seit Wochen bin ich auf der Suche nach einer Haushaltshilfe. In der Innenstadt wär die Suche mit Sicherheit schon lange abgeschlossen, hier draußen ist das nicht ganz so einfach. So denke ich jeden Morgen, wenn ich mich in die Küche kämpfe und eine sauber Kaffeetasse suche: Warum? Warum musste diese Frau das tun? Warum war sie so neugierig? Warum hat sie sie vertrieben?

Ich gehe mal davon aus, dass jeder die Geschichte der Heinzelmännchen von Köln kennt. Nicht? Gut, dann in aller Kürze: Es war die Zeit der Vollbeschäftigung. Jeder in der Stadt hatte eine Arbeit. Trotzdem musste niemand was tun. Man brauchte einfach nur ein Geschäft zu eröffnen – Metzgerei, Bäckerei, Schreinerei – und ins Bett zu gehen. Nachts kamen dann die Heinzelmännchen und backten Brot, machten Wurst und hobelten Tische glatt. Perfekt für die Kölner, so hatte man jede Menge Zeit, sich Gedanken um das neue Karnevalskostüm zu machen. Das wurde dann beim Schneider in Auftrag gegeben. Der ging ins Bett und am nächsten Morgen war es fertig. Dummerweise war der Schneider mit einer hoch neugierigen Frau verheiratet. Sie wollte un-be-dingt wissen, wie die Heinzelmännchen aussehen. Denn es ging die Mär, dass sie ihre Arbeit nackt verrichteten. Quasi die California Dreamboys des

Kölner Märchenwaldes. Also streute sie vorm Zubettgehen Erbsen in der Werkstatt aus, damit die Männchen sich lautstark auf die Fresse legen und sie wach wird. Dumm gelaufen. Die Jungs sind zwar tatsächlich unüberhörbar die Treppe runtergefallen, waren aber darüber so sauer, dass sie sich aus dem Staub machten und nie wieder auftauchten. Fortan mussten die Kölner wieder arbeiten und ich heute selber spülen.

Der Heinzelmännchenbrunnen, rechts vom Dom, erinnert an diesen traurigen Tag, den der preußische Beamte August Kopisch im Jahre 1836 in ein Gedicht fasste. Er verstand es als Kritik am Savoir-vivre, das den Kölnern erst kurz vor der preußischen Besetzung von den Franzosen beigebracht wurde. In den Augen der Preußen waren wir Kölner einfach faule Säcke.

Was der preußische Beamtenkopp aber nicht wusste: Nicht alle Heinzelmännchen haben sich verzogen. Der Grinkenschmied konnte sich nämlich nicht von seinem geliebten Dom, dem Karneval und dem Rhein trennen. Das weiß jedenfalls der Heimatdichter Franz Peter Kürtens zu berichten. Der Grinkenschmied war wie alle Heinzelmännchen klein, hässlich, handwerklich begabt und wohl auch nackig. In jener Erbsennacht floh er auf die Schäl Sick und lebte in der Nähe des Schönrather Hofes … Oh, 'tschuldigung, es klopft … Da bin ich wieder. Es war der Grinkenschmied, er schreibt das jetzt selber fertig. Ich geh mal ins Bett.

»Ja, hallo, erst mal. Ich bin's, euer Grinkenschmied. Vorab zur Info: Grinken, das sind die Eisenbeschläge, die man um die Holzräder der Fuhrwerk- und Bauernkarren schmiedet. Also: Nach der Nummer mit der Schneiderin versuchten die anderen Jungs, mich zu überreden mitzukommen. Aber ich brachte es einfach nicht über mich, hier wegzugehen. Auch wenn sie mir dauernd von der Karibik vorschwärmten. Ich richtete mir eine kleine Werkstatt ein und reparierte die kaputten Holzräder der Leute aus Mülheim, Dünnwald und Höhenhaus. Als dann John Boyd Dunlop den Gummireifen neu erfand, ging ich in Rente und zog nach Höhenhaus. Erstens, weil's ein nettes Fleckchen ist, und zweitens, weil man mir dort auf dem Wupperplatz ein Denkmal gesetzt hat. Oh, er ist schon wieder wach. Ja, das war's dann auch von meiner Seite. Schönen Tag noch.«

Boah, endlich ausgeschlafen. Mal sehen, was er geschrieben hat. Mhm … aha … ja, ok … Ja, kann ich mit leben. Nur eines hat er vergessen: Direkt am Wupperplatz wurde sogar ein Restaurant nach ihm benannt. Und das ist lecker. Gerade gestern getestet. Im Grinkenschmied wird jede Bestellung frisch zubereitet. Nix Fertigsoßen. Nix Tiefkühl-Pommes. Ich kann"s nur jedem Freund der gutbürgerlichen Küche ans Herz legen.

Danach lohnt sich ein Spaziergang durch Höhenhaus.

Quer durch die denkmalgeschützte Finnenhaus-Siedlung ab in den Wald und einmal um den Höhenberger See. Da ist auch die dickste Portion Rievkooche schnell wieder verdaut.

Nachtrag der Vollständigkeit halber: Eine andere Sage erzählt über den Grinkenschmied, dass er aus Münster stammt. Aber das ist natürlich Quatsch. Ich wohne in Höhenhaus. Und wie Sie ja selbst gesehen haben, übernimmt der Grinkenschmied hier noch den ein oder anderen kleinen Job.

GRUND NR. 98

Weil man hier den schönsten meerlosen Sonnenuntergang bewundern kann

Wer einen Facebook-Account hat, dem gehen Sonnenuntergänge wahrscheinlich schon auf den Keks. Zu inflationär wird dort mit diesem wundervollen Naturschauspiel umgegangen. Gerade zur Urlaubszeit postet jeder den Sonnenuntergang über dem Meer vor seinem Hotel-Balkon. So als wäre es seine ganz persönliche Sonne, sein Untergang. Dabei ist es doch dieselbe Sonne, die auch in Köln verschwindet. Dort auch noch mit eindrucksvollem Brimborium.

Der Kölner Sonnenuntergang ist wirklich etwas Besonderes. Der Übergang von Hellgelb über Dunkelgelb, Orange hin zum feurigen Dunkelrot lockt im Sommer die Kölner und Köln-Besucher oft zur Rheinpromenade. Denn dort genießt man das Farbenspiel am besten. Linksrheinisch sitzt man entlang der Altstadt, lacht zusammen, hält sich verliebt im Arm, genießt das erste Kölsch des Abends und schaut abwechselnd der Sonne beim Sinken und dem Rhein beim Fließen zu. Interessante Nebeninfo: Pro Sekunde ziehen da 2.300 Kubikmeter Rhein an einem vorbei. Da kann man schon mal Durst bekommen. Weiter mit Romantik:

Die letzten Strahlen des lebensspendenden Sterns lassen noch einmal die Liebesschlösser auf der Hohenzollernbrücke funkeln. Sie verleihen dem gegenüberliegenden Hyatt, dem KölnTriangel (Hinweis für Kölner, ach, habe ich ja schon), ja, dem gesamten Deutz einen güldenen Look, der einen fast in Versuchung führt, in diesem edlen Stadtteil wohnen zu wollen. Was natürlich auch Sinn machen würde. Gerade in Sachen allabendliches Weltraumschauspiel. Linksrheinisch hat man die Sonne im Rücken, sieht lediglich ihr Spiegelbild in der Fensterfront des Hyatt. Rechtsrheinisch ist man klar im Vorteil. Das schönste Stadtpanorama der Welt und die geilste Sonne unseres Sternensystems genießt man natürlich am besten von dort. Die Sonne verschwindet genau zwischen den Türmen des Doms, wenn man sich links von der Hohenzollern stellt und den Kopf ein wenig zur Seite neigt. Oder wenn man Mick Jagger heißt und die Präsidenten-Suite im Hyatt zur Verfügung gestellt bekommt. Besonders chilly, wenn auch mit behinderter Sicht auf den Dom, ist es natürlich auf den Rheinterrassen und im Cologne Beach Club. Mit einem Sundowner in der Hand, gemixt aus Puderzucker, dem Saft einer halben Limette, zermalmten Pfefferminzblättern, weißem Rum und Soda, kann man sich entspannt ins Abendrot tauchen lassen.

Bevor ich jetzt Lust bekomme, hier alles stehen und liegen zu lassen und in die City zu fahren, verrate ich lieber, wie dieser fantastische Sonnenuntergang über Köln zustande kommt. Schauen wir doch mal auf das Grundsätzliche. Das Physikalische: Nicht die Sonne selbst wird dunkelrot. Sie erscheint uns nur so, weil ihr Licht auf seinem Weg zur Erde von Teilchen in der Luft abgelenkt wird. In erster Linie Sauerstoff und Stickstoff. Je kürzer die Wellenlänge des Lichtes, desto eher prallt es mit den Teilchen zusammen. Früh am Morgen und am Abend, wenn die Sonne tief am Himmel steht, hat das Licht einen längeren Weg durch die Atmosphäre zurückzulegen. Ergo trifft es auch auf mehr Teilchen in der Luft. Zack – orangerot, dann rot. Neben Sauerstoff- und Stickstoffteilchen streuen natürlich auch Staub- und Schmutzpartikel das Sonnenlicht. Und damit ist das Geheimnis gelüftet: Je schmutziger die Luft in einer Großstadt ist, umso schöner der Sonnenuntergang. – Ja, hey, Leute kuckt mich nicht so an. Ich habe die physikalischen Gesetze nicht gemacht. Aber ich hab sie oft in Aktion gesehen. Am deutlichsten fallen sie auf, wenn man mit Auto oder Motorrad aus dem Bergischen kommt und bei Sonnenuntergang von Bensberg aus auf die Stadt blickt: Eine wundervoll rote in den oberen Bereichen ins Bordeaux-Gräuliche übergehende Dunstglocke über der Stadt. Gut, dass es endlich das Rauchverbot gibt.

GRUND NR. 99

Weil die rechtsrheinischen Kölner
oft lächelnd auf die andere Seite blicken

Und das hat nicht nur was mit dem schickeren Blick auf Stadt und Sonnenuntergang zu tun. – »Schäl«, das bedeutet, schlecht sehend, schielend, im weitesten Sinne »mit einem Makel behaftet«. Die Schäl Sick war in grauer Vorzeit der Stadtteil, in den sich die Kölner zurückziehen mussten, die nicht dazugehörten. So lautet die eine Definition der Schäl Sick. Einer anderen zufolge geht die

Bezeichnung auf die Treidelpferde zurück. Sie zogen früher über den linksrheinischen Leinpfad die Schiffe stromaufwärts. Damit sie nicht vom Sonnenlicht geblendet werden, das sich im Rhein spiegelt, setzte man ihnen auf dem linken Auge eine Scheuklappe auf. Somit konnten sie nur noch zum Rhein und dessen rechtem Ufer rüber*schielen*.

Der vermutlich wahre Grund, warum die rechte Rheinseite so ungeliebt ist, liegt aber wahrscheinlich noch viel weiter zurück. Das römische Köln entstand am linken Rheinufer. Im Jahr 310 bauten die Römer die erste Brücke hinüber ins *Barbarenland*. Später dann, im Frühmittelalter lebten linksrheinisch die ersten Christen. Die Mit-Kölner auf der anderen Seite beteten hingegen noch Götterchef Wodan an. Der hatte der Sage nach sein linkes Auge verloren, als er aus Mimirs Brunnen den Weisheitstrank schöpfte. Er war also *schäl*.

Was auch immer nun die Wahrheit sein mag: Fragt der Neu-Imi auf Wohnungssuche, wo denn die beliebtesten Wohnviertel sind, bekommt er in 99,9 Prozent aller Fälle die Antwort: »Üvverall bloß nit op d'r Schäl Sick!« – Doch das ist vollkommen überholter Quatsch. Nicht immer ist das Festhalten an alten Traditionen sinnvoll. Mal ganz abgesehen von den umfangreichen Maßnahmen der Stadtplaner, das rechte Rheinufer attraktiver zu gestalten, hat es noch einige andere Vorteile, sich im Osten der Stadt anzusiedeln.

Für einen Quadratmeter Wohnen zahlt man beispielsweise in den attraktiven Vierteln der Innenstadt zwischen zehn und zwölf Euro Miete im Monat. Auf der Schäl Sick kann man seinen Kühlschrank noch für sechs bis neun Euro pro Quadratmeter unterstellen. Aber nicht mehr lange. In Deutz, wo die Sanierungsmaßnahmen begonnen wurden, wird's schon teurer.

Was sich mit Sicherheit nicht ändern wird ist jedoch die rechtsrheinische Trinkwasserqualität. Klar, wir alle wissen: »Dat Wasser von Kölle es jod.« Aber in Poll, Kalk, Mülheim, Dünnwald, Höhenhaus und all den anderen *schälen* Stadtteilen ist es einen Tick besser. Und vor allem nicht ganz so hart wie auf der *guten* Seite. Dort wird es aus Voreifel, Eifel und Vorgebirge angeliefert. Das rechte Ufer erhält sein Wasser aus dem Bergischen Land. Und das enthält weitaus weniger Kalk als die Eifeler Flüssigkeiten. Gut, dafür ist der pH-Wert mit 7,22 etwas besser als der im Bergischen H_2O. Der Wert von 7,41 entspricht allerdings exakt dem von menschlichem Blut. Und wenn das nicht gesund ist, weiß ich es auch nicht.

Dritter Vorteil: Naherholung. Das Rechtsrheinische ist umgeben von zahlreichen Wäldern und man ist rubbeldizupf im wundervollen Bergischen Land. Vom Linksrheinischen in die Eifel braucht's schon eine dreiviertel Stunde. Je nach Verkehr mehr. Und während die linksrheinischen Kölner immer noch auf ihrem Weg zum Laacher Maar im Auto schwitzen, lasse ich schon lange meine Füße in den kleinen Höhenfelder See baumeln. Uuups … das darf ich ja gar nicht. Ist ja Naturschutzgebiet.

Weil hier Schickimicki keine Chance hat

Dort, wo im Mittelalter die Kölner Hanseschiffe an- und ablegten, wurde Ende des 19. Jahrhunderts eine moderne Hafenanlage errichtet. 1898 wurde der Rheinauhafen feierlich eröffnet. Ach, habe ich noch nicht erwähnt, dass Köln mal Hansestadt war? Ja, war es. Köln war sogar Gründungsmitglied der Hanse. Kölner Hanse-Kaufleute hatten als Erste eine Niederlassung in London. Und genau über diesen Englandhandel gab's dann Knatsch und Köln wurde ausgeschlossen. Lediglich die Farben der Hanse, Rot und Weiß, blieben uns erhalten. Aber zurück in den Rheinauhafen. Im Laufe der Jahrzehnte wurden immer mehr Hafenfunktionen auf andere Standorte in Köln verlagert, und der Rheinauhafen war nur noch eine Ansammlung von hässlichen, alten Schuppen. 1999 schrieb man einen Architektur-Wettbewerb aus, den das Büro FSW Landschaftsarchitektur aus Düsseldorf (!) gewann. So machte man sich also in … Düsseldorf an die Neugestaltung des … Kölner Rheinauhafens.

Ich muss sagen, trotz oder vielleicht sogar wegen dieser Konstellation ist der Rheinauhafen eine wirklich gelungene Symbiose aus historischen, denkmalgeschützten Gebäuden und moderner Architektur geworden. Ja, wenn die Düsseldorfer eines gut können, dann ist das: Dinge schick machen. Und teuer. 2006 habe ich mir zwei Wohnungen im halb fertig renovierten Siebengebirgshaus angesehen. Äußerst formidabel, mit Loggia, Designerbad und Granitfußboden. Aus den Fenstern kann man die Angel in den Rhein halten. Aber als ich den Mietpreis hörte, habe ich mich freiwillig nie wieder beim Makler gemeldet. Nein, diese Mietpreise können sich eigentlich nur Typen leisten, die nach dem Einzug auf Mietminderung klagen, weil die Schiffsmotoren so laut sind. Tatsächlich so geschehen. Kopfschüttelgeräusch.

Da der Kölner zwar alles andere als geizig ist, wenn's ums Feiern geht, aber ansonsten das Geld zusammenhält, zog und zieht es überwiegend Menschen dorthin, die beim Abholen ihrer Kontoauszüge vom Filialleiter der Bank persönlich mit Champagner begrüßt werden. Im Parkhaus des Rheinauhafens, übrigens das längste von ganz Europa (Punkt für Köln. Stolz!), stehen Porsche, CLK, Ferrari und ein paar Smart Cabrios für die Kinder. Nix für das bodenständige Gemüt des Kölners.

Das bekamen auch einige Gastronomen zu spüren, die versuchten, mit noblen Clubs und Restaurants den Rheinauhafen zur Schickimicki-Ausgehmeile zu machen. 2008 eröffnete das King Kamehameha mit Sterne-Köchen, wettbewerbserprobten Cocktail-Mixern und Kellnerinnen aus dem Model-Katalog. Ein Jahr später musste man wieder schließen. 2010 trafen sich Promis aus Politik, Wirtschaft und Medien auf der Eröffnungsfeier des Pier One. Der heutige NRW-Wirtschaftsminister Norbert Walter-Borjans verkündete frohen Mutes die Entstehung einer *Szene im Rheinauhafen*. Die

Kölner sahen das anders und verschmähten tipptopp teure Edelküche und Weine. Das Pier One räumte schon ein halbes Jahr nach der Eröffnung den letzten Teller aus der Geschirrspülmaschine.

Im September letzten Jahres erklang die Stimme von Hugh Hefner persönlich durch das Viertel. Zwar nur per Videobotschaft, aber immerhin. Er wünschte den Gästen der Mega-Eröffnungsparty des Playboy-Clubs, darunter Pamela Anderson, viel Spaß und seinen Geschäftsführern natürlich auch viel Erfolg. Sie werden es erraten: Es hat nichts genutzt.

Während sich im Playboy-Club langsam der Staub auf den Häschenöhrchen ansammelte, brodelte ein paar Hundert Meter weiter das Kölner Südstadtleben. Dort, in den Bars und Kneipen, wo zerrissene Jeans die Barhocker schmirgeln und auf der Kachelwand im Herrenklo noch der gute alte Kilroy verkündet, dass er mal hier war. – Im Mai 2013 hoppelte das letzte Häschen zur Tür hinaus, die sich hinter ihm für immer schloss.

Ganz Köln ist gespannt, wer sich als Nächstes dorthin wagt. Vielleicht kommt ja eine Filiale der FC-Bayern-Umkleidekabine P1 dorthin. Ja, in München wär der Rheinauhafen schon längst das angesagteste Ausgehviertel der Stadt. Franck Ribéry ging dort in Uli Hoeneß' Wohnung ein und aus. Und Bastian Schweinsteiger würde von Pep Guardiola morgens zum Training aus dem Playboy-Club abgeholt werden. Hier wurde es leider nur das Köln-Chorweiler der Reichen. Für die Münchener: Chorweiler ist das Hasenbergl von Köln. Schickimicki ist nix für die ehrlichen Domstädter. Der einzige Kölner, der in so einen Club regelmäßig einlaufen würde, ist Willi Herren, und dem fehlt meistens das Geld dafür. Und der einzige Kölner, der sich den regelmäßigen Besuch eines solchen Clubs überhaupt leisten könnte, ist Stefan Raab, doch der ist viel zu bodenständig dafür.

Nee, wenn die Teller so groß sind, dass der Kölsche vor lauter Deko seinen Rievkooche nicht findet, hat der Gastronom keine Chance. Funkenmariechen statt Models mit langen Ohren und

Stummelschwanz. Kölsch statt Schampus. Kölsche Kaviar statt Pänz vum Stör. Das ist unser Ding. Da nutzt es auch nix, wenn die örtliche Politik an die Südstadt-Bewohner appeliert, den Rheinauhafen doch bitte als einen Teil ihres Veedels zu betrachten. Da lacht man drüber, dreht sich wieder zur Theke, bestellt ein Kölsch und singt:

Dat es doch klor,
mer blieven, wo mer sin,
schon all die lange Johr,
en uns'rem Veedel,
denn he hält m'r zosamme
ejal, wat och passeet,
en uns'rem Veedel.

GRUND NR. 101

Weil hier nie was fertig wird

Irgendwann müssen auch mal die unangenehmen Themen angesprochen werden. Themen, die der Kölner vielleicht nicht so gerne hört. Denn so offen er ansonsten ist, trägt er doch ein finsteres Geheimnis mit sich herum. Auf dieser Stadt lastet der Fluch des Doms. Der Kölner lebt in ständiger purer, nackter Angst. Wie eine dunkle Wolke befällt sie manchmal seine fröhliche Seele, lässt ihn nachts hochschrecken, wenn er vom Dom träumt. Seinem Lieblingsgebäude, von dem die Legende sagt, dass die Welt untergehen wird, sobald es fertiggestellt ist.

Irgendwie scheint sich diese alte Legende tief in die kölsche Seele eingebrannt zu haben. So tief, dass man sie hier auf jegliches Handeln überträgt. Keiner traut sich, auch nur irgendetwas fertigzustellen. Zu groß ist die Angst um unseren Planeten. Lieber hämmert und klopft, sägt und schraubt der Kölner unermüdlich an seinem

Eigentum. Vollkommen unabhängig von den Großprojekten Dom, U-Bahn, den Pflastersteinen am Heumarkt oder dem neuen Brunnen am Breslauer Platz, der wohl nie eine Wasserleitung bekommen wird, überträgt sich der Fluch des Doms in jeden Lebensbereich.

In Hamburg kauft sich jemand einen Opel. Anmelden, Nummernschild dran, fertig, los geht's. In Köln geht's dann erst mal in die eigene Garage. Heckspoiler dran, breitere Reifen, tiefer legen, Bass-Rolle in den Kofferraum, dann fahren. Dann ein anderes Navi rein. Ständig von der Angst getrieben: Wenn ich heute nicht irgendwas dran bastele, ist morgen die Welt verschwunden.

Hausbesitzer mit schickem gepflegten Garten und englischem Rasen. Da würde der Stuttgarter sagen: »Ha noi, da kauf i mir noch ä Liegestühlele ond gud isch.« – In Köln ist nichts gut. Aus Angst, der Himmel fällt auf den Dom, wird da noch vor Ende des Sommers schnell noch ein Gartenteich angelegt. Mit Kois und schicker japanischer Holzbrücke drüber. Da würde der Dresdner sagen: »Nu, ich setz mich doher und gugg den Garpfen beim Schwimmen zu.« – Nicht so der Kölner. Schon gleich im nächsten Frühjahr wird die Holzbrücke abgerissen, die Kois gegrillt und der Teich geleert. Und wozu? Um einen neuen Teich anzulegen. Größer, schöner, woanders im Garten und ohne Brücke. Hurra, ich hab die Welt gerettet. Was mach ich bloß im Herbst?

Keine Kölner Mutter würde jemals ihre Pänz vom Spielplatz holen mit den Worten: »Essen ist fertig!« Die Kinder wüssten genau, dass sie lügt. Irgendwas fehlt immer. Mal ist es das Salz, mal der Essig, mal der Vater. Einzig in Sachen Beischlaf wird diese Weltuntergangs-Angst verdrängt. Allerdings auch nicht immer von allen Beteiligten. Selbst die sonst so befreiten kreativen Kölner Köpfe können sich nicht von diesem Trauma lösen. Nehmen wir nur mal zum Beispiel den Refrain des beliebten Bläck-Fööss-Liedes *M'r losse d'r Dom in Kölle.*

Da würde man in Restdeutschland schon nach der ersten Zeile sagen: Fertig. Ist ja klar. Logisch. Warum nicht. Schließlich ist er ja da erbaut worden. Das Riesending kann ja gar nicht da weg. Doch die Fööss *müssen* weiter schreiben. Es gilt, die Welt zu retten, und somit kommt dann noch exakt der Satz, den sich ja eh jeder denken kann, nämlich: »denn do jehürt hä hin«. – Ja, gut. Kann man machen. Damit ist es dann halt ausgesprochen. Jeder Hamburger Texter würde nun das Manuskript seinem Komponisten reichen. Aber, Sie ahnen es, für den Kölner gibt es noch einiges zu tun. Er stellt eine Frage, die nur durch eine weitere Urangst ausgelöst sein kann. Die Angst, dass jemand den Dom klaut, bevor er fertig wird. Pardon, natürlich *nicht fertig wird*. Sie lautet: »Wat soll dä dann woanders.« Ein Plädoyer an potenzielle Domdiebe, das man mit etwas Mitgefühl selbst in München noch nachvollziehen kann. Gut. Okay. Damit wär's dann aber auch endgültig gehalten, gälte es nicht, sich für Köln, Deutschland und die Welt weiter einzusetzen. Das Lied darf unmöglich fertig werden. Da hängt man lieber noch den vollkommen sinnlosen Satz: »Dat mät doch keine Sinn« dahinter. – Und? Jetzt? Fertig? Kein »er stoht doch he vill besser«? Kein »denn hä jehürt nur uns«? – Nein. Und warum nicht? – Weil glücklicherweise jemand dem Texter gesagt hat, dass seine Arbeit ja nur ein Teil des Ganzen und die Musik noch nicht fertig ist. Und selbst, wenn sie fertig werden sollte, und alles eingespielt und auf CD gepresst ist, ist man noch lange nicht fertig mit Verkaufen. Denn der Song verkauft sich immer und läuft auf ewig. So wie alle Lieder hier. Meiner Ansicht nach sollte …

Der Hohenzollernring in Köln
am Anfang des 20. Jahrhunderts

Kapitel 11
DAS WELTDORF

Weil keine andere Stadt einen Oberbürgermeister vorzuweisen hat, der so toll basteln konnte

Der 18. September 1917 ist ein Datum, das die Kölner mit Stolz erfüllt … zumindest erfüllen sollte. Denn an diesem Tag gab es einen neuen Rekord in Köln. Die Stadtverordnetenversammlung wählte den damals jüngsten Oberbürgermeister einer deutschen Großstadt. Er war 'ne echte kölsche Jung, hieß Konrad Adenauer und blieb Oberbürgermeister, bis ihn die Nazis 1933 seines Amtes enthoben. Nach dem Krieg übernahm er den Job noch für ein paar Monate, fühlte sich dann aber zu Höherem berufen. Er wurde der erste Bundeskanzler der jungen Republik.

Dem aufmerksamen Leser dieses Buches ist sicher nicht entgangen, dass Konrad Adenauer in seiner Zeit als Oberbürgermeister sehr viel für Köln getan hat. Er war ein Junge aus dem Volk und wusste, was dieser Stadt guttut. Adenauer wäre aber kein echter Kölner gewesen, hätte er nicht auch noch andere Talente besessen. Konrad war ein praktisch veranlagter, handwerklich geschickter Mensch. Als solcher konnte er nicht mit ansehen, dass seine Frau beim Stopfen löcheriger Socken das Stopfei immer unter eine Lampe halten musste, um die schadhaften Stellen auszumachen. Er setzte sich in seine Werkstatt und bastelte. Am Ende kam ein batteriebetriebenes Stopfei mit Innenbeleuchtung dabei heraus. Hurra. Patentantrag gestellt, abgelehnt worden. Das beleuchtet Stopfei gab's nämlich schon. Aber so was konnte den Bastler natürlich nicht abschrecken. Lange vor Stefan Raab erfand Adenau… 'schuldigung, Herr Adenauer einen Brausekopf. Einen für Gießkannen zwar, aber mit einem aufklappbaren Deckel, der das Gießen mit ungeteiltem Strahl *und* Sprühregen ermöglichte.

Begonnen hat seine Experimentierlaune im Jahr 1903 mit ersten Überlegungen zu einer Reaktionsdampfmaschine. Zu beschreiben, wie die aussah, würde den Rahmen hier sprengen. Ich müsste mit der grundsätzlichen Funktion einer Dampfmaschine beginnen. Besser verständlich ist sicher seine Gartenharke mit Hammerkopf. Konrad verband den Fleischklopfer seiner Frau mit einem Rechen. Falls bei der Gartenarbeit mal Steine im Weg sein sollten. – Sein Erfindungsreichtum schien kein Ende zu nehmen. Auch das: sehr kölsch. Der Kölner findet immer eine Lösung zu einem Problem. Konrad baute eine Teekanne mit Heizstab, eine Abblendungsscheibe für Autofahrer, und aus Gründen der Emanzipation im Straßenverkehr auch gleich noch eine Blendschutzbrille für Fußgänger. Er entwickelte ein Verfahren zur Stabilisierung von Borsten in Farbpinseln, eines zur Reduzierung der Staubentwicklung beim Automobilfahren und vieles mehr.

Patentiert wurde vom Kaiserlichen Patentamt in Berlin sein Verfahren zur Herstellung eines dem rheinischen Schwarzbrot ähnelnden Schrotbrotes. Für seine Sojawurst, die er ebenfalls in Anbetracht der hungernden Bevölkerung erfand, hatte man in Deutschland allerdings nichts übrig. Doch der gewitzte kölsche Jung fand ein Hintertürchen: Er bekam die vegane Flönz in England und Österreich patentiert.

Konrad Adenauer repräsentierte den kölschen Ideenreichtum wie kaum ein anderer. Nicht vorzustellen, was aus unserer Republik hätte werden können, hätte er sein Hobby zum Beruf gemacht. Ein Land voller hilfreicher Haushaltsgegenstände. Mit sauberer Luft, ebenen Gärten und alle wären satt. Schade eigentlich.

Weil hier die Maus lebt, die uns das gesammelte Wissen der Welt vermittelt

Die Maus ist Kölner. Mal abgesehen davon, dass sie hier von Gert Kaspar Müntefering, Siegfried Mohrhof, Monika Paetow und Armin Maiwald zur Welt gebracht wurde, gibt es deutliche Hinweise darauf. Sie trägt einen Schnäuzer: kölsch. Sie ist äußerst tolerant gegenüber Tieren einer anderen Rasse: Kölner Maus, Elefant und Ente – drei Lebewesen, die eigentlich nichts miteinander gemein haben, leben friedlich nebeneinander. Trotz unterschiedlicher Hautfarbe, Rüssel, Schnabel oder Schnäuzer: Kölner. Alle drei. Sie machen stets das Beste aus jedem Malheur: Kölner. Sie bleiben immer fröhlich, auch wenn mal was schiefgeht: super-kölsche Art. Der einzige Punkt, der die drei etwas, sagen wir mal, unkölsch macht: Sie reden kein einziges Wort. Klingt komisch, ist auch so. Ich weiß.

Seit 1971 tappelt die Maus jeden Sonntag über die Bildschirme in den deutschen Kinderzimmern. Im Gepäck: Ganz viele Antworten auf ganz viele Kinderfragen. Ja, sogar die Erwachsenen erfahren noch essenzielle Dinge. Zum Beispiel, warum die Banane krumm ist. Aber die Maus vermittelt den Erwachsenen nicht nur Wissen. Nach nunmehr über 40 Jahren Maus ist wohl das Gros der Deutschen mit ihr aufgewachsen. Wer die Maus sieht, wird an die Kindheit erinnert: Den dicken Telefunken-Röhren-Fernseher, auf dem sie ihre Kurzabenteuer erlebte. Den Geruch von Muttis Sonntagsbraten, der in der Röhre stand. Und an das schlechte Gewissen, das man hatte, weil man die Sonntagsmesse geschwänzt hat, um die Maus zu sehen. Ach nee, das war ja der Internationale Frühschoppen. Ich geh mal davon aus, dass die Programmplaner im katholischen Köln bei der Vergabe des Sendeplatzes darauf geachtet haben, dass die Sonntagsmessen bundesweit auch wirklich beendet sind. Um 11.30 Uhr kann man wohl davon ausgehen.

Die Maus ist ein echter deutscher Held kölscher Natur. Was hat sie uns nicht alles geschenkt. Danke für den kleinen Maulwurf. »Jöööööh!«. Danke für den kleinen Tiger. *Oh, wie schön ist Panama.* Danke für den kleinen Eisbär, den Pazifösen Ozean, Käpt'n Blaubär, Hein Blöd und Shaun, das Schaf. Dieser Mix aus gefühlvollen Geschichten, lustigem Quatsch und der Suche nach den Antworten auf alle Fragen dieser Welt. *Das ist kölsch.* Überzeugen Sie sich davon. Kommen Sie her, gehen Sie in den Maus-Laden in den WDR Arkaden und knuddeln Sie sich zurück in die Kindheit.

Ich persönlich war damals schon fast zu alt, um mich noch für die Maus zu interessieren. Manchmal stehe ich aber am Wallraffplatz, schaue an der Platane hoch und warte auf ihren Vorgänger: einen kleinen grauen Wollspatz, der an dünnen Fäden hängt und frech die Kölner anberlinert.

GRUND NR. 104

Weil sich die Politiker und Journalisten beim Umzug sogar ihr Stück Köln mit nach Berlin genommen haben

Wer das Büchlein bis hierher verinnerlicht hat, der wird sicher nachvollziehen können, wie schwer der Abschied aus dieser Stadt der Liebe und der Fröhlichkeit fallen kann. Er wird verstehen, was in dem Kölner vorgeht, wenn er seine Liebe zurücklassen muss, sein Leben, den Dom. Nein, es dürfte niemanden verwundern, dass der Kölsche sich so viel von seinem Leben mitnimmt, wie es geht, wenn er hinaus muss in diese hektische, lieblose, unwirtliche, karnevalslose Welt, die sich Restdeutschland nennt. Womöglich sogar Berlin. Womöglich sogar noch zum Regieren. Oder zum Berichten übers Regieren.

Nachdem 1994 das Berlin/Bonn-Gesetz nach heftigen Debatten, die man als Kölner nur nachvollziehen kann, beschlossen wurde, mussten Politiker wie Journalisten die schöne Zeit im Rheinland abhaken. Viele von ihnen wohnten in Köln oder Umgebung, und es passte ihnen so gar nicht, den Rhein gegen die Spree einzutauschen. Vielleicht zog sich der Umzug ja auch deshalb fast fünf Jahre hin. 50.000 Rheinländer mussten in die Hauptstadt umsiedeln. Alles Gäste der Bonner und Kölner Wirte. Friedel Drautzburg führte fast 40 Jahre lang eine der beliebtesten Politiker-Stammkneipen in Bonn. Als die Kneipe immer leerer wurde, dachte er sich: »So geht das nicht. Du kannst die Leute doch da nicht alleine lassen« und zog hinterher.

Eine Ständige Vertretung ist eine Institution, die ähnliche Funktionen hat wie eine Botschaft, wenn die Errichtung einer echten Botschaft nicht möglich ist. Wenn also der eine Staat den anderen nicht als solchen anerkennt. Eine solche Ständige Vertretung der Bundesrepublik gab es seit 1974 in Berlin. Umgekehrt gab es eine von der DDR in Bonn. Diese Institution nahm sich Drautzburg zum Vorbild und gab seinen rheinländischen Stammgästen im ungeliebten Berlin ein Stück Leben zurück. Er eröffnete die Ständige Vertretung in Berlin-Mitte.

Seit 1997 befindet sich diese Enklave des rheinischen Frohsinns hinter dem Bahnhof Friedrichstraße. Journalisten, Politiker und Prominente auf Besuch treffen sich dort zum gemeinsamen Absingen kölschen Liedgutes bei Kölsch, Kabänes und Rievkooche. Es gibt richtig mies gelaunte Köbese, Funkenmariechen, Konzerte der Höhner und Karneval. Also alles, was der Kölsche so braucht zum Überleben in der Fremde. Das Einzige, was man anfangs in der ehemaligen Hauptstadt der DDR vermisste, war ein Rosenmontagsumzug. So veranstaltete Drautzburgs Partner, Harald Grunert, im Jahr 2000 selbst einen. Sogar die Berliner finden langsam Gefallen daran. Von Jahr zu Jahr stehen immer mehr Zuschauer am Straßenrand und fordern ihre *Kamillen*. Aber das werden sie auch noch lernen.

Nachtrag der Verwunderung wegen: Mittlerweile gibt es die Ständige Vertretung überall dort, wo der Kölner die Heimat am meisten vermisst. Also in Hannover, Bremen und Sylt. Nur, warum es auch noch eine in Köln gibt, verschließt sich meinem Verständnis des Konzeptes. Ah, ich weiß: Sie ist am Fischmarkt in der Altstadt, da geht eh kein Kölner hin.

Weil man hier an den Fremden
in der Stadt die Art der Messe erraten kann

2012 übernachteten insgesamt 2,91 Millionen Gäste in Hotelbetten. Zusammen 5,08 Millionen Mal. Dazu kommen noch 122 Millionen Tagesgäste. Kein Wunder, dass man im Sommer so lange an der Eisdiele anstehen muss. Ich mach das aber sehr gerne, denn ich studiere gerne Menschen. Am allerliebsten in der Bahn. Da ist es sonst sehr, sehr langweilig, wenn man eine halbe Stunde braucht, um von hier draußen in die City zu gelangen. Die Linie 4, mit der ich immer fahre, hält auch an der Haltestelle Kölnmesse. Irgendwann ist mir aufgefallen, dass die Menschen, die dort aussteigen, oft ähnlich gekleidet sind, ähnliche Typen sind. Irgendwann fing ich an, anhand der Bahngäste zu erraten, welche Messe gerade stattfindet. Macht Spaß, vertreibt die Zeit, und man erfährt noch während der Fahrt, ob man richtig lag.

Falls Sie das auch mal probieren wollen, vielleicht sogar wettbewerbsmäßig mit ihrem Freund oder der Freundin, hier ein paar Geheimtipps. Aber eigentlich ist es recht einfach:

Hauptsächlich Herren in der Bahn, meist paarweise. Einer jüngeren bis mittleren Alters, eleganter Anzug und moderner Haarschnitt. Die Begleitung meist im hellgrauen Designeranzug, Mitte 40 bis Mitte 50, graue Haare: imm cologne, die Einrichtungsmesse. Wahrscheinlich der Chef eines Möbelhauses in Begleitung seines Abteilungsleiters.

Hauptsächlich gut aussehende Frauen in engen Hosen mit sportlichem Jackett in Begleitung ihrer zwölf- bis 14-jährigen Töchter: Spoga horse – die Fachmesse für Pferdesport.

Die Herren tragen No-name-Jeans, helle Hemden von C&A und beige oder braune Blazer, mittellanges bis schulterlanges Haar, manchmal Bart oder Schnäuzer. Die Damen in weitem Pulli oder weit geschnittener heller Bluse, die die Körperformen verhüllen, dazu ein Rock, der bis zur Hälfte der Waden reicht, alles Fair Trade, asymmetrischer Bob-Haarschnitt, nur ein Ohrring: Didacta – die Bildungsmesse.

Herrenüberschuss, braun gebrannt, Designerjeans, Polo-Shirt von Lacoste oder hellblaues Hemd von Ralph Lauren, manchmal mit hippen Hosenträgern. Nein, keine Werbefachleutefachmesse sondern: IDS – die Internationale Dentalschau.

Manche Messen sind aber auch super easy zu erraten. Sind zum Beispiel rustikal gekleidete Herren in der Bahn, denen eventuell ein Fingerglied fehlt: Dann ist es interzum Guangzhou – die Fachmesse für Holzverarbeitungsmaschinen, Möbelfertigung und Raumgestaltung.

Lauter junge, muskulöse Männer und Frauen, beide Geschlechter mit kleinen Brüsten, ohne BH, aber mit weit ausgeschnittenen Shirts: FIBO – Internationale Leitmesse für Fitness, Wellness und Gesundheit.

Eng geschnittene, dunkle Designeranzüge, Rollkragenpulli, schwarz bei den Herren, Rollkragenpulli, dunkles Kostüm bei den Damen und manchmal knallbunt gekleidete Damen und Herren mit wirren Haaren: ART COLOGNE.

Hektisch mit den Augen zwinkernde Pubertierende in T-Shirt und weiten Hosen: Gamescom – Die Fachmesse für Computerspiele.

Verliebte Pärchen: TrauDich – Die Hochzeitsmesse. Das könnte auch der Titel für 'ne Kuppelshow bei RTL sein.

Jungs und Mädels in Ritterrüstung oder mit Wikingerhelm: Role Play Convention – Europas größte Messe für Rollenspiele.

Ausgemergelte Männer und Frauen, an denen die Kleidung hängt wie ein nasser Sack: Es ist Sechstagerennen.

Und ist die Bahn voller Asiaten mit Fotoapparat, dann ist ausnahmsweise mal keine Messe. Das sind normale Touristen.

Ich wünsch Ihnen viel Spaß in den Wagen der KVB.

Weil hier eine der schönsten Kirchen von einer der größten Weltreligionen steht

»Was?!?«, er blickt mich entsetzt an. »Du wohnst seit 15 Jahren in Köln und warst noch nie im Dom???«, er schüttelt fassungslos den Kopf. Hennes hat das alles natürlich auf Saarländisch gesagt, denn Hennes ist ein alter Jugendfreund, der mich zum ersten Mal besucht. Für ihn ist das in der Tat nicht zu fassen. Hennes ist sehr belesen. Er verschlingt alles, was mit Geschichte zu tun hat. Und alles mit Mord, Intrigen und Liebe. Also, Religionsgeschichte. Wir gehen gemeinsam mit circa 400 anderen Touristen in des Kölners Lieblingshaus.

Ja, er ist sehr beeindruckend. Die Sonne scheint durch die Fenster und sorgt für einen bunten Diavortrag an Boden und Bänken. Überall glitzert, funkelt und blitzt es. Dabei wär es hell genug, auch ohne Blitz zu fotografieren. Hennes weiß alles über den Dom, und er hält sein Wissen nicht zurück. Mit »Weißt du eigentlich, dass …« beginnt jeder dritte Satz von ihm. Der Kölner Dom ist mit 157 Metern das dritthöchste Kirchengebäude der Welt und nach dem Ulmer Münster das zweithöchste in Europa. – Wusste ich nicht. – Er ist die drittgrößte gotische Kathedrale der Welt. Knapp hinter der Kathedrale von Sevilla und dem Mailänder Dom. – Die haben allerdings einen Nachteil: Sie stehen nicht in der fantastischsten Stadt der Welt. – Hennes hört nicht hin und führt mich weiter. Auf dem Weg zum Altar fragt er mich, ob ich weiß, wem der Dom gehört. –

Den Kölnern, klar. – Er lacht und erklärt mir die hochkomplizierten Besitzverhältnisse. Ich kapier nix. Hat irgendwas mit der Hohen Domkirche zu Köln und ihrer Eigenschaft als juristische Person des öffentlichen Rechts zu tun. Nach »juristisch« steig ich geistig aus. »Domkapitel als rechtlichen Vertreter« kann ich mir noch merken. Und dass weder der Erzbischof Kardinal Meisner noch der Papst irgendwas zu bestimmen haben. Jetzt verstehe ich auch den Ärger über das Südquerhausfenster von 2007. Herr Meisner hätte lieber Heiligenbildchen gesehen als die bunten Mosaiksteinchen und war der Ansicht, es passe besser in eine Moschee. »Was will der denn?«, dachte ich damals. »Hätt er's halt nicht bestellen sollen.« Jetzt bin ich schlauer. Danke, Hennes. Er hört mich nicht, denn er spricht gerade mit den Heiligen Drei Königen. Mit großen Augen steht er vor dem Dreikönigsschrein. Meinen lustigen Witz: »Typisch katholische Kirche: die Schwulenehe verdammen, aber drei Typen in einen Sarg stecken« überhört er gläubig und verrät mir, dass es eigentlich fünf sind und die Echtheit von Reliquien und Gebeinen durch zahlreiche Untersuchungen bestätigt ist. Nun werde sogar ich ehrfürchtig und wechsele ein paar Worte mit den drei Herren, sowie den Heiligen Felix und Nabor.

Diese Ehrfurcht lässt mich auch nicht los, als wir in die Schatzkammer steigen. Im Gegenteil. Der Gedanke, dass Petrus persönlich diesen Stab in Händen hielt ... Was? Eine Legende? Das ist mir egal. Ich bin gerade so schön ergriffen. Ja, ein Besuch des Doms kann auch hartnäckige Kirchenaustreter wie mich packen. Irgendwie habe ich trotzdem den Eindruck, dass es dem Kölner ebenso ergeht wie mir, Nur die reine Existenz des Doms zählt, weniger der Inhalt.

Ich bringe Hennes zur Reisebus-Haltestelle und bedanke mich für die tolle Führung. Am Abend ist er schon wieder in seinem Dorf. In meinem alten Dorf. Das hat wenig gemeinsam mit Köln. Eigentlich nur eines: Man kann von fast jedem Punkt des Ortes die Kirche sehen. Die in meinem Dorf hat sogar eine Uhr. Doch die kommt bestimmt auch bald an den Dom. Er ist ja noch nicht fertig.

Weil hier noch eine der schönsten Kirchen
von einer der größten Weltreligionen steht

Es klingelt. Sie sind da. Ich schaue auf die Uhr. Es ist der 19. August 2005. Sieben, acht Freunde haben sich für heute Nachmittag angemeldet. Grund: Der Papst ist zu Besuch. Nicht bei mir zu Hause, aber fast. Gegenüber von meiner Wohnung, keine 100 Meter von meinen vier riesigen Altbau-Fenstern entfernt, wird er gleich klingeln und die ganze Welt wird per TV-Übertragung Zeuge sein. Denn es ist ein außergewöhnlicher Besuch. Der Papst klingelt nämlich an der Synagoge in der Roonstraße. Wir kucken gleich zweimal hin. Einmal live, einmal im TV. Wir sind definitiv nicht die Einzigen, die sich für diesen Besuch interessieren. Tausende Freunde beider Religionen säumen die Roonstraße. Journalisten haben sich unter sie gemischt. Zwei aus Polen, mit riesigen Teleobjektiven, fragen mich, ob sie reinkommen dürfen, um vom Fenster aus zu fotografieren. Ich wohne Hochparterre, die Aussicht auf den Eingang der Synagoge ist fast perfekt für einen Fotojournalisten. Sie dürfen natürlich.

Im Vorfeld des Papstbesuchs in meiner Straße hatte ich die Idee zu einem lustigen TV-Gag. Carolin Kebekus, TV-Comedian und liebe Freundin, setzt sich mit Block und Papier ans offene Fenster und tut so, als würde sie einen Brief schreiben. Sobald der Papst im Papa-Mobil vorbeikommt, sollte sie ihm fröhlich winken und er bestenfalls zurück. Im Nachhinein sollten dann ihre Gedanken aufs Bild gesprochen werden. Etwa: »Geliebter, ich vermisse dich. So lange haben wir uns nicht gesehen … blablabla usw. – Dann der Papst, winkend. Dann Gedanken: Na, wenigstens scheinst du mich ja noch zu kennen. – So weit die Idee. – Der Papst kam auch tatsächlich. Allerdings nicht im Papa-Mobil, sondern in einer gepanzerten Limousine mit abgedunkelten Fenstern. Mit bloßem Auge konnte man ihn gerade noch so erkennen. Die Kamera zeigte jedoch nur enttäuschte Gläubige, die sich in der Fensterscheibe spiegelten: Idee für et Föttche.

Trotzdem bin ich dem Papst dankbar. Dank ihm und der modernen Satellitentechnik konnte ich endlich einmal einen Blick in jenes wunderschöne, im maurischen Stil erbaute Gebäude werfen, an dem ich jeden Tag immer nur vorbeilief. Das Gebäude, das mir nach stundenlanger Autobahnfahrt von München nach Köln zuwinkte und flüsterte: »Na, Jung, endlich ze Huss? Jetzt nur noch 'ne halbe Stunde Parkplatz suchen.« – Ich hab die Synagoge nie besucht. Irgendwie hatte ich das Gefühl, ich hab da drin nix verloren. Die zahlreichen orthodoxen Juden mit ihren Bärten und Schläfenlocken, die mir Tag für Tag begegneten, ließen mich ansatzweise erahnen, wie es wohl gewesen sein mag, das Leben rings um den Rathenauplatz. Damals, bevor dieser Vollidiot mit dem Scheitel kam.

Ich wäre mir in der Synagoge wie ein Störenfried vorgekommen. Auch sie brannte in der Reichspogromnacht komplett aus und wurde erst 1957, zwölf Jahre nach der Neugründung der Jüdischen Gemeinde, wieder aufgebaut. Vier Tage nach meiner Geburt im Jahr 1959 wurde sie eingeweiht. Sie ist religiöses und kulturelles Zentrum der Gemeinde. 1.400 Menschen haben darin Platz. Es gibt ein Jugendzentrum, eine Krabbelgruppe, das Rabbinat, den obligatorischen Pool zur rituellen Reinigung, die Mikwe und ein koscheres Restaurant. Und dabei fällt mir gerade ein: Was wurde eigentlich aus meiner Lieblingsbäckerei, der koscheren Bäckerei in der Lindenstraße? Ich geh demnächst mal bei der Synagoge klingeln und frage nach.

Weil hier eine weitere der schönsten Kirchen von einer der größten Weltreligionen steht

1987 betrat ich zum ersten Mal eine Moschee. Es war eine Hochzeit. Jene Hochzeit, deren Feier in diese mystische Nacht im Alten Wartesaal mündete, die ich ein paar Seiten früher erwähnte. Der Bräutigam war Moslem, die Braut Christin. Auch meine damalige Frau und ich waren Christen. Sind es immer noch. Nur ich halt ohne Kirche. Das war damals anders. Wir waren sehr aktiv in der Friedensbewegung, die dann irgendwann von der katholischen Jugend unterwandert wurde. Ich habe mich dann später aber wieder der politischen Wurzeln besonnen und mich, von dieser Sekte, hätte ich fast geschrieben, gelöst.

Jedenfalls war ich, als damals aktiver Katholik, sehr gespannt darauf, wie so eine moslemische Hochzeit vonstattengeht. Ich erwartete natürlich eine Moschee, wie man sie aus Filmen kennt. Prächig, mächtig, riesig, bunt. Die Moschee in Ehrenfeld, die wir dann betraten, hatte nichts von dem. Sie glich eher einer Lagerhalle, die man nett, aber zweckmäßig zu einem Versammlungsraum umgestaltet hatte. Der Bräutigam, die beiden deutschen Trauzeugen, der Imam, ein Helfer, zwei weitere Freunde des Brautpaares und ich nahmen an einem langen Tisch Platz. Auch meine Exfrau durfte mit an den Herrentisch. Die Braut wurde in einen Raum geführt, in dem sie mit anderen Frauen Gebete sprach. So sagte man mir. Der Helfer schenkte uns allen Tee ein und der Imam begrüßte uns so, wie man nette Bekannte begrüßt. Ohne zu predigen oder Sprüche zu klopfen. Einer der Freunde bat den Imam darum, ein Gebet für das Brautpaar sprechen zu dürfen. Er genehmigte es und der Freund wünschte dem Brautpaar Glück. Einfach so. Dann gab's wieder Tee, man unterhielt sich über das Wetter. Ein weiterer Freund wollte ein Gebet sprechen und auch er durfte. Das ging so zwei-, dreimal weiter. Immer wieder durch Alltagsgespräche und Tee unterbrochen. Dann wurde es ernst. Die beiden Trauzeugen handelten die Kamele aus. Natürlich nicht wirklich. Aber ich lernte den Sinn des berühmten »Ich geb dir 40 Kamele für deine Tochter«-Handels kennen. Es ging tatsächlich um Geld. Man handelte einen Betrag aus, den der Bräutigam auf ein Festgeldkonto einzahlen muss, damit die Braut, im Falle seines Todes oder seiner Untreue, versorgt ist. So macht Kamelhandel Sinn. Der Imam genehmigte den Handel, man unterzeichnete den Vertrag und ab ging's in den Alten Wartesaal.

Vergessen hatte ich diese Hochzeitszeremonie nie. Alleine schon deshalb nicht, weil diese pragmatische Art, einen Ehebund zu schließen, meinem Naturell mehr entgegenkam als das katholische Brimborium. Doch als vor ein paar Jahren die Diskussion über den Bau der neuen Zentralmoschee in Ehrenfeld die Stadt in die berühmten zwei Lager teilte, fiel mir ein, wie spartanisch, ja fast schon ärmlich, die alte Moschee war, in der ich damals Tee trank. Das Gebäude, was nun an der Inneren Kanalstraße/Ecke Venloer Straße steht, ist meiner Ansicht nach endlich einer Weltreligion würdig. Die Kölner sollten stolz darauf sein, mit einem weiteren architektonischen Highlight angeben zu können. Und ich bin mir sicher, die meisten sind es auch. Eigentlich fast zu schade für diese hässliche Ecke mit seinen 70er- und 80er-Jahre-Bauten. Man sollte jetzt vielleicht darüber nachdenken, sich bei einer eventuellen Umgestaltung dieses Bereichs sogar an der Moschee zu orientieren. Anfangen könnte man damit, dem Colonius gegenüber einen Halbmond aufzustecken. – Nee, war 'n Witz. Wollte nur die Herrschaften von pro Köln ein bisschen ärgern.

Im Ernst: Die Zentralmoschee ist ein eindrucksvoller hochmoderner Gebäudekomplex, dessen Zusammenspiel von Glas, Beton und Holz fasziniert. Die beiden Minarette wirken wie riesige Fackeln, die den Weg weisen. Geschwungene Betonbahnen werden von riesigen Fensterflächen unterbrochen und die Treppe, über die man hinauf zu den Gebets- und Studiensälen tritt, verdeutlicht, dass die Gläubigen hier mit offenen Armen empfangen werden. Fahren Sie hin, bilden Sie sich ihr Urteil.

Nachtrag, weil's mir aufm Herzen liegt: Damals bei dieser Hochzeitsfeier übernachteten wir bei einem moslemischen Professor aus dem Sudan. Mit ihm saß ich nach der Party noch bis zum frühen Morgen an seinem Esszimmertisch. Wir tranken feinsten schottischen Whisky, rauchten Zigarre und redeten über Gott, den anderen Gott und die Welt. Als die Sonne aufging, wussten wir beide, dass eigentlich jeder Gott nur eines will: Liebe. Und so steht es auch in allen Schriften. Das Problem ist nur, dass Gott dem Menschen die Fähigkeit verliehen hat, jedes Wort auf mehrere Arten auszulegen. In diesem Sinne: Möge der Friede mit euch sein, as-salāmu 'alaikum und Schalom.

Weil die ersten Zahlen, die ich lernte, Vier, Sieben und Eins hießen

In der riesigen Halle der Kreissparkassen-Zentrale am Neumarkt wird man gleich am Eingang mit dem Duft empfangen, der den Namen unserer Stadt in alle Damen-Handtaschen der Welt gebracht hat. Das Wasser, das dort in einen Brunnen plätschert, wird jeden Morgen mit echt Kölnisch Wasser aufgepeppt. Es ist der vitalisierende Duft von Bergamotte, Zitrone und Orange. Lavendel- und Rosmarinanteile wirken beruhigend und nervenstärkend und das Neroli darin, das aus der Blüte der Bitterorange gewonnen wird, sorgt für eine positive Stimmung. – Hm. Wo ich gerade hier die Inhaltsstoffe und deren Wirkungen von der 4711-Webseite abtippe: Hat schon mal jemand versucht, das Zeug zu rauchen? Ja, trinken kann das ja jeder. – Ursprünglich war das Echt Kölnisch Wasser sogar als Heilmittel zum Runterschlucken gedacht. Erst als Napoleon bestimmte, alle pharmazeutischen Rezepturen offenzulegen, hat es Wilhelm Mülhens als Duftwasser deklariert. Der Kölner Kaufmann bekam das Rezept übrigens 1792 von einem Mönch zur Hochzeit geschenkt. Und weil sich die Kölner das Leben so leicht machen, wie's geht, hat Herr Mülhens auch gar nicht lange nachgedacht, wie er sein neues Heilmittel nennen soll, und schrieb einfach seine Hausnummer darauf. Es war die Nummer 4711. Von den französischen Besatzern abgezählt, angefangen vom Dom. Heute heißt die Adresse des 4711-Traditionshauses Glockengasse 4. Und auch dort plätschert ein Brunnen. Mit echtem Gold überzogen und mit purem 4711 gefüllt. Nicht so 'n Sparmaßnahmen-Mix wie in der Kreissparkasse.

Das türkis-goldfarbene Logo von 4711 war in den 1960ern und 70ern natürlich auch in den Handtaschen der Frauen meines Dorfes präsent. Mutter roch danach, die Nachbarinnen, die weiblichen Gäste der Kneipe. Alle. Als Kind dachte ich immer, es wäre der natürliche Duft von Frauen. Frauen riechen halt so. Nach Bergamotte, Alkohol und Zigaretten. Männer rochen übrigens nach Tabac Originale After Shave. Aber das kam nicht aus Köln, sondern aus Stolberg bei Aachen. Gemixt von der Firma MÄURER & WIRTZ. Die wiederum übernahm 2007 unser 4711. Und so kam denn nach vielen Jahren zusammen, was schon damals zusammengehörte. So wie Köln und ich.

**Weil es hier das Heilmittel gibt, das man nimmt,
wenn's vorne juckt und hinten beißt**

Der Mönch hatte schon immer sein Bier, in das er sich vertiefen konnte, wenn es ihm mal nicht so gut ging. Aber womit sollte die Nonne so durch den von Exerzitien geprägten, doch eher langweiligen Tag bis in die Nacht kommen? – Die Offizierstochter und Ordensschwester Maria Clementine Martin fand die Lösung im

19. Jahrhundert. 1775 in Brüssel geboren, ließ sie sich nach Jahren des Umherziehens 1825 in Köln nieder. Sie war ausgebildete Krankenpflegerin und sehr begabt in der Arzneimittelherstellung. Im Brüsseler Karmeliterkloster vertiefte sie ihre Kenntnisse in Sachen Naturheilmittel. Speziell die Herstellung des, nach einer Geheimrezeptur gemischten, Carmeliter- oder auch Melissenwassers hatte es ihr angetan. Über viele Jahre hinweg experimentierte sie mit den Inhaltsstoffen, um die Wirkung des Heilmittels weiter zu verbessern. In Köln kümmerte sich die Klosterfrau zunächst freiberuflich um Arme und Kranke, bis sie dann schließlich das perfekte Rezept für ihr Heilwässerchen gefunden hatte. Auf der Litsch 1 lautete die Adresse ihres ersten Destillationsbetriebs. Hier brodelten die Ingredienzien ihres sogenannten Melissengeists. Das blaue Logo mit den drei Nonnen im gotischen Spitzbogen, das sie damals auf ihre Flaschen klebte, kennen heute mehr als 20 Millionen Menschen auf dieser Welt. Das verkündet jedenfalls der aktuelle Nachfolger von Frau Martin in der Geschäftsführung der Klosterfrau Healthcare Group auf deren Webseite.

In dem halblustigen Kinderspruch »Wenn's vorne juckt und hinten beißt, nimm Klosterfrau Melissengeist« steckt viel Wahres. Klosterfrau Melissengeist gilt als Wunderwaffe gegen innere Unruhe und Nervosität, Schlaflosigkeit, Magen-Darm-Probleme, Völlegefühl, Verstopfung, Erkältung, Muskelkater und Verspannungen. Der Klosterfrau Melissengeist ist etwas zum Trinken und etwas zum Einreiben. Spannend. Er ist das Überraschungsei unter den Selbstmedikationen. So was kann nur aus Köln kommen. Warum sich den Arzneischrank voll stellen, wenn man doch alles in einem haben kann?!? Dafür musste die Frau Martin aber auch ganz schön viele Kräuter zusammenmixen. Im Melissengeist sind Alantwurzelstock, Angelikawurzel, Ingwerwurzelstock, Gewürznelken, Galantwurzelstock, Schwarze Pfefferfrüchte, Enzianwurzel, Muskatsamen, Pomeranzenschalen, Zimtrinde, Zimtblüten, Kardamomsamen. Habe ich was vergessen? Ach ja, klar: Melissenblätter. Das alles wird in 79-prozentigem Alkohol gebündelt. Es handelt sich hier also um einen Kräuterschnaps. Prost. – Da versteht man auch gleich den TV-Spot viel besser, in dem Alfred Biolek Anfang der 2000er lächelnd verkündete: »Danke, mir geht's gut.« – Man sollte also möglichst die empfohlene Tageshöchstmenge von 25 Milliliter nicht übertrinken. Sonst wird schnell aus »Nie war er so wertvoll wie heute« ein »Nwar r swätvll als hick«.

Weil mich zahlreiche Kölner Produkte schon durch meine Kindheit begleitet haben

Ich befürchte, ich gehöre zur ersten Generation von Kindern in Deutschland, die von Werbefachleuten großgezogen wurden. Die Generation, deren Eltern als Erste entdeckten, wie einfach Kindererziehung seit der Erfindung des Fernsehgerätes geworden ist. Das hatte natürlich Nebeneffekte, die heutzutage nicht mehr als Nebeneffekt gelten, sondern eher zur Allgemeinbildung gehören. Wo mein älterer Bruder zum Beispiel noch *Hänschen klein* singend aus dem Kindergarten nach Hause kam, sang ich schon »Nichts geht über Bärenmarke, Bärenmarke zum Kaffee!« – Das erste Tondokument mit meiner Stimme stammt aus dem Jahr 1967, festgehalten auf der Grundig-Tonbandmaschine meines Vaters. Es war ein Interview mit der Nachbarin. Ich fragte sie: »Was halten Sie von OMO?« – Sie fand's prima. – Nicht, dass Sie denken, ich hab meine komplette Kinderzeit nur vor dem Fernseher verbracht, I wo. Manchmal half ich auch in der Kneipe aus. Ein Gast drückte mir 50 Pfennig in die Hand und sagte: »Hol mal Zigaretten!« Total stolz, schon so groß zu sein, schob ich dann einen Stuhl unter den Automaten, warf das Geld ein und zog die Packung heraus. Oft war es eine Overstolz. Schicksal? Fügung? – Ich konnte ja nicht ahnen, dass ich damals schon ein Stück

Köln in der Hand hielt. Obwohl mir der Slogan bekannt war: »Leicht bekömmlich muss es sein, wie die Overstolz vom Rhein.« – Hey, ich war gerade mal sechs Jahre alt. Für mich war der Rhein damals noch ein Fluss, der durch die Schweiz, Frankreich, ganz Deutschland und Holland floss. Nicht dieses kleine elf Kilometer lange Stück, das er in den letzten 20 Jahren geworden ist.

Köln begleitete mich tatsächlich schon ohne mein Wissen durch mein ganzes Leben. Ja, es wurde mir wahrscheinlich sogar schon mehr oder weniger in die Wiege gelegt. Schon damals wurden windelwunde Babypopos mit Penaten-Creme gepflegt. Mir hing Köln also sozusagen schon seit meiner Kindheit am Arsch. Und ganz ehrlich: Ich glaub, es hat mir gutgetan. Zumindest hab ich ruhig geschlafen. Danke, liebe Penaten-Creme. Das änderte sich, als ich zehn war. Wie viele schlaflose Nächte ein Werbespot für einen Jungen auf dem Sprung zur Pubertät verursacht, in dem sich halb nackte Frauen und sehnsüchtig blickende Nonnen mit lasziv geöffneten Lippen hinter einer beschlagenen Glasscheibe rekeln, kann man sich ja vielleicht vorstellen. Heute weiß ich: Der AFRI-COLA-Spot von Charles Wilp, das war Köln. »Sexy-mini-super-flower-pop-op-cola – alles ist in AFRI-COLA« lautete der Claim. Er hätte auch mit »… alles ist in Köln« enden können. Köln ist sexy, klein, total super, die Grüngürtel, gepopt op Kölsch wird auch und die drei Nonnen im Spot waren garantiert Männer auf dem Weg zum Rosenmontagszug. Oder auch nicht, sonst hätten sie Kölsch getrunken, keine Cola. Egal. Dann waren sie halt das Symbol für den katholischen Dom. Deshalb hatte die Karl Flach GmbH & Co. KG aus Braunsfeld auch ziemlichen Ärger mit der Kirche. Kölner Zucker im Tee, der Sidol-Edelstahlreiniger, mit dem Muttern die Theke reinigte, Stollwerck-Pralinen und nicht zuletzt der Ford Transit, mit dem es immer zu den Musikerjobs ging – alles Kölner Produkte, die mir schon früh das Leben erleichterten und verschönerten. Es waren Winke-Winke des Schicksals: »Jung, kumm ens noh Kölle. Heh es dat Lävve leich un schön.« – Danke, liebes Schicksal, da bin ich. Und da bleib ich. Lasst uns tanzen.

111 GRÜNDE, NEW YORK ZU LIEBEN

EINE LIEBESERKLÄRUNG AN DIE GROSSARTIGSTE STADT DER WELT –
EIN GESCHENKBUCH FÜR ALLE NEW-YORK-BESUCHER UND FANS

111 GRÜNDE, NEW YORK ZU LIEBEN
EINE LIEBESERKLÄRUNG AN DIE
GROSSARTIGSTE STADT DER WELT
Von Yvonne Vávra
320 Seiten, Taschenbuch
ISBN 978-3-86265-980-5 | Preis 9,95 €

In New York scheint alles möglich, die Stadt ist groß genug, dass alle Träume, Wünsche und Hoffnungen in ihr Platz haben. Sind es die Wolkenkratzer, die einen denken lassen, dass alles aufwärtsgeht?

Ist es die Schnelligkeit, die suggeriert, dass Stillstand keine Option ist? Sind es all die New Yorker, die vollkommen ungeniert an ihre Träume glauben? Mit »111 Gründe, New York zu lieben« macht Yvonne Vávra ihrer Wahlheimat nun eine Liebeserklärung. In den kurzweiligen, persönlichen Geschichten hat sie eindrückliche und typische Erlebnisse in dieser Stadt eingefangen. Mit vielen Insidertipps macht sie neugierig und verführt den Leser dazu, sich auf die großartige Stadt einzulassen. Ihr Tipp: den Flirt gelassen angehen, unverbindlich umherstreunen, auch einmal hinsetzen und nur zuschauen.

New York wird dich schon finden.

Foto: © Christine Trewer

Jürgen Urig ist Comedy-Autor, Sprecher, Musiker und
Darsteller. Er war acht Jahre lang Radiomoderator
(u.a. Unterhaltungschef bei RTL Radio, Stuttgart).
Seit mittlerweile 20 Jahren lebt und arbeitet er in Köln
als Autor für zahlreiche TV-Shows (RTL SAMSTAG
NACHT, TV KAISER, CLEVER u.v.a.). Daneben
komponiert und textet er eigene Songs und hat 2007
die CD DAT RUUDE ALBUM mit seiner Band
De Imis veröffentlicht. Urig hat seine Wahlheimat
schon immer geliebt, aber erst im Verlauf der Arbeit an diesem Buch fest-
gestellt, dass er tatsächlich zum Kölner assimiliert ist.

Jürgen Urig
111 GRÜNDE, KÖLN ZU LIEBEN
Eine Liebeserklärung an die großartigste Stadt der Welt

ISBN 978-3-89602-969-0
© Schwarzkopf & Schwarzkopf Verlag GmbH, Berlin 2013
1. Auflage November 2013 | Alle Rechte vorbehalten. Dieses Werk ist
urheberrechtlich geschützt. Jede Verwendung, die über den Rahmen des
Zitatrechtes bei korrekter und vollständiger Quellenangabe hinausgeht, ist
honorarpflichtig und bedarf der schriftlichen Genehmigung des Verlages.

KATALOG
Wir senden Ihnen gern kostenlos unseren Katalog.
Schwarzkopf & Schwarzkopf Verlag GmbH
Kastanienallee 32, 10435 Berlin
Telefon: 030 – 44 33 63 00 | Fax: 030 – 44 33 63 044

INTERNET | E-MAIL
www.schwarzkopf-schwarzkopf.de
info@schwarzkopf-schwarzkopf.de

BILDNACHWEIS
Coverfoto: © SergiyN/thinkstock.com | Coverfotos, kleine Bilder von oben nach unten
(alle Bilder von www.thinkstock.com): © Oliver Berg | © Sebastian Hamm | © Heribert
Welschenbach | © Sebastian Hamm | © Lisa Valder | © Crobard | © Marek Slusarczyk ||
Innenteil: Seite 2: © CSLD/shutterstock.com | Seite 12 – 13: © thinkstock.com | Seite 107:
© Jörg Hackemann / 123rf.com | Seite 128 – 129: © Rainer Martini / gettyimages.com | Seite
182 – 183: © Tobias Arhelger / 123rf.com | Seite 204 – 205: © Juliane Jacobs / 123rf.com |
Seite 257: © Peter Ginter / thinkstock.com | Seite 280–281: © gettyimages.com